AF360771

Louis FIAUX

Armand Carrel

et Émile de Girardin

CAUSE ET BUT D'UN DUEL

MŒURS PUBLIQUES DU TEMPS - DESSOUS DE POLITIQUE

*Avec un portrait d'Armand Carrel, en héliogravure
d'après Henry Scheffer*

PARIS

MARCEL RIVIÈRE ET Cⁱᵉ, ÉDITEURS

31, rue Jacob et 1, rue Saint-Benoît

Armand Carrel

ET

Émile de Girardin

OUVRAGES DE LOUIS FIAUX

L'enseignement des sciences biologiques en Allemagne. (Un volume in-8°, Félix Alcan, 108, boulevard Saint-Germain, Paris, 1876.)

Histoire de la guerre civile de 1871 : La Commune de Paris, Thiers, l'Assemblée de Versailles. (Un volume in-8°, bibliothèque Charpentier-Fasquelle, 13, rue de Grenelle-Saint-Germain, Paris, 1879.)

Le Mariage et le Divorce, étude de droit civil et de biologie. (Un volume in-18, Félix Alcan, 1880.)

De la responsabilité politique dans la Démocratie. (Une brochure in-18, 100 pages, Paris, 1885.)

Portraits politiques contemporains. (Six volumes in-12, Flammarion, Paris, 1880-85.)

DU MÊME SUR LA POLICE DES MŒURS

La Police des mœurs en France et dans les principaux pays de l'Europe, in-8°, Dentu-Fayard, Paris, 1888. — **Les maisons tolérées; leur fermeture**, in-18, Masson, éditeur, 120, boulevard Saint-Germain, 1892-96. — **La Prostitution cloîtrée** (Étude de biologie sociale) Paris, Alcan; Bruxelles, Lamertin, 1902. — **Le délit pénal de contamination intersexuelle**, in-16, Alcan, 1907. — **Enseignement populaire de la moralité sexuelle** (Avis aux instituteurs). Une brochure de 54 pages, Alcan, 1908. — **Un nouveau régime des mœurs** (Abolition de la Police des mœurs; le régime de la loi). In-18, Alcan, 1908. — **Histoire générale du mouvement contre la Police des mœurs, de 1864 à 1911 : La Prostitution réglementée et les Pouvoirs publics** (Belgique, Russie, Suisse) un volume in-8° de 390 pages, Alcan, 1902. — *Id.* (Etats-Unis, Mexique, Sud Amérique; Chine, Japon; Europe orientale; Égypte), un volume in-8° de 440 pages, Alcan, 1909. Ouvrage en cours de publication. — **La Police des mœurs devant la Commission extraparlementaire du régime des mœurs** (Procès-verbaux, rapports; rapport général, documents inédits; abolition de la Police des mœurs, le régime de la loi; avec une *Introduction générale*). Trois volumes in-8°, 1907-1910, Alcan, Paris; le tome III contenant, avec une *Introduction*, le RAPPORT GÉNÉRAL officiel et la loi du 11 avril 1908, relative à la protection des filles mineures, est mis en vente isolément. — **L'Intégrité intersexuelle des peuples et les Gouvernements** (La Conférence internationale de Bruxelles), in-8°, 1910, Alcan, Paris.

Louis FIAUX

Armand Carrel

ET

Émile de Girardin

CAUSE ET BUT D'UN DUEL

MŒURS PUBLIQUES DU TEMPS = DESSOUS DE POLITIQUE

*Avec un portrait d'A*RMAND C*ARREL, en héliogravure
d'après Henry Scheffer*

PARIS

MARCEL RIVIÈRE ET Cie, ÉDITEURS

3ı, rue Jacob et ı, rue Saint-Benoit

AVERTISSEMENT

La présente édition de cet opuscule peut être présentée au public comme la troisième : la première a paru en articles de quotidien, bénéficiant du tirage considérable du journal qui avait publié notre étude, la seconde en mince brochure à quelques exemplaires depuis long-temps épuisée (1).

Selon la formule engageante, parfois injus-tifiée mais dans l'instant à sa place, la présente édition a été revue, corrigée et considérable-ment augmentée; nous lui avons conservé la

(1) *L'Intransigeant*, 25-29 juillet et 1er août 1893. — Broch. in-32 de 46 p., Paris, 1893.

forme d'une argumentation qui nous paraît encore nécessaire pour l'élucidation du sujet.

. L'épisode dont il est ici question, fort intéressant pour la connaissance de nos mœurs publiques, est en effet mal connu; il a été abrégé, obscurci par la préoccupation peu historique d'intérêts ou de convenances individuels, par l'esprit de parti, par l'absence d'informations attentives et exactes; il a même été intentionnellement altéré. Les amis d'Armand Carrel, par ignorance des faits ou par un scrupule respectable dans sa susceptibilité première et sa durée, n'ont pas pu ou voulu contribuer à le rétablir, et ce n'était pas d'Émile de Girardin dont on devait attendre les éclaircissements d'une narration complète et circonstanciée.

Déjà à l'époque où il parut pour la première fois, ce récit pouvait être imprimé sans offenser des sentiments non exagérés à leur origine, mais exagérés sans doute en subsistant indéfiniment. Aujourd'hui, toute hésitation serait d'autant plus irrégulière qu'elle aurait pour résultat de continuer à obscurcir la vérité. D'ailleurs, depuis notre première publication, *une série de faits d'ordre non privé sont venus successivement ajouter à notre thèse la preuve de leur interprétation logique ou plus positivement de leur existence même; nous les avons utilisés, et dernièrement encore les souvenirs d'un des témoins de Carrel dans son duel avec Girardin, ceux du commandant Persat, publiés fidèlement par un membre de l'Institut (1), ont complété une démonstration qui, nous le croyons du moins, sera difficilement réfutée.*

L. F.

(1) Mémoires du commandant Persat (1806-1844), publiés avec une *Introduction* et des *notes* par Gustave Schlumberger, membre de l'Institut (in-8° de 400 p., Paris, Plon-Nourrit, 1910).

Rappelons de suite que l'autre témoin de Carrel, Ambert (devenu général), avait également publié, l'année de la guerre, des notes biographiques sur Carrel qui, sans avoir l'intimité, le pittoresque et le développement des récits de Persat, contiennent des passages particulièrement intéressants sur la rencontre de Carrel et de Girardin. (Portraits républicains, A. Carrel, G. Cavaignac, Marrast, Charras. — In-18°, Paris, Lacroix et Verboeckoven, 1870.)

INTRODUCTION

La mort d'Armand Carrel a été si dommageable au parti républicain sous la monarchie de Juillet et lors de l'établissement de la République, à la presse française dont le rédacteur du *National* reste une gloire indivise ; bien plus, beaucoup de bons esprits dans tous les partis l'ont tenue pour un événement si préjudiciable au pays entier et commandant alors si vraiment le regret public, qu'elle est restée une préoccupation historique à nombre de contemporains, quand ils reviennent à l'étude du gouvernement de Louis-Philippe et de la

Seconde République. Si nous jugeons par l'intérêt et la sorte d'émotion qu'éveille encore dans l'opinion, sans distinction de côtés et de nuances, l'évocation de cette mémoire, nous devons reconnaître que ce sentiment n'est pas particulier au monde des écrivains périodiques ou non, mais se prolonge bien au delà.

C'est comme une tradition vivante. On attendait quelque chose de grand et d'utile tout ensemble de cet homme encore en deçà des limites de la jeunesse, qui a été tout à la fois plus qu'un journaliste de premier talent, plus qu'un homme haut de cœur et d'action courageuse, plus qu'un écrivain digne de prendre place au nombre de nos bons prosateurs, plus qu'un orateur précis et ému à l'occasion comme il convient à l'orateur, mais une tête politique puissante et sagace, un véritable homme d'État prêt à agir dans une démocratie se contraignant à évoluer avec ordre. Carrel réunissait plusieurs des supériorités de ces caractères privilégiés destinés, au milieu d'un peuple, à persuader, à entraîner, à diriger. Il semble que l'un des premiers rôles lui revenait de droit.

Cette vie si abrégée, si brusquement tranchée valait déjà plus que bien des renoms achevés ; par l'éclat de plusieurs de ses journées, par de fortes qualités toujours soutenues elle autorisait d'autres espérances plus glorieuses encore : ses derniers actes avaient réalisé les premières promesses et étaient devenus à leur tour des gages d'un grand avenir prochain.

Mais, si la plupart des circonstances de l'intéressante existence de Carrel, saint-cyrien, jeune officier protestataire et démissionnaire dans l'armée de la Restauration, volontaire dans les rangs des libéraux espagnols en 1823, prisonnier et condamné à mort des conseils de guerre royalistes en 1824, secrétaire de l'historien Augustin Thierry, rédacteur de livres d'histoire et de revues politiques et économiques dans les dernières années du règne de Charles X, enfin fondateur du *National* avec Thiers et Mignet et rédacteur en chef de ce journal, si ces circonstances sont suffisamment connues pour que le dessin de sa vie soit assez nettement tracé pour l'histoire, il n'en est plus de même quand on arrive aux incidents immédiats qui provoquent et précèdent sa mort : ici l'on ne rencontre plus ni la même clarté, ni la même logique. C'est toujours le même fier courage, la même intrépidité à se découvrir et se jeter en avant, mais les motifs jusqu'ici acceptés du péril mortel bravé d'une volonté décidée sont en disproportion si évidente avec l'enjeu, qu'on hésite à les accepter tels que la version accréditée les livre, et qu'on s'arrête à réfléchir : malgré soi l'on se trouve mal éclairé ou à trop peu de frais, mal satisfait.

Il n'est personne à qui le duel de Carrel et de Girardin ne rappelle purement et simplement le souvenir d'une querelle de journaux, de journalistes survenue à propos de la révolution que provoqua dans l'économie de la presse française, et plus particulièrement de la presse parisienne, la réduction du prix d'abonnement. Placé et laissé sous ce jour l'épisode tragique de la fin de Carrel perd un notable reflet de son héroïque sinon dans la rencontre même du moins dans sa cause : on cherchait un duel d'opinions, à regret du reste, car les opinions triomphent ou succombent ailleurs que dans le champ d'un combat singulier, mais enfin la noblesse d'un tel genre de rencontre poussée à ce degré de danger s'impose toujours à juste titre. Et, l'on devrait soupçonner, entrevoir d'autres pensées, d'autres mobiles et lesquels ! Il faudrait se persuader définitivement qu'une question d'intérêts vulgaires, une affaire d'argent,

le souci d'un traitement de directeur de journal à défendre, la protection de dividendes à
maintenir irréductibles ont été un point de
départ. Un caractère tel que celui de Carrel
connu pour sa foi d'opinion, pour sa générosité, son insouciance désintéressée, ses largesses aux malheureux, sa prévenance inlas-
sable envers ses amis, pouvait-il se démentir
à ce point?

C'est précisément cette contrariété qui tenait
notre attention en éveil au cours soit de lec-
tures particulières intentionnelles, soit de
recherches plus générales sur la politique de
la monarchie de 1830.

Qu'on relise en effet avec attention les préliminaires et les circonstances du duel et qui
ne sera frappé des lacunes, des sous-entendus,
des contradictions, des invraisemblances que
présente le récit connu et accepté? Ce récit a
été fait pour la première fois par un contemporain de Carrel, Louis Blanc, dans l'*Histoire*

de dix ans (1); il est suffisamment développé pour qu'on le croie complet, achevé; il a été refait en dernier lieu sans éléments nouveaux, par M. Thureau-Dangin dans sa remarquable *Histoire de la monarchie de Juillet* (2). Dans l'intervalle, nombre de publicistes, de rédacteurs de mémoires et de biographies, comme Loménie, Durozoir, Sicart, H. Castille, d'Alton Shée, etc., se sont contentés de reproduire textuellement les pages de Louis Blanc, en négligeant nombre de faits caractéristiques cependant faciles à retrouver déjà dans quelques journaux du moment. Quant aux biographes de Girardin, ils se conforment à la version acceptée, et pour les explications que Girardin a été amené à donner lui-même à l'occasion d'incidents survenus après le duel, elles sont telles que l'on y trouve seulement une raison de plus à chercher la vérité.

(1) T. V, ch. iii, p. 54 et suiv.
(2) T. II, ch. xvi, p. 325.

Les documents dont nous nous sommes servi, en dehors des récents souvenirs de Persal. ne sont point inédits, mais ils sont oubliés; ils ont été sûrement même négligés, quand ils ont paru; ils sont en tout cas incomplets pris isolément, et du seul rapprochement des uns des autres l'exactitude a pu se faire jour; ils ne sont du reste point compris dans les pages consacrées à Carrel par Nisard, Chateaubriand, Sainte-Beuve, Littré, Guizot, Lanfrey. qu'il ne faut point négliger, car il s'y trouve de nombreuses allusions parfois suffisamment claires et aussi des indications positives (1).

Faut-il le dire de suite, la figure de Carrel,

(1) D. Nisard, *Revue des Deux Mondes* du 1er octobre 1837 et *Études de critique littéraire* (2e série) p. 23-92. Michel Lévy, édit., Paris, 1858.) — Chateaubriand, *Mém. d'outre-tombe*, édit. Biré, t. III, p. 407; t. V, p. 258, 445, 449, 606; t. VI, p. 195, 222, 388, 400. — Sainte-Beuve, *Causeries du Lundi*, t. VI, 69-119. — Littré, *Œuvre de Carrel*, t. Ier, *Notice*, Paris, édit. Chamerot, 1857. — Guizot, *Mémoires pour servir...* t. IV, ch. xxiii. (Édit. in-12, 1873). — D'Alton Shée, *Mémoires*, 1re partie, chap. x et xvii. — Lanfrey, *Études et Portraits*, A. Carrel, p. 113-266. (Bibl. Charpentier, 1864.)

loin d'être altérée à cette lumière plus rapprochée, garde sa belle expression de noblesse :
elle demeure celle que ses contemporains
admiraient. Les caractères comme le sien sont
grands à toutes les analyses, de près comme à
distance. Le rédacteur du *National* doit bien
rester pour la postérité le chevaleresque héros
que tous, amis et adversaires, saluaient déjà
avant qu'il tombât. Les derniers et les
meilleurs traits ajoutés au portrait d'un
homme public frappé en pleine action, sont
ceux qui montrent pourquoi il meurt et
comment il meurt : par eux, le tableau
devient le plus ressemblant de ceux qu'on a
tracés de lui.

PREMIÈRE PARTIE

Armand Carrel

ET

Émile de Girardin

I

*La situation politique en 1836. — Crise économique dans
la presse. — Les anciens journaux et les journaux
à bon marché. — La Presse d'Émile de Girardin à
40 francs. — Attaque des anciens journaux contre
la combinaison de Girardin. — Capo de Feuillide.*

Si l'année 1836 n'avait pas été dans les
annales de la presse française, une date mémorable par le deuil de Carrel, elle serait encore
restée politiquement célèbre par le changement capital introduit dans le prix des journaux quotidiens. L'abonnement était alors
d'un prix uniforme pour les feuilles politiques,
le prix annuel de 8o francs : même des journaux de très petit format, quatre pages in-

octavo, comme *le Charivari*, un journal d'ailleurs étincelant, fulminant d'esprit, avaient fixé et maintenu à ce chiffre relativement élevé leur prix d'abonnement. *Le Journal du Commerce*, *le Messager*, *le Courrier*, *le Temps* et autres feuilles importantes plus jeunes, nées la veille ou au lendemain des journées de Juillet, se soutenaient sans doute comme organes de partis, par le mérite de leurs rédacteurs et les sacrifices de leurs fondateurs; quelques-unes même, comme *le National*, le *Journal des Débats*, *le Constitutionnel*, étaient prospères grâce au relief de leurs écrivains habituels très connus du public bien que, conformément à l'usage de l'époque, les articles ne fussent pas signés de leurs auteurs. A ce prix, cependant, les journaux restaient une lecture de luxe qui les empêchait de se répandre dans toutes les couches du public et de remplir pleinement le rôle d'instruction, de progrès et de civilisation qui doit être un de leurs objets.

Cette situation n'était pas sans préoccuper les directeurs et les conseils administratifs des grands journaux politiques, de ceux surtout qui appartenaient à l'opposition. Les lois fiscales et pénales de Septembre, à la suite de l'attentat de Fieschi, avaient d'ailleurs rendu la situation de la presse encore plus difficile : l'élévation du cautionnement, les frais de timbre et de poste, la quasi-suppression des crieurs, l'abréviation des procédures devant les cours d'assises, la réduction du nombre des voix de jurés nécessaires pour la condamnation de l'écrivain ou du gérant, la suppression du jury devant ces mêmes cours d'assises en certains cas de délit de presse, le renvoi de l'écrivain devant la Cour des pairs en certains autres cas de délit de plume, l'interdiction du compte rendu des procès, toutes ces restrictions, absolument attentatoires aux garanties inscrites dans le pacte constitutionnel, la Charte même de 1830, la Charte-Vérité, n'avaient guère pour but de défendre la liberté contre ses propres excès ainsi que le soutenaient les auteurs des lois, Broglie, Thiers et Guizot, mais bien de restreindre cette liberté elle-même. Dans un admirable discours, le vieux Royer-Collard avait pu dire, en s'élevant contre elle, de la nouvelle législation, « qu'elle n'était qu'un remède illusoire et qu'en tout cas, elle portait *en destituant le jury*, une atteinte mortelle à cette liberté de la presse achetée par tant de douleurs, de travaux et de sang répandu pour une noble cause ». Une fois de plus, le vénérable chef des doctrinaires de la Restauration pouvait répéter son mot célèbre du lendemain de Juillet : « Oui, je suis parmi les vainqueurs, mais la victoire est bien triste... »

Des séries de procès avec emprisonnement et amende cumulés achevaient sans interruption l'œuvre de réaction ouverte : les journaux démocratiques, ceux qui s'adressaient plus directement au peuple des travailleurs, *le Bon Sens*, de Cauchois-Lemaire (1) et de

(1) Cauchois-Lemaire (Louis-Auguste-François) né à Paris en 1789, était professeur de belles-lettres sous l'Empire; en 1814, entré dans le journalisme, fondateur du *Nain-Jaune*, il fit une violente opposition à la Restauration et dût se réfugier en Hollande. De retour en France, il signa la protestation contre les Ordonnances, soutint d'abord Louis Philippe puis peu à peu attaqua les tendances du régime. Rédacteur en chef du *Bon Sens*, il eut un duel retentissant avec Raspail. En 1840, Cauchois-Lemaire se rallia au Pouvoir, entra aux Archives où il resta jusqu'en 1861, date de sa mort. Il avait reçu la croix en 1847. On cite de lui, comme œuvre principale, une *Histoire de la Révolution de Juillet* (1841).

Rodde (1), *le Libérateur*, de A. Blanqui, *le Réformateur*, de Raspail et Kersausie, *la Tribune*, de A. et V. Fabre, G. Sarrut (2), Bascans, A. Marrast, devaient, les uns devenir hebdomadaires, les autres disparaître. Villèle, sous Charles X, avait créé un fonds d'amortissement destiné à acheter journaux et journalistes gênants, même dans le camp royaliste : la même tactique ne pouvait réussir à l'égard des hommes vaillants et probes qui avaient risqué leur vie sous les feux de pelo-

(1) Rodde (Jean-François-Victor) né au Puy en 1793, professait les mathématiques à Clermont-Ferrand sous l'Empire. La Restauration après l'avoir en 1815 emprisonné comme organisateur de la *Fédération* dans le Puy-de-Dôme, espéra le calmer d'une place aux contributions directes. Destitué au bout de peu de temps, Rodde vint à Paris faire du journalisme. Après 1830, il fonda le *Bon Sens* avec Cauchois-Lemaire : il entra en un conflit célèbre avec la Préfecture de police à propos du service des crieurs de journaux que le Gouvernement voulait empêcher. Rodde se rendit place de la Bourse et lui-même y vendit publiquement son journal; mais les forces chez Rodde n'étaient pas égales à sa passion; d'une santé médiocre, il s'usa rapidement au *Bon Sens* et mourut en décembre 1835.

(2) Germain Sarrut (V. p. 67). — Les notices biographiques placées en notes ou à l'*Appendice* concernent presque toutes — les témoins du duel de Carrel et de Girardin mis à part — les écrivains et les personnages d'une notoriété de second ou de troisième degré, dont la vie, les actes publics, la collaboration à un journal, peuvent contribuer à donner quelques indications sur le milieu où se passe l'événement étudié dans ce petit livre.

ton de la garde royale et des régiments suisses pour abattre la contre-révolution des Bourbons et restaurer la révolution française dans le gouvernement.

، Dès 1833, *le National* avait fait face pour son compte, à quatorze procès suivis de deux condamnations, entraînant un an de prison et 16.000 francs d'amende. *La Révolution, la Caricature, le Charivari, le Corsaire,* sans oublier les journaux légitimistes, *la Quotidienne* et *la Gazette*, avaient eu leur part dans la distribution : ces deux dernières feuilles avaient obtenu chacune deux ans de prison, 20.000 et 25.000 francs d'amende. Mais *la Tribune* l'emportait sur tous : dans les trois premières années du régime de la monarchie consentie, elle avait été, à elle seule, l'objet de cent onze poursuites qui aboutirent à vingt condamnations portant quarante-neuf années de prison et 157.630 francs d'amende. A la fin de 1835, des rédactions entières étaient enfermées à Sainte-Pélagie ou avaient dû se disperser et passer la Manche (1).

(1) Pour empêcher la disparition totale des journaux républicains, le parti avait fondé une *Société* dite *pour la défense*

Le problème d'un remède vital se posait donc avec un véritable caractère d'urgence et, dès le début de l'année 1836, il devenait certain que des modifications profondes allaient intervenir dans l'économie et la gestion des journaux parisiens. Ce furent des journaux nouveaux qui donnèrent le signal du changement.

C'est une erreur de croire que l'initiative de la révolution vienne d'Émile de Girardin, de Girardin seul, tout au moins. Girardin a sans doute rappelé en maintes occasions que dès 1831 il avait adressé à Casimir Périer, président du Conseil, un mémoire où il exposait en détail l'organisation d'un nouveau régime

de la *Presse patriote* dont la caisse devait soutenir de ses fonds les journaux poursuivis et condamnés. Les membres du comité étaient : Etienne Arago, Voyer-d'Argenson, Audiat, Audry de Puyraveau, Berryer-Fontaine, Boissaye, Briqueville, Beauséjour, Cabet, Carré, Carrel, Cavaignac, Conseil, Cormenin, Chevallon, Desjardins, Dollé, Dupont de l'Eure, Dupont, Fenet, Garnier-Pagès, Guinard, Grouville, Hubert, Joly, Kersausie, Laboissière, Lafayette, Lebon, Lemercier, Marchais, Marrast, Paulin, Raspail, Rittiez, Rodde, C. Teste et Charles Thomas. J. Laffitte, Georges de Lafayette et le général Thiars étaient au premier rang des souscripteurs, suffisamment nombreux pour avoir pu donner de notables secours dans Paris à une dizaine, en province à une vingtaine de journaux démocratiques et aussi à nombre de prisonniers politiques pauvres, ainsi qu'à leurs familles laissées dans le dénuement.

de la presse à bon marché, précisément destiné sous un gouvernement libéral à réaliser
le triple objet d'une économie rémunératrice
pour les propriétaires des feuilles, d'un meilleur combat quotidien contre les excès dont
se plaignait le gouvernement par la contradiction que leur infligerait la liberté même
d'écrire, enfin d'une semaille féconde d'idées
à la fois conservatrices et éducatrices dans les
masses : mais Casimir Périer n'avait pas
voulu l'écouter. Girardin avait également
donné un exemple incontestable par la création du *Journal des connaissances utiles* dont
le très bas prix d'abonnement avait conquis
des lecteurs réguliers en nombre considérable : il est vrai que cette petite feuille n'était
point quotidienne et n'avait aucune visée
politique.

En juillet 1836, Girardin va réaliser enfin
son idée de réduction de prix d'un grand organe
quotidien : tout le monde en parle, avant
même qu'il l'annonce publiquement. Mais
avant lui, d'autres vont la mettre à exécution
qui avaient eu de leur côté une pensée identique, sous la pression même des événements.

Dans les sciences il en est de même que dans l'industrie : il est de règle presque absolue de voir dans l'état évolutif des choses une découverte, la même, surgir en même temps dans les foyers intellectuels les plus distants.

Or, c'est un journal conservateur qui donne le branle. Le 15 mars 1836, Léonce de Lavergne publie un numéro-spécimen du *Journal général de France* au prix d'abonnement annuel de 48 francs au lieu de 80. Ce journal, sans durer autant que la monarchie de juillet, ne sera pas éphémère : il ne disparaîtra que le 30 juin 1840.

Après le *Journal général de France*, un journal également nouveau, mais celui-ci d'un autre ton et destiné à une durable influence tant sur la direction de l'opinion publique que sur la marche même de plusieurs gouvernements, y compris celui du Second Empire, *le Siècle*, lance son premier numéro ou numéro-spécimen le 23 juin 1836. Ses rédacteurs en chef sont deux écrivains d'un talent expérimenté, H. Guillemot et Louis Desnoyers; ses directeurs politiques sont des personnages politiques d'un renom déjà considérable ou très notable et qui se maintiendra ou s'accroîtra encore assez pour que trois d'entre eux deviennent membres du gouvernement républicain en 1848 ; ce sont : avec Laffitte et Odilon Barrot, Dupont de l'Eure, Crémieux et Ledru-Rollin. *Le Siècle* fait une déclaration d'opposition loyaliste, sous le titre d'opposition dynastique. Son numéro du 1ᵉʳ juillet 1836 contient un long article se rapportant précisément aux conditions de la presse à 40 francs, — la jeune presse par opposition à la vieille presse, comme on va l'écrire — et intitulé : *Révolution dans la presse périodique.*

C'est ce même jour, 1ᵉʳ juillet 1836, qu'Émile de Girardin lance le premier numéro de son journal *la Presse*, trois mois après le journal de Lavergne. Il l'avait fait précéder dans le courant de juin, comme avaient fait le *Journal général de France* et *le Siècle*, de prospectus. Mais ici le ton de la réclame, manié par une plume déjà passée maîtresse en matière d'avertissements industriels de toute nature, paraît avoir atteint au plus haut degré du genre.

Nous n'avons malheureusement point pu lire cet article de littérature commerciale en entier : on ne paraît pas le posséder à la Bibliothèque nationale. D'ailleurs jusque dans ces dernières années le premier volume de la collection de *la Presse* était resté très incomplet et l'on n'y trouvait aucun des numéros susceptibles d'éclairer le sujet de cette étude, aux alentours de juillet et d'août 1836 du moins. La lacune des numéros absents a été opportunément comblée par un donateur généreux qui était en même temps un collectionneur émérite et puissant, le belge Spoelberch de Lovenjoul, grâce auquel le premier volume de la collection de *la Presse* (second semestre de 1836) est aujourd'hui complet : mais l'absence du prospectus initial subsiste. Nous en avons recueilli de-ci de-là dans les journaux du jour et dans Hatin quelques fragments d'ailleurs suffisamment caractéristiques qui permettent de juger de la note et du dire même du morceau. Girardin ne se contentait pas d'y faire un éloge forain de son futur journal et de la combinaison financière sur laquelle il l'instituait, mais faisant irruption

dans l'économie intérieure de journaux exis-
tants, il avait le tort de tracer un parallèle
dont les sous-entendus étaient peu favorables
à l'intelligence et peut-être à la rigidité financière des directeurs de l'ancienne presse. Un
de ses collaborateurs. — le plus inattendu
de tous, comme on verra plus loin — les in-
criminera, quelques mois après le duel, avec
moins d'ambiguïté.

Il semblait en effet que le dernier mot, à
l'adresse de la vieille presse, au moins vaguement indiqué, fût celui-ci qui s'imposait
comme un dilemme à la réflexion du public :

« De deux choses l'une, ou le prix de
l'abonnement de 80 francs était destiné à couvrir des déficits considérables, et les actionnaires et directeurs des anciens journaux en
subissant de telles pertes se montraient de
pauvres calculateurs et des administrateurs
au-dessous du médiocre; ou le maintien de ce
même tarif élevé procurait de forts bénéfices
et, en ce cas, comment apprécier la conduite
des mêmes personnages qui mettaient le public
dans l'obligation d'acheter au prix de 80 francs
ce qu'ils pouvaient lui donner pour 40? »

Le prospectus initial de Girardin à la vérité, hâtons-nous de l'ajouter, s'était contenté de poser la première affirmation, mais celle-là très nettement, sans aller jusqu'à risquer ouvertement la seconde : c'est du moins ce qui apparaît dans les nombreux numéros de *la Presse* où, au cours des derniers mois de 1836 et durant l'année 1837, Girardin revient sur les avantages de son innovation et semble rééditer le prospectus de juin.

Quoi qu'il en soit du plus ou moins de malveillance et de précision dans les appréciations de Girardin sur les conseils administratifs des journaux qu'il voulait supplanter, on juge de l'émoi de la presse française tout entière dès le commencement et surtout le milieu de l'année 1836.

Cette entrée en scène de la jeune ou nouvelle presse, de la presse à bon marché, reposant sur la combinaison de la multiplication des annonces, sur l'offre d'actions à bas prix destinées à faire entrer dans les conseils d'administration non plus des hommes politiques ou des individualités attachées à une opinion mais des personnes uniquement préoccupées de trouver un placement avantageux et de gros intérêts pour leurs capitaux, cette entrée en scène ne constituait pas seulement une révolution financière, mais un événement de portée politique considérable. L'innovation était en connexité étroite avec l'esprit même du gouvernement et des principaux ministres prêts à la seconder, puisque, dans l'esprit de tel des promoteurs, elle devait également gêner les chefs d'une opposition dressée contre les tendances du régime même.

Tous les journaux démocratiques avaient senti la portée du coup, et Armand Carrel s'en était nettement ouvert à ses amis dans des entretiens absolument privés : ce qui le préoccupait exclusivement, au cas d'un succès possible puisque le Pouvoir s'intéressait à l'entreprise et l'appuyait sans doute de moyens effectifs sinon directement du moins par intermédiaires, c'était l'influence qu'allait désormais prendre dans la presse politique *l'industrialisme* : telle fut l'expression propre dont il se servit. Sans doute la combinaison de la diminution du prix des annonces et leur multiplication, de leur mise à ferme ou non, était légitime et, depuis 1828, la presse parisienne notamment avait déjà subi de ce côté de sérieuses modifications administratives, mais lancée par un homme connu comme un entrepreneur de publicité plus que comme un écrivain de sérieuse portée intellectuelle, la réforme perdait jusqu'au caractère que l'on faisait si fort valoir aussi, celui de l'intérêt du public représenté comme bénéficiaire de la nouveauté — et matériellement et intellec- tuellement.

Dans la presse démocratique et libérale, comme dans la presse purement légitimiste, le journal était resté un instrument de con- viction et de propagande, tout au moins un trait d'union entre les chefs d'un parti qu'ils siégeassent ou non au Parlement et leurs corréligionnaires d'opinion : ce lambeau de papier était une sorte d'étendard pour le ralliement. Pendant la Révolution française les grands Constituants, les membres influents de la Législative et de la Convention avaient même compris la presse sous la forme person- nelle de *Lettres à mes commettants*, et quand dans la presse républicaine ou royaliste les écrivains se massèrent, il ne fut jamais question que de combattre, coude à coude avec des amis, pour ou contre une cause politique. Sous la Restauration, il en avait été de même, qu'il fût question du *Conservateur* groupant Chateaubriand, Bonald, Villèle, Genoude, Berryer fils ; de *la Quotidienne* avec Michaud, Laurentie, Capefigue ; du *Courrier* avec Royer-Collard, Barante, Beugnot, Kératry, Salvandy ; du *Drapeau blanc* avec Martainville ; de *la Minerve* avec Benjamin Constant, Evariste Dumoulin, Étienne, Jay, Jouy, Lacretelle, Tissot : du *Globe* avec Dubois, Pierre Leroux, Ch. de Rémusat, Jouffroy, Damiron, Vitet, Duchatel, Duvergier d'Hauranne, Magnin ; du *Constitutionnel* avec une partie des écrivains du *Globe* auxquels se joignent Cauchois-Lemaire, Thiessé, Laborde, Lameth, Buchon, Thiers, Félix Bodin ; des *Débats* enfin avec Bertin, Fiévée, Feletz, Malte-Brun — Guizot et Chateaubriand. Partout ce sont des hommes publics, actionnaires, administrateurs, directeurs, rédacteurs, qui se réunissent pour former des groupes homogènes, et soutenir une cause et des principes communs.

Louis Blanc encore fort jeune, militant quotidien et déjà un peu pontife, écrivait que la presse était un sacerdoce. Sans aller verbalement jusqu'à cette solennité, Carrel en faisant de la prison et en risquant sa vie pour défendre l'opinion libérale avant 1830 et l'opinion républicaine après 1832, avait prouvé que la définition était en conscience la sienne. Un an avant les événements qui déjà s'annonçaient, on l'avait vu protester contre ceux qui voulaient « ravaler la mission du journaliste à la condition de marchand d'opinions et de nouvelles » (1).

Mais sur toute cette affaire, *le National* n'avait ni pris position ni inséré d'article : ces questions d'argent répugnaient très ostensiblement à son rédacteur en chef. Le mot d'ordre avait été au journal de faire un silence absolu sur tout ce tapage d'estrades.

Il n'en avait pas été de même dans les autres journaux de l'opposition même modérés de l'ancienne presse.

(1) *National* du 5 avril 1835.

Les prospectus du *Journal général de France* et du *Siècle* plus discrets avaient passé sans encombre. Ceux de Girardin, au contraire, déchaînèrent un véritable ouragan. *La Presse* avait une mauvaise presse. Girardin dans un but de réclame, dès les premiers numéros de son journal, exagérait encore le bruit hostile de la tempête. A la vérité, il n'était point pour la démocratie républicaine *grata persona*. Dans deux procès fâcheux, ses démêlés personnels avec les tribunaux à propos de sociétés financières, ses bruyantes revendications d'un nom de famille, légitimes sans doute de la part d'un enfant naturel, mais faites avec un désir parallèle de publicité sans ménagement pour la dame mariée dont cette publicité révélait la maternité adultère, enfin une entrée probablement prématurée, par conséquent illégale à la Chambre des députés en 1834, due à une pression ministérielle affichée (1), toutes ces circonstances

(1) ÉMILE DE GIRARDIN était né en Suisse (d'autres disent à Paris) de parents légalement inconnus. Un premier extrait de naissance, le dénommant Émile Delamothe, le faisait naître d'auteurs supposés, le 22 juin 1806. L'âge de l'éligibilité étant trente ans, Girardin ne pouvait être député en

réunies, ajoutées à l'absence reconnue d'un talent même secondaire d'écrivain et à un mutisme parlementaire prolongé qu'expliquait la nullité d'une parole publique, lui avaient fait un renom équivoque, une famosité plus qu'une réputation.

Les raisons dont Girardin appuyait sa combinaison financière n'étaient pas pour la rehausser aux yeux de ses adversaires... Le succès était une promesse assurée sans doute, il ne pouvait y avoir l'ombre d'une hésitation dans le pronostic du rédacteur de *la Presse* non plus que dans la confiance de ses sous-cripteurs!... Mais enfin, pour les impartiaux, pour le public, c'était une simple promesse et, comme les personnages de l'estampe célè-

1834. Un acte de notoriété qu'il produisit ultérieurement reporta l'année de sa naissance à 1802. Un triple débat s'était donc élevé non seulement sur la nationalité de Girardin, mais sur son nom et son âge. Son père, le général Alexandre de Girardin, n'avoua sa paternité qu'en 1837, devant une commission parlementaire. La mère de Girardin était femme d'un conseiller à la Cour de Paris, M. D... qui siégeait à l'époque de toutes ces contestations publiques. Le 21 juin 1834, Girardin avait été élu par 110 voix sur 130 votants et 150 inscrits, dans le troisième collège de la Creuse, Bourganeuf. Malgré une vive opposition basée sur les motifs que nous venons de dire, compliqués encore d'une accusation de corruption électorale, son élection avait été validée.

bre, *dans l'aventure* les souscripteurs de Girardin étaient surtout riches « de choses... futures! » Les calculs du journaliste de la nouvelle école ne reposaient que sur une série d'hypothèses, de conjectures. Promettre des dividendes considérables à ses actionnaires quand le journal qui naît aura **dix** mille, vingt mille abonnés... pour faire venir les abonnés, était un procédé digne du personnage de tragi-comédie qui remportait alors sur les planches du théâtre et dans les petits journaux satiriques un succès dont personne d'ailleurs ne peut encore prévoir la fin.

Si *le Charivari* divertissait ses lecteurs des boniments d'une variété de « Robert Macaire », d'autres journaux abordaient le sujet sur **un** ton plus grave ou plus amer.

Le Temps, entre autres, publiait une longue et minutieuse étude très circonstanciée où Jacques Coste, son directeur-gérant, faisait une démonstration de l'incertitude et des dangers du calcul de Girardin assez serrée pour que celui-ci y vit les intentions les plus systématiquement hostiles. Nous ne pouvons juger du texte, du ton et des **raisons de**

J. Coste : comme *la Presse*, avant la donation opportune du vicomte de Spoelberch de Lowenjoul, *le Temps* à cette date n'offre qu'une collection des plus incomplètes, et même bien plus incomplète encore : huit numéros seulement pour l'année 1836; juin et juillet sont en entier absents; août comprend deux numéros et septembre un seul.

/ *Le Bon Sens* avait pris presque immédiatement la tête du mouvement critique de la combinaison de Girardin. Dès le début de juillet, il publiait une suite de feuilletons où les réfutations techniques se mêlaient, il faut le reconnaître par les extraits qui subsistent, à des allusions qui étaient d'évidentes personnalités. Comme pour *le Temps*, la collection du *Bon Sens* et d'ailleurs de nombre de feuilles démocratiques intéressantes de l'époque est dans un état qui ne permet pas le contrôle : celle-ci nommément est remplie de lacunes, de suppressions telles que l'on se demande, en la rapprochant des précédentes, si un triage n'a pas été officieusement ou officiellement pratiqué dans tous ces recueils afin de n'y laisser subsister que le moins de traces

possibles de ces violents débats de plume. *Le
Bon Sens*, à la Bibliothèque nationale, comprend quatre minces fascicules ne contenant
chacun que quelques numéros sans ordre ni
suite.

Fondé le 15 juillet 1832 sous les auspices
de Laffitte, d'Arago et d'Odilon Barrot, avec
Cauchois-Lemaire comme rédacteur en chef,
le Bon Sens a pour sous-titre *Journal
populaire de l'opposition constitutionnelle* et
soutient les députés libéraux Lamarque, La
Fayette. Clauzel, Havin, Salverte, Dulong
qui viennent de faire une déclaration publique
aux termes de laquelle « dans leur âme et
conscience, le gouvernement s'éloigne de
plus en plus de la révolution qui l'a créé
(21 août 1832) ». La politique de résistance
en s'affirmant avec Casimir Perier, Guizot et
même Thiers, avait rejeté *le Bon Sens* dans
une opposition assez accentuée pour que
Cauchois-Lemaire prît sa retraite et quittât
complètement le journal. La direction, un
instant attribuée à Rodde, qui n'avait pu
la conserver à cause du mauvais état de
sa santé, était présentement dévolue à Martin

Maillefer (1) et à Louis Blanc : en cas de divergence de vues entre les deux directeurs, la rédaction était appelée à départager les voix et décider à la majorité.

Les feuilletons du *Bon Sens*, sur *la Presse*, au nombre de quatre, étaient signés du nom de leur auteur, Capo de Feuillide.

Qu'était-ce que Capo de Feuillide dont le nom ne survit d'ailleurs que parce qu'il a été mêlé aux événements qui vont suivre : ce sont ses articles, en effet, qui allaient être la cause indirecte, occasionnelle de la rencontre.

Jean Gabriel Cappot de Feuillide, ou plus communément en littérature Capo de Feuillide, a, par sa conduite ultérieure, autorisé chez les

______

(1) P. D. MARTIN MAILLEFER, comme Cauchois-Lemaire, avait fait dans la presse une guerre assez ouverte à la Restauration pour être forcé de s'expatrier ; il passa en Angleterre (1824). En 1825, émigré en Amérique, il combat pour l'indépendance républicaine de la Colombie. De retour en France après 1830, Maillefer devint à Marseille rédacteur en chef du *Peuple souverain*. Impliqué dans le grand procès intenté aux chefs du parti républicain devant la Chambre des Pairs, Maillefer n'en resta pas moins très ferme à son poste de journaliste. Après la mort de Carrel, Maillefer quitta *le Bon Sens* et devint rédacteur au *National* (1839) : il publia en 1845 un livre très étudié, *De la politique extérieure et du système fédératif en France* (in-8°, Paulin, Paris).

contemporains les suppositions les plus sévères
mais, après juste examen, nous croyons qu'il
faut, en toute cette affaire, moins voir en lui
un sous-agent conscient et suspect que le personnage que nous retenons ici.

Capo de Feuillide était né aux Antilles, en
1800; il avait le même âge que Carrel. Sa
famille, de vieille noblesse, habitait Toulouse;
il vint en France, dans cette même ville, y
suivit les cours de droit et s'y fit recevoir
avocat : mais c'était une tête insulaire et vol-
canique à qui le calme des procédures civiles
convenait moins que les lettres cultivées avec
agitation; il faisait des vers, concourait pour
les prix des Jeux Floraux. En 1824, après
l'annulation de la condamnation à mort prononcée par le Conseil de guerre de Perpignan,
Carrel, avec plusieurs camarades de la légion
de Pacchiarotti dans la guerre d'Espagne,
avait été renvoyé devant le Conseil de guerre
de Toulouse : Capo de Feuillide, alors très
légitimiste comme sa famille dont un membre
figurait dans les gardes du Corps, se prit
d'admiration pour les accusés et composa une
ode où il célébrait leur courage et leur patrio-

tisme. Sur ce scandale, le poëte fut invité par les siens à se rendre à Paris : il y manifesta des opinions royalistes enthousiastes en versifiant les guerres vendéennes dans des *Chants héroïques*, puis l'insurrection de la Grèce dans des *Chants helléniques*, qui lui valurent aussitôt une place dans la division des beaux-arts, sur la demande du duc de Damas-Crux, menin du Dauphin. Mais la constitution du ministère Polignac éclaire subitement le royaliste : Capo passe à l'opposition ; il publie maintenant des pamphlets en vers contre la Restauration, *Épîtres à Paul-Louis Courrier*, avec l'épigraphe : « Paul-Louis, les cagots te tueront... ». Du coup, les journaux libéraux lui font accueil, il est agréé au *Temps* (?), au *Figaro*. Pendant les trois journées de combat, il paraît s'être montré vigoureusement : on le remarque aux bagarres préliminaires de la place de la Bourse, puis aux barricades de la rue de Rohan ; enfin, ne négligeant pas ses effets, il rentre dans la journée aux bureaux du *Figaro*, noir de poudre, avec une épée brisée dans une main, un pistolet crasseux de fumée dans l'autre ; le tout est placé sur la table de rédac-

tion. Cette conduite utile à la révolution vaut
à Capo de Feuillide une sous-préfecture dans
le Gers, à Mirande. Mais il y reste peu : il
veut préparer des élections belliqueuses au
dehors, « dans le mouvement » au dedans;
il parcourt son arrondissement en excitant
ses administrés à nommer un député « cen-
tripète »! Cette conduite, inintelligente de la
politique gouvernementale de 1831, lui vaut
une destitution le 11 juin.

Dès lors Capo se donne tout entier à la littérature et à la presse parisienne : on le trouve
en 1833 directeur de *l'Europe littéraire*; en
1834 il est chargé du feuilleton de *la Tribune*;
la Tribune morte, il travaille au *Paris pittoresque*, prépare sous forme de roman historique
deux volumes de souvenirs sur la réaction de
1815 dans le Midi, écrit des drames, injoués
d'ailleurs, sur la Jacquerie. la Ligue, la Fronde,
etc., puis entre au *Bon Sens*. C'est surtout
comme feuilletoniste, chroniqueur théâtral
et littéraire, qu'il est connu à cette date. Sa
plume a de la facilité, du brillant, du mordant
et sans atteindre. loin de là. au mérite littéraire critique de A. Granier de Cassagnac, son

compatriote et son ami, alors pur homme de lettres, n'est pas sans valeur. Toujours vibrant, exalté, facilement violent, fol, se qualifiant lui-même de « Gascon du Tropique », Capo ne reculait point du reste devant les représailles et les provocations que lui valaient ses coups de plume : il allait sur le terrain volontiers et y faisait figure tout comme un autre. En août 1833, après avoir malmené l'auteur de *Lélia* comme romancière et comme femme dans *l'Europe littéraire*, il avait aussitôt accepté un cartel de Gustave Planche, le critique atti-tré de la *Revue des Deux Mondes*, qui s'était constitué le chevalier de George Sand. Le duel avait eu lieu au pistolet : deux balles avaient été échangées sans autre résultat que de provo-quer la malice de la galerie fort amusée de la présence de Buloz un peu borgne et déjà sourd comme témoin de Planche. En octobre 1834, il n'en avait point été de même. Capo s'était encore battu au pistolet avec un confrère, un journaliste, qui avait été son prédécesseur à *l'Europe littéraire*, Victor Bohain (1), et il

(1) Bohain (Alexandre-Victor), né à Paris en 1805, y étu-diait le droit et sans le terminer devint journaliste; il acheta

avait été assez sérieusement blessé. Conservant du reste tout son sang-froid, bien qu'atteint au côté droit de la poitrine, d'une plaie, non pénétrante mais qui avait paru assez grave aux témoins pour qu'ils voulussent interrompre le combat : « Pardon, avait dit Capo, c'est mon tour de tirer! » Et il faisait feu à son tour, manquant d'ailleurs son adversaire.

Ces antécédents expliquent les débuts et l'engrenage de l'affaire.

Les articles de Capo, avant d'être composés, avaient été discutés par la double direction du *Bon Sens*. Louis Blanc les trouvait « écrits sans doute avec beaucoup de verve et d'esprit, mais sur un ton qui manquait de gravité et de mesure »: il s'opposait à leur insertion. Maillefer au contraire y vit une occasion de

la propriété du *Figaro*, signa en 183o la protestation contre les Ordonnances, obtint en récompense la préfecture de la Charente et se fit rapidement destituer pour y être resté un peu trop parisien du boulevard. Depuis on le retrouve menant la vie que Capo de Feuillide menait lui-même, écrivant pour le théâtre, les journaux, les revues littéraires. Fondateur de *l'Europe littéraire,* il passa la main à Capo de Feuillide, d'où matière à contestation et querelle. En 1838, il quitta les lettres pour l'industrie. Il se retira ultérieurement en Angleterre où il devint directeur d'une revue française, *le Courrier de l'Europe*. Bohain mourut à Londres en 1856, laissant surtout la réputation d'un homme d'esprit.

faire échec à Girardin dont l'attitude parlementaire, malgré des prétentions d'indépendance et même d'opposition publique à la politique de réaction. était favorable au ministère ; la rédaction, satisfaite de voir le journal se faire le porte-parole des inquiétudes, des hostilités, des répulsions de la démocratie républicaine à l'égard du fondateur de *la Presse*, soutint Maillefer à l'unanimité et les articles parurent.

Girardin répondit aussitôt en citant *le Bon Sens* devant la police correctionnelle pour diffamation et en menaçant les feuilles qui l'imiteraient (notamment *le Corsaire*), d'un semblable traitement (5 juillet).

Cette tournure insolite donnée par un journaliste à un débat de plume entre journalistes avait causé dans Paris un profond étonnement. Girardin avait eu quelques duels de jeunesse (1), Capo était l'homme que nous venons

(1) D'après ses biographes, Émile de Girardin avait eu trois duels avant de se rencontrer avec Carrel. Le premier en 1824, au pistolet avec un jeune homme de son âge, un frère consanquin, dit-on, le fils légitime de M. le Conseiller D..., le second en 1828 à l'épée, avec un écrivain du nom de Perpignan, à propos d'une reproduction insuffisamment démarquée dans un journal de Girardin, *le Voleur* ; Girar-

de dire. L'intervention des « offices du ministère public » choquait les mœurs, le caractère du temps. On trouvait que décidément Girardin innovait trop et d'étrange manière. Le procédé d'ailleurs s'accordait avec les calculs financiers du fondateur de la presse nouvelle : les articles de Capo trouvaient une sorte de justification rétrospective. En réalité, se demandait-on, *le Bon Sens* avait-il dépassé son droit de discussion en concluant, après une incontestable discussion technique, que le résultat presque inévitable de l'entreprise de Girardin, — abstraction faite de combinaisons ministérielles inavouées, — serait une faillite?

Le procès n'était pas seulement considéré comme une incorrection professionnelle sérieuse; il soulevait d'autres questions plus graves encore. Aux termes de la législation nouvelle, tout procès de cette nature était

din avait été atteint à l'épaule droite. Le troisième duel au pistolet avait eu lieu en 1834 avec Degouve-Denunques, fils d'un conseiller à la Cour de Paris, chef du bureau de la correspondance démocratique pour les journaux de province. Degouve-Denunques avait accusé Girardin de relations politiques trop intimes avec le ministère; il devint préfet de la République en 1848, dans le Pas-de-Calais.

soustrait à la loi commune de la publicité : ainsi Girardin entendait soustraire ses calculs et ses chiffres à toute espèce de contrôle public, même celui qu'autorise l'écho des discussions atténuées du prétoire? Quelles que fussent les duretés que *le Bon Sens* avait mêlées à son argumentation, c'était bien moins contre la personne de Girardin que contre l'opération commerciale annoncée par son prospectus que le critique avait cru devoir écrire : Girardin lui-même ne pouvait le contester...

Mais ce n'était pas tout, Girardin continuant son système de défense et se déclarant une victime de la coalition systématique des vieux journaux, menaçait à son tour les confrères de récriminations très personnelles, de diffamations au demeurant.

Or (et c'est ce qui fut également observé dès le commencement des polémiques, le 5 juillet et les jours suivants), Girardin sur ce terrain était dans une situation très particulière qui aurait dû lui interdire de suivre la voie judiciaire. Émile de Girardin était directeur et rédacteur en chef de son journal et, ajoutant une innovation aux autres, il avait déclaré dans son prospectus et ses premiers articles qu'il ne ferait pas comme les autres directeurs de journaux, qu'il ne se cacherait pas derrière un gérant, qu'il serait lui-même le gérant responsable et signerait courageusement comme tel, au lieu et place du personnage payé pour faire la prison, la dernière ligne de la quatrième page.

Mais Girardin se taxait de courage civil à bon compte : il oubliait qu'il était député et que cette qualité modifiait complètement les conditions de sa responsabilité de gérant. Un privilège constitutionnel couvrait les membres de la Chambre. Girardin, de droit, profitait de cet abri : il n'y avait donc plus aucune égalité entre lui et les autres écrivains. Lui plairait-il de réaliser ses menaces au cours d'une session et de s'exposer lui-même aux procès de ses confrères? ceux-ci étaient dans la nécessité de solliciter une autorisation préalable de la Chambre, mise ainsi en demeure de condamner par avance un membre de la majorité ministérielle. Il y avait quelque chance pour que l'autorisation fût refusée...

Et pendant ce temps Girardin avait contre tous l'avantage de la citation directe! M. le député Émile de Girardin s'était fait journaliste, et devait subir la loi commune de la discussion et de la responsabilité (1).

(1) La sorte de leçon que Girardin semblait vouloir par son exemple donner aux rédacteurs en chef de la presse démocratique tombait à faux du reste. En ce qui concerne *le National*, Carrel avait été gérant de son journal en 1834 et avait même été à ce titre condamné à six mois de prison : c'est comme gérant qu'il entra à Sainte-Pélagie en octobre 1834. Dans cette seule année 1834, à la date du 15 décembre, quatre rédacteurs ou administrateurs s'étaient succédé dans le poste et avaient été condamnés à la prison : Paulin, Arnold Scheffer, *Carrel*, Rouen. Le dernier de la période, Persat, deviendra gérant en mai 1835 : il ne sera pas plus épargné que ses prédécesseurs.

II

Intervention de Carrel. — Polémique de Girardin. — Récit « officiel » d'une entrevue des rédacteurs en chef du National *et de* la Presse *: ses erreurs, lacunes, transpositions, omissions.*

Capo de Feuillide avait donc trouvé de nombreux auxiliaires pour sa défense, mais le plus grand de tous ceux dont il voulait se couvrir, n'avait rien dit encore et ne manifestait nullement la pensée d'intervenir dans toutes ces polémiques. Capo de Feuillide sentait la valeur de l'appui; il demanda à Armand Carrel un simple mot dans son journal et, bien qu'il ne fut pas à proprement parler de ses amis, le rédacteur en chef du *National* lui avait promis quelques lignes, mais vaguement et comme on fait quand on veut se tenir à l'écart d'une déplaisante bagarre et

pouvoir s'excuser d'un oubli. Il répugnait à
Carrel de se mêler à tout ce tapage soulevé
en apparence sans doute, mais enfin mis en
branle à l'occasion d'une rivalité commerciale.

Le procès du *Bon Sens* devait venir devant
la sixième chambre le 20 juillet.

Les circonstances dans lesquelles Carrel
allait écrire son filet méritent d'être relatées.

Le 19 juillet à 11 heures du soir, Carrel
avait revu son article de fond et quittait son
cabinet du *National*; il traversait la salle de
rédaction, échangeait quelques mots avec
deux collaborateurs restés seuls, le rédacteur
du compte rendu des Chambres et le secrétaire de la rédaction, allumait un cigare et
s'apprêtait à sortir, quand L'Héritier, le secrétaire de la rédaction (1), lui dit : « — Mon-

(1) L'Héritier était un jeune journaliste de la presse démocratique que Carrel avait connu, prisonnier comme lui à
Sainte-Pélagie pour délit politique ; ses convictions républicaines et son activité bien entendue avaient intéressé Carrel qui,
après quelques hésitations (L'Héritier professait des opinions
littéraires dont Carrel craignait de voir l'esprit pénétrer la
politique) l'avait agréé au *National* depuis un an et lui avait
même confié le secrétariat de la rédaction.

sieur Carrel, vous n'oubliez pas que vous avez promis à Capo de Feuillide de mettre quelques lignes dans le *National* à propros de son procès avec Girardin. — C'est vrai », dit Carrel, et s'asseyant dans l'instant à la table de rédaction sur laquelle étaient encore épars trois ou quatre feuillets de papier blanc, il écrivit très vite et comme d'un seul trait de plume les trente lignes suivantes qu'il fit descendre aussitôt à la composition. Au début du filet, il s'était interrompu une seconde pour demander : « Comment écrivez-vous donc Capo? » On a vu que l'orthographe réelle du nom était Cappot. Carrel se souvenait bien qu'il y avait deux orthographes, mais il hésitait sur celle adoptée par Capo dans le journalisme. Ce détail fixe sur le caractère des relations du rédacteur du *National* avec le feuilletoniste du *Bon Sens*. Ajoutons cependant pour être complet ce trait non indifférent, communiqué plus tard par Louis Blanc à l'un de ses propres biographes, Charles Edmond : Carrel se serait au moment rappelé que Capo de Feuillide dans la préface d'un récent roman (*le Tourneur de chaises*) avait inséré de chauds éloges à son adresse ; par là il se serait cru obligé de donner à un confrère quelques mots d'appui au milieu des préoccupations où le mettait le procès.

M. Émile de Girardin, membre de la Chambre des députés (avait écrit Carrel) est à la tête d'une société qui croit avoir trouvé le moyen d'établir un journal au prix de 40 francs par an, découverte heureuse et dont le pays profitera, si M. de Girardin réussit dans cette entreprise. Mais, comme premier moyen de succès, M. E. de Girardin a cru devoir publier des prospectus dans lesquels il parle de journaux qui existent depuis six, dix, quinze et vingt ans, en termes que nous nous sommes contentés de mépriser pour notre compte, mais qu'un de nos confrères, *le Bon Sens* a relevés dans une série de feuilletons forts piquants et dont le public s'est beaucoup occupé. Le spirituel auteur de ces feuilletons, M. Capo de Feuillide, passe en revue les combinaisons et les calculs dans la confidence desquels on a été mis par les prospectus de M. de Girardin.

M. Capo de Feuillide trouve l'entreprise mauvaise : il en a bien le droit, et il appuie son opinion de considérations et de raisonnements qui ne nous ont pas paru sortir des limites d'une discussion permise. M. E. de Girardin pouvait répondre dans son journal ; il a mieux aimé considérer comme une diffamation contre sa personne les doutes jetés sur l'exactitude de ses calculs ; il a attaqué *le Bon Sens* et M. de Feuillide devant la police correctionnelle. Cette affaire sera jugée demain et M. de Girardin jouira du bénéfice des lois de septembre. La presse ne pourra rendre compte des débats de cette affaire ; nous en ferons connaître le résultat qui ne nous paraît pas douteux, car rien ne ressemble moins à la diffamation, telle que nos lois la définissent, que la discussion soutenue par M. de Feuillide contre les assertions et les chiffres de M. de Girardin.

L'affaire est donc engagée et, *le National* ayant gardé le silence jusqu'à l'intervention sollicitée par Capo de Feuillide, ce qui suppose que Girardin n'avait point nommément ou trop vivement pris à partie son grand confrère — l'on reconnaîtra que c'est Carrel qui paraît de prime abord prendre l'initiative de l'attaque. Or, après la rupture des explications entre Carrel et Girardin les rôles sont intervertis : c'est Carrel qui se défend.

Sans doute, on ne trouvait dans l'ensemble de l'article du *National* rien qui excédât les limites d'une polémique non discourtoise, et le ton courant d'échange d'observations entre journaux ; il est vrai que Carrel avait nommé Girardin au lieu de simplement nommer son journal, ce qui est d'une pratique banale dans

la presse et évite les personnalités directes
entre écrivains. Girardin, d'ailleurs, s'était
vanté l'année précédente d'avoir voté contre
les lois de septembre; à la veille de la chute
de la monarchie de Juillet, après avoir donné
sa démission de député, il s'en fera encore un
gros mérite auprès de ses électeurs de Bourganeuf (1); il était donc naturel de montrer
à quel point Girardin était illogique, en faisant appel pour se mettre en garde, à une
législation qu'il avait lui-même bruyamment
condamnée. Les journaux les plus modérés
d'opinion et de style, *le Journal du Commerce*,
le Constitutionnel, *l'Impartial* avaient écrit
contre le rédacteur de *la Presse* d'un ton
autrement animé; *le Temps*, nous l'avons vu,
n'avait pas montré moins de sévérité.

Mais le lecteur, au début du filet de Carrel,
a relevé comme nous, l'expression « mépris »
plus exactement « mépriser ». Le mot, sous
la plume du rédacteur du *National* ne s'appli-

(1) V. *la Presse* du 8 mars 1848. (Rappel du compte rendu
de Girardin à ses électeurs de la Creuse : « En 1835, j'ai
voté et j'ai pris part à la discussion *contre* les lois de septembre... »).

quait point, il est vrai, à la personne de Girardin, mais *aux termes* dans lesquels il avait parlé de journaux, ses aînés de six, dix et vingt ans. La distinction faite, il n'en restait pas moins une expression qui, pour méritée qu'elle fût au sens du *National*, était malsonnante, et ne pouvait que provoquer une réplique du même ton.

Nous insistons, nous le répétons, sur ce premier trait pour faire plus clairement ressortir l'invraisemblance de la version habituelle.

La réplique ne manque pas.

On lit dans *la Presse* du lendemain, 21 juillet, l'article suivant qui doit être reproduit *in extenso*, les extraits ayant le tort d'altérer la physionomie de la polémique en la faisant supposer trop particulière contre *le National* et aussi de supprimer la fin bien caractéristique de la réponse de Girardin.

Le rédacteur en chef de *la Presse* accolant au *Bon Sens* deux de ses adversaires choisis au milieu des autres, répond en s'adressant directement au *National* et au *Temps :*

RÉPONSE AU *NATIONAL* ET AU *TEMPS*

Le procès en diffamation intenté au *Bon Sens*, a été remis aujourd'hui à huitaine sur la demande de M⁰ Marie, avocat de ce journal (1).

Le National, à l'occasion de ce procès, jette un blâme sévère sur M. de Girardin, pour ne pas s'être, de préférence, servi de la voie de *la Presse*. Ce reproche manque de la loyauté attribuée au caractère de M. Carrel. Assurément, le reproche serait mérité si *le Bon Sens* s'en fût tenu à l'examen critique et sévère de la base économique sur laquelle *la Presse* est établie ; mais il n'en a pas été ainsi : les accusations les plus odieuses et les plus personnelles ont été accumulées contre M. de Girardin.

Contre ces imputations, il n'y avait que trois moyens de se défendre :

1° Répondre à la calomnie par la diffamation ; arracher à l'auteur des quatre articles du *Bon Sens* son masque de rigorisme politique et de probité sociale, faire connaître le diffamateur, *pièces en main...* (2).

---

(1) M⁰ Marie avait dû se rendre à Limoges où il devait plaider le jour même où venait à Paris le procès du *Bon Sens*. M⁰ Paillard de Villeneuve, représentant *la Presse*, et présent à l'audience de la sixième chambre, n'avait naturellement fait aucune opposition à la demande de son confrère. M⁰ Paillard de Villeneuve, avocat de Girardin allait, on va le voir, être un de ses témoins dans le duel.

L'affaire appelée contre le gérant Vigouroux, avait été remise au 27 août.

(2) Ces trois mots sont en italique dans le texte de *la Presse* où figurent également les ... plusieurs points. (V. à l'*Appendice*, p. 267, la réponse faite personnellement par Capo de Feuillide à ce passage de l'article de Girardin).

Cela était facile, mais M. de Girardin n'a pas cru que cela lui fût possible sans manquer au respect qu'il se devait à lui-même et aux convenances de la presse telles qu'il les comprend;

2° Un duel avec le gérant du journal, responsable des articles qu'il admet et publie;

3° Enfin, un procès en diffamation.

Entre ces deux derniers moyens. M. de Girardin a laissé le choix à ses amis.

Le Temps est moins bref que *le National* dans ses réflexions et dans ses hostilités; il n'y consacre pas moins de quatre colonnes.

M. J. Coste, cependant plus que tout autre, en pareille circonstance, devrait user de circonspection : il a été dans sa vie l'objet d'imputations trop graves (dont nous l'avons toujours chaudement défendu, comme d'autant de calomnies) pour qu'il lui soit permis d'accueillir et d'encourager légèrement la diffamation même à l'égard de ses ennemis, puisqu'il lui plaît de nommer ainsi quiconque tente de faire concurrence au journal qu'il dirige.

M. J. Coste sait par expérience qu'un million et plus ne suffisent point pour fonder un journal politique à 80 francs, et répartir à ses actionnaires le plus faible dividende.

M. Coste sait bien que ce n'est pas en doublant le format d'un journal, en multipliant les suppléments, en quintuplant toutes les dépenses prévues, qu'un journal parvient, par la voie battue, au nombre d'abonnements nécessaires pour se placer au premier rang.

M. Coste, bien qu'habile, n'a pas été heureux dans le journal qu'il a fondé; il eût été plus prudent de sa part de faire à l'égard de *la Presse* ce que nous avons fait à l'égard du *Temps*, d'en étudier patiemment pendant six ou huit années la direction, ne fût-ce qu'afin de n'en point commettre les fautes.

En aucun cas, nous l'affirmons, les actionnaires de *la Presse* n'auront rien à envier aux actionnaires du *Temps*, du *National* et du *Bon Sens*, bien que ces journaux coûtent cependant 80 francs.

C'est bien malgré nous, et parce qu'il ne nous est point possible de garder le silence que nous nous jetons sur le terrain où l'on nous pousse; mais enfin, si l'on persiste à le vouloir, nous l'accepterons, et nous publierons ce que *le Bon Sens*, *le National* et *le Temps* ont coûté à leurs actionnaires; nous ferons à notre tour les comptes de ces journaux, puisqu'ils prennent la peine de faire les nôtres; les renseignements sur ce point ne nous manqueront pas plus que ceux qui nous seraient nécessaires pour la biographie de plusieurs rédacteurs de ces journaux, si nous étions jamais contraints de la publier.

En ce cas-là même, nous promettrions encore de nous en tenir à la stricte vérité des faits; nous n'aurions pas, nous, de faillites imminentes à prédire; il nous suffirait de faillites consommées à relever au greffe du tribunal de commerce.

Pour terminer par un mot, nous dirons enfin qu'il ne manquait plus au succès de *la Presse* que les attaques dont on lui donne la préférence sur *le Siècle*; les abonnements affluent; 5oo.ooo francs d'actions ont été placées en moins de huit jours, et les actionnaires de *la Presse* qu'on prétend menacés de tout perdre, peuvent déjà réaliser un bénéfice de 20 o/o sur leurs actions, par le seul fait de la hausse ; c'est un avantage dont les actionnaires du *Bon Sens*, du *National* et du *Temps* n'ont pas encore joui (1).

Si nous laissons de côté ce qui concerne *le Bon Sens* et *le Temps*, que voyons-nous? Ceci :

Désormais, Carrel et Girardin sont à deux de jeu, mais la réplique de Girardin a accentué le ton. En parlant de la « *loyauté attribuée au caractère de M. Carrel* », le rédacteur de

(1) Le numéro de *la Presse* du 22 juillet ne contient aucune indication relative aux entrevues qui précèdent le duel. On y lit seulement de la plume de Girardin, sous la rubrique *Guerre des journaux coalisés contre* LA PRESSE, une vive diatribe à l'endroit du *Bon Sens*, du *Constitutionnel*, du *Temps*, de la *Quotidienne* et de l'*Impartial*; ces journaux affirmaient que c'était lui, Girardin, qui avait fait demander la remise du procès du *Bon Sens* devant le tribunal. (*Le Bon Sens* avait fait de suite et spontanément la rectification.)

En outre, Émile de Girardin accuse dans le même numéro, les directeurs des principaux journaux coalisés de s'être réunis en séance pour délibérer s'ils n'enverraient pas à leurs abonnés, les articles du *Bon Sens*, réimprimés en brochure; s'ils n'augmenteraient pas le format de leurs feuilles; s'ils ne diminueraient pas enfin le prix de leur abonnement annuel, de leurs annonces, etc.

Ces Messieurs n'auraient abandonné le projet de réimpression des feuilletons de Capo de Feuillide, que parce que la dépense eût été trop élevée, et que, d'autre part, extraits d'un journal politique, les articles eussent été soumis au droit de timbre, tous frais qui, pour un tirage à cent mille exemplaires, n'auraient pas coûté moins de 10.000 francs.

Le National n'est nommé dans aucun passage de l'article.

la Presse avait évidemment voulu répondre au mot « mépriser », et il l'avait fait en atteignant une limite avancée de la polémique, en la dépassant même, entre écrivains qui n'avaient individuellement aucun grief réciproque antérieur (1).

Un passage de l'article laissait d'autre part la porte ouverte à un complément de représailles ultérieures. Girardin formulait la promesse ironique non pas seulement de faire le compte administratif des journaux ennemis, mais de renseigner le public sur certaines faillites acquises... non pas futures; enfin, utilisant des renseignements déjà précautionneusement collectés, il menaçait d'écrire la biographie de tels rédacteurs, invités ainsi, sous peine de scandale, à faire silence.

On s'est demandé si la menace relative à la révélation d'une mésaventure commerciale

(1) Les seules traces que nous ayons trouvées de relations antérieures, d'ailleurs très distantes, entre Carrel et Girardin, sont fort loin de laisser percer une animosité issue d'un esprit de rivalité ou d'antipathie; mais surtout, dans une occasion, elles marquent de la part de Girardin autorisant une démarche mondaine de Mme Emile de Girardin près Carrel, un évident désir, resté d'ailleurs inutile, d'entrer plus avant en relations personnelles avec le rédacteur du *National* (V. *Appendice*, p. 265).

pouvait contenir une allusion à un incident de la vie de Carrel. Carrel, en effet, avec deux de ses amis, Malher, un ancien camarade de Saint-Cyr, officier démissionnaire, et Joubert, un compagnon du complot de Belfort et de la légion Pacchiarotti, avait fondé un commerce de librairie. Mais cette supposition tombe d'elle-même. Sans avoir fait d'autre tort qu'à lui-même, Carrel mit fin, au bout de peu de temps, volontairement, à cette entreprise de l'aveu même de Malher et de Joubert qui restèrent ses amis intimes. Assurément, ce n'était point là la voie du futur rédacteur du *National*, mais cette menace qui pouvait viser tel écrivain du *Temps*, du *Bon Sens* et aussi tel collaborateur du *National*, était sans la moindre signification pour Carrel même (1).

(1) Carrel, en juin 1826, après avoir quitté Augustin Thierry et conquis une indépendance momentanée par la publication des deux précis des *Histoires de l'Écosse* et *de la Grèce*, avait dû renoncer à vivre de sa plume. C'est alors qu'avec quelques fonds envoyés par sa famille, il prit une part *indirecte* à un commerce de librairie où il ne figura jamais d'ailleurs en nom. La raison sociale était Malher et Cie : Carrel était simplement associé commanditaire ; il se réservait la faculté de devenir membre de la société fondée en nom collectif par Joubert et Malher, en doublant son premier apport (8.000 francs); s'il opérait ce versement avant l'épuisement du premier fonds social, il était considéré comme ayant été, dès l'origine, asso-

Cependant, aussitôt qu'il a lu l'article, touché des divers traits intentionnels qu'il y relève, Carrel se rend aux bureaux de *la Presse* pour y voir Girardin. Il est accompagné d'un des rédacteurs du *National*, Thibaudeau. Pourquoi Thibaudeau? Le choix, on va le voir, n'était pas indifférent.

Adolphe Thibaudeau, fils du conventionnel, sans être un journaliste de carrière, était depuis longtemps un des collaborateurs les plus actifs du *National*; mais, avant d'y occuper un emploi de correspondant ordinaire à l'étranger, d'ailleurs justifié par une connais-

cié pour un tiers dans le partage des bénéfices. Mais, de bénéfices, il n'y eut jamais. La librairie avait fait des frais élevés pour éditer des ouvrages d'une valeur scientifique considérable, mais d'un écoulement lent, le *Traité de physique* de Péclet, le *Traité de chimie* de Desmarest, le *Traité d'astronomie* de Quételet, etc. ; elle dut cesser ses opérations commerciales. Un des associés, Joubert, fut nommé liquidateur. « M. Louis-Christophe-François Hachette, libraire, demeurant à Paris, rue Pierre-Sarrazin, n° 12 », acheta la propriété des éditions et exemplaires non vendus et ses versements, argent liquide et billets, permirent l'extinction de toute dette. Nous devons ces renseignements à l'obligeance de M. Gaulard (au Ruel, par Marine, Seine-et-Oise), petit-fils de Joubert, qui, en 1893. nous communiqua les actes authentiques et que nous prions d'agréer nos remerciements.

Après la mort de Carrel, Malher devint préfet, et Joubert, directeur de l'octroi de Paris : l'honorabilité de l'entreprise est donc hors de cause.

sance approfondie de la politique extérieure
et notamment de la politique anglaise et par
un incontestable talent d'écrivain, il avait été
dans les affaires, et, dans deux circonstances,
y avait été malheureux, tout en restant personnellement sans tache.

A Vienne où il avait suivi son père exilé
par la Restauration, il avait une première fois
compromis la fortune patrimoniale dans des
spéculations de Bourse; revenu en France,
son nom, ses aptitudes spéciales, son esprit et
ses qualités selon le monde, l'avaient rapidement mis en relations avec les principaux
banquiers de Paris et notamment avec Laffitte;
sur les conseils de ce dernier, il avait pris la
direction d'un grand établissement industriel,
la verrerie de Choisy-le-Roi, qui avait sombré
dans la crise commerciale dont fut suivie la
révolution de juillet. La présence de Thibaudeau indique bien à l'adresse possible de qui,
parmi les rédacteurs du *National*, le mot de
« faillites consommées » avait été lancé (1).

---

(1) Adolphe Thibaudeau, fils du conventionnel Antoine-
Claire, est mort en 1856, sans laisser d'autres traces de vie
publique que sa collaboration au *National* et sa courte intervention dans les préliminaires du duel. — Son père, né à

Carrel se présente donc chez Girardin avec Thibaudeau. Louis Blanc, dont nous continuons à suivre la version, nous peint Carrel entrant chez Girardin le numéro de *la Presse* à la main, fort calme, très courtois de langage et mesuré de manières. La présence de Thibaudeau nécessitait correctement la présence d'un ami de Girardin qui fait aussitôt chercher Lautour-Mézeray (1).

Lautour-Mézeray était lié avec Girardin depuis 1814, il l'avait connu au collège d'Argentan alors qu'Émile de Girardin n'était encore qu' « Émile Delamothe » : il l'avait retrouvé

Poitiers en 1765, avocat au début de la Révolution, est mort à Paris en 1854 ; il avait voté avec la majorité dans le procès de Louis XVI, s'était rallié à l'Empire, qu'il servit comme préfet ; exilé et ruiné, il écrivit une série de livres historiques qui ne sont point d'une lecture négligeable, notamment ses *Mémoires sur la Convention, le Directoire et le Consulat* (1824-1826) ; rentré en France après 1830, il ne rechercha aucune place ni mandat, et publia son *Histoire du Consulat et de l'Empire* (1835-1838), puis une *Histoire des États-généraux* (1843). Thibaudeau père acceptera un fauteuil de sénateur en 1852.

(1) LAUTOUR-MÉZERAY (Saint-Charles), connu sous Louis-Philippe comme journaliste, lanceur d'affaires, clubman à la mode, était un ami de M. et de Mme Émile de Girardin et un habitué de leur salon. Né à Argentan (Orne) en 1801, Lautour-Mézeray y est mort en 1861, après avoir été sous-préfet de Bellac (Haute-Vienne) en 1841 et préfet d'Alger en 1849 à 1858. (V. Notices, *Appendice*, p. 337).

à Paris colportant ses manuscrits d'adolescent dans le cabinet de lecture de la dame
Désauge, sous la Galerie de Bois; depuis il
avait lancé avec lui plusieurs journaux,
entre autres *le Voleur*. Il l'avait en outre assisté
dans deux rencontres antérieures. C'était un
homme de formes mondaines et d'esprit plutôt
conciliant. L'échange de paroles qui précéda
son arrivée aurait été assez vif pour que Carrel
vît dans l'attitude et le langage de Girardin
une intention formellement arrêtée de duel,
et, comme il en faisait la remarque, ce serait
alors que Girardin aurait fait la réponse qui
sera tant et si justement incriminée :

« Une rencontre avec un homme tel que
vous, Monsieur, me paraîtrait une bonne fortune (1) ».

A quoi Carrel répliquait par cette réflexion
si modérée : « Un duel ne me paraît jamais
une bonne fortune à moi ».

Observons de suite que cette réflexion de
Carrel est en contradiction manifeste avec le
dessein formel que Louis Blanc prête à Car-

---

(1) Louis Blanc, *op. cit*, p. 59, — Nisard, *id.*, p. 52.

rel, en dépit de son calme, dans cette première phase des préliminaires quand il le représente se rendant en hâte chez Girardin, « décidé à obtenir une explication publique ou une réparation par les armes », c'est-à-dire féru, d'autres allaient le dire, de l'idée fixe d'une rencontre.

Quoi qu'il en soit. rappelons la fin de la version officielle.

Sous l'influence de Lautour-Mézeray, le tour de la discussion devient promptement plus conciliant et « il est enfin convenu que quelques mots d'explication seront publiés dans l'un et dans l'autre journal. M. Émile de Girardin parlant de rédiger la note séance tenante : « Vous pouvez vous en fier à moi, monsieur, lui dit Armand Carrel avec dignité ».

« La querelle paraissait éteinte, un incident la ralluma. M. de Girardin demandait *(son exigence n'était guère intolérable)* que la publication de la note eût lieu simultanément dans les deux journaux. Carrel, voulait au contraire, qu'elle eût lieu d'abord dans *la Presse*, mais il rencontra, sur ce point, une opposition persistante.

« Alors étonné, blessé au vif, n'ayant plus rien à ajouter aux efforts de modération auxquels jusque-là il s'était plié si noblement *(lesquels?)*, Carrel se leva, — poursuit toujours Louis Blanc, — et dit : « Je suis l'offensé, je » choisis le pistolet ». Il sortait, lorsque par une louable inspiration, M. Lautour-Mezeray courut après lui pour le retenir et le calmer. Mais une inexorable fatalité pesait sur toute cette affaire... »

Les invraisemblances, les arrangements, les lacunes fourmillent dans ce récit; les transpositions s'y ajoutent et le rendent absolument inintelligible dans les termes mêmes où Louis Blanc a prétendu le circonscrire. Les amis de Carrel allaient cependant l'estampiller. Girardin dans le récit qu'il donnera lui-même quelques semaines plus tard. l'adoptera fidèlement: il ajoutera même grandement à la confusion par des transpositions nouvelles, des négations. des interpolations et des omissions plus graves encore. mais il n'aura fait que suivre l'exemple donné.

Ainsi, voilà un écrivain dans une situation considérable comme Carrel qui, après avoir inséré dans son journal une note cinglante à l'endroit de Girardin, prétend, à la suite d'une inévitable réplique, imposer à son adversaire une rétractation publique ou une rencontre ; et sur la simple demande de Girardin de publier simultanément quelques mots d'une explication convenable, il exige, comme crescendo dans la prétention, que *la Presse* publie l'explication, la première et comme au titre d'excuse ; puis, sur le refus de Girardin, c'est cet écrivain qui se déclare l'offensé et choisit l'arme conformément au droit !

Le simple exposé des faits montre tout ce que la situation a dans l'instant non seulement d'invraisemblable, mais d'inacceptable. Nous dirons même que si les faits s'étaient passés ainsi, il n'y aurait en toute cette querelle, rien qui fût à l'honneur de Carrel ; il ne faudrait voir dans cette série croissante d'exigences et de susceptibilités qu'un entêtement orgueilleux de bretteur et l'arrière-pensée d'une rencontre bien arrêtée cette fois et non pas chez Girardin.

Lancés sur cette fausse piste, trompés par l'enchaînement cependant si factice des incidents, un peu aussi par les antécédents de Carrel, tous ceux des contemporains qui se sont arrêtés au triste épisode pour leurs propres écrits, n'ont pu, sur ce thème, se défendre d'une pensée de blâme, qui perce en dépit de leur profonde sympathie pour le rédacteur du *National*.

Il y a entre eux une sorte d'accord tacite dans la résistance à suivre jusqu'au bout un si grand caractère mais toujours et partout resté si batailleur.

Nisard, l'un des plus favorables, consacre six pages et plus à préparer le dénouement par des explications sur la psychologie militaire de Carrel, sur le préjugé des Français qui aiment à voir leurs hommes publics descendre dans l'arène et se battre comme des gladiateurs (1).

Sainte-Beuve, collaborateur du *National* comme Nisard, parle de la pointe d'épée qui brille souvent dans les articles de Carrel : « Là est un faible, dit-il, qui, transporté de sa vie militaire à sa vie publique, domina toute

(1) *Op. cit.*, p. 48-54.

sa carrière et finit par la briser... Il semblait trop dire à tout venant : « Quand vous voudrez, monsieur ! » (1).

D'Alton-Shée ajoute cette remarque d'un esprit vraiment dérouté : « Nous le voyons sans nécessité exiger une réparation par les armes d'Émile de Girardin... (2) ».

/ Chateaubriand fait cette réflexion d'ami chez qui l'affliction n'exclut pas un haussement d'épaules : « Carrel nous a abandonnés pour une misérable querelle qui ne valait pas un cheveu de sa tête (3) ».

Littré enfin croit ou feint de croire que l'allégation relative aux faillites pouvait choquer Carrel « bien qu'il n'eût jamais rien eu à démêler avec le tribunal de commerce »; puis il conclut, en dépit de son admiration affectueuse : « Nous avons, même après vingt ans, besoin de croire que Carrel n'a pas joué et perdu sa vie pour un vain et blâmable emportement de querelle et de provocation (4) ».

(1) *Id.*, p. 95-96.
(2) *Id.*, LXVII, p. 161.
(3) *Loc. cit.*
(4) *Notice*, Œuv. compl., t. 1er, p. LXII-LXIV.

Les derniers contemporains, s'ils ne ren-
chérissent pas sur les précédents, au moins
les copient. Pour Lanfrey, « Carrel est mort
victime d'une extrême susceptibilité conservée
de son éducation première...; il succomba
dans un duel dont le prétexte était des plus
futiles (1) ». Et H. Castille, plus sévère encore
traite « de bagatelle, de misérable querelle
d'amour-propre » la cause du duel(2).

C'est, on le voit, partout la même impression de mécontentement mal dissimulé de voir
tomber par un accident vulgaire, un homme
non pas seulement hors foule, mais hors élite
par les talents et le caractère, et pour tout
résumer d'un mot, de voir finir un homme
salué aujourd'hui chef de parti, pressenti chef
de gouvernement demain, comme un sous-
lieutenant mauvaise tête.

Mais, terminons de suite le récit de Louis
Blanc, sans en rien omettre nous-même :

« ... Une inexorable fatalité pesait sur toute

(1) *Études et portraits politiques* (Édit. Charpentier. Paris,
1865). Armand Carrel, p. 266.

(2) *Portraits historiques du XIX* *siècle,* n° 31 (édit. Sarto-
rius, Paris, 1857, p. 50-51).

cette affaire, achève l'historien de *Dix ans*. Le soir, la discussion se ranima entre MM. Ambert et Thibaudeau, amis de Carrel, Lautour-Mézeray et Paillard de Villeneuve, représentants de M. de Girardin. On ne put s'entendre. »

Ici Louis Blanc commet une nouvelle et dernière erreur.

L'unique objet de ce rendez-vous *de nuit* des témoins était non point de chercher par une discussion attardée un accord désormais presque impossible sans les excuses, sans les atténuations publiques et formelles de Girardin, mais de régler purement et simplement les conditions de la rencontre. Le duel était en effet arrêté pour le lendemain matin, vendredi 22 juillet. Remarquons en outre que les témoins définitifs de Carrel étaient Ambert et non plus Thibaudeau — mais la substitution vaut d'être soulignée — le gérant du *National*. Persat. Les deux témoins définitivement constitués de Carrel sont des officiers, l'un appartient à l'armée et l'autre lui a appartenu (1).

(1) V. Notes biographiques sur Ambert et Persat, p. 88-89, et Notices, *Appendice*, p.320-325 et 326-336.

Que s'était-il passé dans l'intervalle, dans les quelques heures qui avaient suivi la visite de Carrel et de Thibaudeau? Et tout d'abord quel avait été au vrai cet entretien de Carrel et de Girardin? Avait-il clos ou envenimé l'explication? Quels faits connus, quels propos acquis dès ce moment ont été altérés, transposés, cachés ou omis? C'est à quoi répondent les documents dont nous allons parler.

III

*La vérité sur les faits. — Documents nouveaux, inédits
ou négligés. — Les DEUX entrevues de Carrel et de Girardin. — L'insulte de Girardin; nature de l'offense.*

Il a paru en 1884 à Paris, après avoir
d'ailleurs reçu par fragments de 1868 à 1878
la publicité du *Figaro,* un livre intitulé *Indiscrétions contemporaines*, par le docteur Bonnet
de Malherbe, en littérature Joseph d'Arçay (1).
Ce livre, spirituellement écrit, contient des
souvenirs anecdotiques d'histoire contemporaine, précisément de ceux que Mérimée aimait
comme expliquant par les incidents des coulisses l'action de la scène : à côté d'un crayon
de la salle à manger de Véron (qu'avait
remarqué Sainte-Beuve comme un petit chef-

(1) In-8º de 410 pages. Calmann-Lévy, éditeurs.

d'œuvre d'observation), on trouve dans les souvenirs de Bonnet de Malherbe, des pages sur le *Journal des Débats*, sur Davoust, sur Thiers, les « journalistes d'autrefois », et à ce propos sur les origines du *National*. Carrel devait naturellement y être étudié : il l'est très intimement et de plume de connaisseur.

Comment l'auteur était-il en possession de tous les renseignements qu'il donne sur le rédacteur en chef du *National* ? Fort simplement. Alors étudiant en médecine, Bonnet de Malherbe avait été amené, comme nombre de jeunes gens, à écrire dans les journaux afin de subvenir à ses frais de vie et d'études ; il était entré au *National* au commencement de 1836 pour y « faire la Chambre », comme on disait jadis et comme on dit encore aujourd'hui. Ce résumé, alors aussi difficile à bien rédiger que maintenant, le mettait en relations quotidiennes avec Carrel auquel il avait plu par la vivacité agréable de son esprit. Un autre jeune médecin, mais déjà savant philologue, Littré, travaillait également au *National* en y donnant la traduction des journaux étrangers.

Bonnet de Malherbe était précisément dans les bureaux du *National,* au moment où Carrel, dans la soirée du 19, écrivit son filet : il avait donc suivi l'affaire depuis sa genèse, et rien ne lui manquait pour savoir toutes choses exactement : il nous dit d'ailleurs lui-même, pour donner plus de crédit à ses souvenirs et les couvrir d'un témoignage difficile à récuser, tenir ses renseignements de Thibaudeau (1).

Bonnet relate d'abord, comme Louis Blanc, la visite de Carrel, accompagné de Thibaudeau, chez Girardin : mais il lui donne une conclusion diamétralement opposée. « Carrel et Thibaudeau, dit-il textuellement, eurent avec Girardin une conversation dans laquelle les choses se passèrent avec beaucoup de courtoisie de part et d'autre. *On se quitta,* souligne Bonnet, *en termes qui devaient faire regarder l'affaire comme terminée.* »

Ici, contrairement au récit banal, et, pour tout narrateur attentif et calme, il ne pouvait en être autrement, Bonnet de Malherbe se

(1) Pages 123 et 129, *op. cit.*

garde bien d'omettre le fait capital auquel nous faisons allusion.

Nous voulons parler d'une *seconde* visite faite par Carrel — *seul* cette fois — à Girardin, évidemment dans les *toutes premières heures* de la soirée du 21 (1).

« Carrel, continue Bonnet de Malherbe (2), obéissant à je ne sais quel sentiment, eut l'idée de *retourner seul* chez M. de Girardin.

» Que se passa-t-il dans ce tête-à-tête?

» Personne ne l'a jamais su au juste, et M. de Girardin, le seul survivant de ce triste drame (3), pourrait seul le dire.

» Toujours est-il qu'une rencontre devait avoir été arrêtée, car en quittant M. de Girardin, Carrel choisit immédiatement ses deux témoins, qui furent Persat et Ambert. Ce

(1) Rappelons qu'Émile de Girardin, dans son récit personnel (V. *Append.* p. 286) place à 4 heures de l'après-midi la visite de Carrel *accompagné de Thibaudeau. La Presse* et *le National* paraissant le matin, au cas d'insertion d'une note, leurs rédacteurs, pour s'entretenir utilement, ne pouvaient se rencontrer qu'à partir de l'après-midi ou au cours de la soirée dans les bureaux de leurs feuilles.

(2) *Op. cit.*, p. 129.

(3) Les dernières pages des souvenirs de Bonnet de Malherbe avaient paru pour la première fois en 1878. Émile de Girardin est mort à Paris, le 27 avril 1881.

choix était aussi malheureux que possible, et n'indiquait que trop clairement la résolution de Carrel, de n'entendre à aucun arrange-ment. »

L'omission de Louis Blanc relativement à la *seconde* visite de Carrel à Girardin est d'au-tant plus singulière que *le National* lui-même dont Louis Blanc s'est servi presque exclusi-vement pour la plupart des détails et la con-texture générale de sa narration, contient cette phrase précise au début même de son long récit du duel et de la mort de Carrel :

« L'*explication directe* qui avait eu lieu entre M. Carrel et M. de Girardin, dit tex-tuellement le numéro du 26 juillet, ne laissait malheureusement rien à faire aux témoins de M. Carrel pour amener une concilia-tion. »

La lecture de quelques autres journaux du temps d'ailleurs eût dû prémunir Louis Blanc et les écrivains qui l'ont suivi. Les articles du *Charivari,* notamment, dont les principaux rédacteurs, Louis Desnoyers, Louis Huart, Altaroche, étaient très proches amis de Carrel,

4.

articles qui n'ont, on peut le croire, rien de charivaresque dans le moment, avertissent le plus nettement du monde (1). On tirera les mêmes conclusions de la biographie de Carrel que publie, avant la fin de l'année 1836, Ger-

(1) Numéros des 23 juillet et 10 septembre 1836. Nous reviendrons plus loin sur ce dernier numéro à l'occasion des polémiques intéressantes au point de vue des faits, soulevées *ultérieurement* soit par Capo de Feuillide, soit par Persat et les rédacteurs du *National*.

DESNOYERS (Louis-Claude-Joseph-Florence), né à Replonges (Ain), en 1805, y fut clerc d'avoué et vint à Paris en 1828 pour y défendre la politique libérale; il fonda plusieurs journaux d'opposition, entre autres *le Sylphe*, au nom duquel il signa la protestation des journalistes contre les Ordonnances. Après avoir collaboré au *Figaro*, au *Corsaire*, à la *Caricature*, au *National* où il succéda à Fétis dans la critique musicale, il fonda le 1er décembre 1832 *le Charivari* avec Philipon et ne le quitta précisément en 1836 que pour prendre la direction littéraire du *Siècle*. Louis Desnoyers, surtout homme de lettres, publia nombre de romans et signa plusieurs vaudevilles. Il est l'auteur bien connu des *Aventures de Jean-Paul Choppart* (1836) et des *Aventures de Robert-Robert* (1840), littérature pour adolescents d'un genre fort différent de celle de Jules Verne. Desnoyers est mort à Paris le 17 décembre 1868. Il est un des fondateurs de la Société des gens de lettres.

HUART (Louis), né à Trèves en 1813, fit ses humanités à Metz, vint à Paris pour faire son droit et se consacra de suite au journalisme. Mis aussitôt en relief par un livre spirituel (*Histoire de la rue Saint-Jacques*, 1834) il entra au *Charivari* l'année suivante, et y resta jusqu'à sa mort en 1865, après en être devenu le rédacteur en chef. Sous une verve plaisante, Huart mettait dans ses jugements politiques et littéraires beaucoup de fin esprit, de sincérité et de bon sens. Ses écrits sont nombreux en dehors de sa rédaction au *Charivari*; ses monographies ou *physiologies* des types parisiens eurent beaucoup de succès (*le Médecin*, *l'Avocat*, *le Comédien*, *l'Étu-

main Sarrut (1), en se servant des renseignements directs de Persat. Sans doute, ce n'est pas
encore la lumière tout à fait complète, mais
combien d'obscurités ces deux documents
joints aux premières pages de Bonnet de
Malherbe dissipent déjà! et comme il devient
relativement facile, sans même attendre le
document décisif, de classer, de sérier logi-

diant, etc.); avec Altaroche, Huart fit également du théâtre.

ALTAROCHE (Michel-Marie), plus que les précédents mêla
la politique à tous les genres littéraires, à l'histoire, à la chronique, à la chanson, au théâtre. Né à Issoire en 1811, fils
d'avocat, il abandonna le droit commencé à Paris pour
s'adonner d'abord au journalisme politique après 1830. Successivement rédacteur des journaux républicains, *le Courrier
des Électeurs, la Révolution de 1830, la Tribune, le Diable
boiteux, le Populaire, la Caricature, le National*, Altaroche
contribua à fonder *le Charivari* dont il resta rédacteur en
chef jusqu'en 1848. Commissaire extraordinaire de la République dans le Puy-de-Dôme, il y fut élu représentant à la
Constituante. Non réélu à la Législative, Altaroche revint
aux lettres et surtout au théâtre où il avait écrit avec succès.
Directeur de l'Odéon de 1850 à 1852, il fonda ultérieurement
avec Huart la petite salle du boulevard du Temple que devait
lui acheter en 1859 l'excellente comédienne Déjazet. Altaroche
est mort à Vaux (S.-et-O.) en 1884.

(1) SARRUT (Germain-Marie), un des bons publicistes républicains de l'époque, était né à Toulouse en 1800; il avait
d'abord poussé fort loin ses études médico-chirurgicales, puis
les abandonna. Prosecteur au Val-de-Grâce, il devint professeur de belles-lettres au collège de Pont-Levoy dans le
Loir-et-Cher (1822) et, provoqué par la réaction royaliste,
se donna bientôt entièrement au journalisme. Après les
déceptions de 1830, Sarrut compta parmi les rédacteurs les
plus passionnés et les plus poursuivis de *la Tribune;* impliqué

quement les faits dans leur succession chro-
nologique !

Si la première visite de Carrel à Girardin
avait pris fin sur une rupture, on peut croire
a priori que Carrel n'en eût point fait une
seconde ; si Carrel y avait eu la qualité arrêtée
d'offensé, on peut croire encore que seuls
les témoins des deux parties eussent désormais

dans tous les procès de ce journal, ruiné par les amendes et
la prison, il n'en resta pas moins publiciste très actif. Il donna
à côté de sa collaboration de presse, une série de volumes
intéressants pour l'histoire contemporaine : *Procès à l'histoire*
(1832), *Second procès à l'histoire* (1833), le très important
répertoire des *Biographies des hommes du jour* (six vol. in-8º,
1835-1842), en collaboration avec Saint-Edme ; *Etudes rétros-
pectives sur l'Etat de 1815 à 1830* (1842), etc. La question
des chemins de fer l'intéressa ; il voulut prendre part à leur
établissement et acheva de bonne heure d'y perdre sa
fortune. Commissaire extraordinaire de la République après
février 1848 dans le Loir-et-Cher, Sarrut fut élu à la Constituante et à la Législative par ce même département ; il y
défendit une politique franchement républicaine ; il s'était
fait l'avocat d'un grand nombre d'accusés de juin devant les
Conseils de guerre. Tombé dans une situation précaire après
le 2 décembre 1851, Sarrut, qui sous la monarchie de Juillet
s'était montré un instant favorable au socialisme du prince
Louis-Napoléon Bonaparte, refusa toutes avances du nouveau
régime. Retiré dans la vie privée, il revint à Pont-Levoy où
il mourut le 30 octobre 1883. Outre une *Histoire de France
depuis 1792 jusqu'à nos jours* parue en 1898, Sarrut avait
encore publié *Les fils d'Arpad* (in-8º), en 1861. V. pour la
biographie de Carrel, *Biographie des hommes du jour*, par
Germain Sarrut et Saint-Edme, T. II, 2e partie, 156-168,
Paris, 1836. V. *id.* par les mêmes la biographie d'Émile de
Girardin.

pris et conservé la parole. Il est presque puéril d'insister sur de telles déductions.

La vérité que vont illuminer les autres documents, apparaît déjà.

' La première visite de Carrel à Girardin mettra d'abord ce fait en lumière, que la prétendue mentalité batailleuse, invariablement persistante de Carrel, comme son caractère soi-disant dominateur, est pure fable.

, Carrel porte en cela la peine d'avoir été soldat, d'avoir été en 1823, de cœur délibéré, faire parler la poudre en Catalogne, de n'avoir jamais reculé devant un combat singulier, d'avoir eu à Paris même comme journaliste deux duels politiques retentissants avant de se rencontrer avec Girardin. Certes, il serait inutile de nier que Carrel avait, de l'honneur, une conception élevée, fière; que son éducation de jeune homme et son premier milieu lui avaient inculqué cette foi qu'un homme se diminue quand il accepte une offense; qu'un public d'élite, bon connaisseur en actes et en acteurs politiques, frappé dès ses premiers écrits au *National*, de son talent et de son courage ensemble très décidés, lui avait de bonne heure observé qu'un peu de prudence et de calcul ne sont pas messéants dans la route où il s'élançait (1). Mais si l'on regarde de près aux causes des deux premières rencontres, on verra que Carrel n'y prend nullement le rôle de mauvais querelleur ou d'offenseur.

Dans le premier duel où Carrel se mesure avec un rédacteur du *Drapeau blanc*, Auguste Chauvin, le 15 janvier 1830, l'affaire est provoquée par plusieurs articles malveillants, puis offensants pour Thiers, Mignet et Carrel. Dans le dernier article du *Drapeau blanc*, le plus maltraité des trois est très certainement Carrel. *Le National* paraissait depuis quelques jours à peine, il s'était donné une grande tâche : il commençait une guerre décisive contre le ministère Polignac. Pouvait-il se laisser traiter en termes méprisants par un des principaux organes royalistes (2)? Carrel se

(1) Le conseil avait dans l'instant assez touché Carrel pour qu'il relatât ce propos dans *le National* : « *Prenez garde, mon ami, en politique les généreux périssent*, m'a répété souvent un homme d'État. » (Lettre sur la crise, numéro du 4 juin 1830.)

(2) « *Le Drapeau blanc* : ... « Quant au *National*, on ne sait que penser du ton important qu'il affecte. D'où viennent donc

montrait-t-il d'une susceptibilité insupportable,
lui, officier hier, le plus jeune des trois rédacteurs en chef, en passant avant Thiers et
Mignet pour relever une évidente provocation?
Quel rang conserverait dans une salle de rédaction l'écrivain qui, plus malmené que tels

ces petits jeunes gens? Eh! mon Dieu, la France les connaît-elle?
Allons, allons, monsieur Thiers, pas d'orgueil; monsieur *Carrel*,
n'oubliez pas qui vous êtes; et monsieur Mignet, songez que
vous travaillez au *National*, qui paraît depuis quinze jours.

» Quand on n'a pas soixante abonnés, il ne faut pas faire
les fous, et les superbes... Qu'on demande un peu à trente-
deux millions de Français, quel génie est M. Carrel et ils
vous demanderont à leur tour ce que c'est que ce M. Carrel:
quel esprit est M. Mignet, et ils voudront savoir ce que c'est
que ce M. Mignet; quel talent possède M. Thiers, et ils vous
diront que ce nom leur est totalement inconnu.

» Le *National* prétend être la France elle-même. Ah! pauvre
nation française, à quel degré d'abaissement en es-tu venue!... »
(Numéro du 21 janvier 1830.)

Le Drapeau blanc : « ... Entre gens d'honneur, un retard
de vingt-quatre heures ne peut être une surprise, et MM. Thiers,
Carrel et Mignet sont, je l'espère, bien convaincus qu'ils peuvent tout obtenir de moi, tout, excepté de fixer un terrain
où je ne sois résolu à combattre les ennemis du Roi.

» Signé : Aug. Chauvin. »

(Numéro du 24 janvier 1830.)

Les numéros du 25 janvier du *Drapeau blanc* et du *National*
publient ces deux lignes qui ne mentionnent même pas les
noms des adversaires, ce qui est encore un trait des mœurs
du temps :

« Une rencontre a eu lieu, ce matin, entre un des rédacteurs du *National* et un des rédacteurs du *Drapeau blanc*. Le
rédacteur du *Drapeau blanc* a été légèrement blessé. »
La rencontre avait eu lieu au pistolet; A. Chauvin avait
été atteint d'une blessure superficielle au poignet.

de ses confrères, se tiendrait coi, s'effacerait
et leur céderait le pas pour défendre l'honneur
de la maison?

Au sujet du duel de 1833 où Carrel, il est
vrai, n'a pas reçu de provocation directe non
plus qu'il n'en a adressé, on peut sans doute
discuter. Les esprits, à cette date, comme de
janvier à juillet 1830, étaient montés à un
haut diapason ; les colères étaient dans tous les
cœurs, dans toutes les voix, au bout de toutes
les plumes ; c'était encore la légitimité qui
était en cause. La duchesse de Berry, livrée
au milieu de son équipée follement courageuse,
avait été enfermée au château-fort de Blaye ;
les journaux légitimistes fulminaient contre le
gouvernement de Juillet, contre le parti
républicain ; les journaux avancés, *le Corsaire*
surtout, répliquaient par des railleries sur la
princesse, sur son « état présumé » ; les offenses
s'échangeaient chaque matin entre écrivains ;
les duels étaient dans l'air. Les carlistes ac-
cusaient les républicains et l'opposition
constitutionnelle qui approuvaient l'arrestation, de lâcheté ; ils lancèrent un défi : « ... Les
hommes qui arrêtaient une femme étaient in-

capables de se rencontrer avec des hommes !... »
Le Corsaire, la Tribune finirent par répliquer
qu'on se retrouverait « en masse », comme
en juillet 1830, en février 1831 à l'Archevêché, les partis face à face dans les rues, aux
barricades. Cependant un rédacteur du *Corsaire*, écrivain de talent et caractère estimé,
Eugène Briffaut, qui s'était distingué dans la
polémique par sa causticité, nommément provoqué, se rendit sur le terrain et fut assez
sérieusement blessé au bras droit d'une balle.
Carrel fort lié avec Briffaut, mais qui pensait en cela comme ses confrères qu'il serait
trop commode pour les carlistes, s'organisant
ad hoc, de « *prendre en détail* » les journalistes républicains, avait commencé par cri-
tiquer nettement son ami « de cette rencontre
irréfléchie », lui reprochant textuellement
d'engager, sous sa propre responsabilité, tout
un parti dans une suite de combats singuliers
où des spadassins de choix auraient tout naturellement le dessus (1). Puis, comme ce

(1) Biographie de Briffaut in GALERIE DE LA PRESSE, DE LA
LITTÉRATURE ET DES BEAUX-ARTS, 1 vol. in-4°, 1re série, par
Ch. Philippon et Louis Huart (Paris, Aubert, édit., 1839). —
V. *id.* NATIONAL du 2 février 1833. « M. Briffaut, rédacteur

duel, au lieu de mettre fin à la querelle, n'avait fait que l'exaspérer, comme les défis continuaient de plus en plus injurieux, comme les provocations redoublaient à l'adresse de Briffaut, non pas même convalescent (1), et plus encore à l'adresse du parti républicain, Carrel oubliant les sages remontrances qu'il venait de faire, irrité des injures lancées à un blessé, humilié de ce tapage, qui en se prolongeant, ressemblait à des menaces de figurants de théâtre, se jeta lui-même dans la mêlée; il écrivit : « Que messieurs les cava-

du *Corsaire*, *cédant à un mouvement généreux, qui a établi un fort mauvais précédent* (sic), crut pouvoir accepter le cartel qui lui était adressé au sujet d'une prétendue insulte à la duchesse de Berry... » (*Article* de Carrel.)

Eugène BRIFFAUT, né à Périgueux en 1799, après avoir étudié le droit à Strasbourg et passé sa licence à Paris, allait se faire inscrire au barreau, quant un article sur Kotzebue, l'écrivain allemand aux gages de la Sainte-Alliance, qu'il écrivit, lui valu trois mois de prison (1828). Cette condamnation le jeta dans les militants du parti libéral. Avant et après 1830, il écrivit au *Figaro*, au *Constitutionnel*, au *Courrier français*, au *Charivari*, au *Corsaire*. En juillet 1836, il était entré à *la Presse*, mais il la quitta le jour même du duel de Carrel avec Girardin, ne voulant plus avoir de relations avec « ceux qui avaient blessé mortellement son ami ». Eugène Briffaut était, par sa mère, arrière-petit-fils de Lagrange-Chancel, l'auteur des *Philippiques* contre le Régent.

(1) « Pour se disputer l'honneur d'achever M. Briffaut, il audrait attendre qu'il fût guéri de sa dernière blessure. » Art. de Carrel; *National* du 31 janv. 1833.)

liers servans disent combien ils sont, qu'on se voie une fois et qu'il n'en soit plus question! (1) » Les carlistes dressèrent une liste de douze noms; Carrel choisit au hasard l'un d'eux, celui de Roux de Laborie fils qu'il ne connaissait pas, écrivain des plus honorables, rédacteur du journal royaliste *le Revenant*, une feuille d'avant-garde (2). Le duel eut lieu le 2 février 1833, cette fois à l'épée. Anatole Roux de Laborie fut deux fois atteint, à la main et au bras droits. Carrel reçut une blessure fort grave à l'abdomen : l'arme de son adversaire faisant plaie pénétrante avait

(1) *National* du 31 janvier 1833.

(2) *Le Revenant*, journal légitimiste, fondé par le vicomte Albert de Calvimont, parut du 1er janvier 1832 au 15 septembre 1833. Le père de Roux de Laborie, Antoine-Athanase, plus connu que son fils, avait été député sous la Restauration (1815-1816); né en 1769, il mourut en 1840. Avec Anatole Roux de Laborie, un poète distingué, de Nugent, comptait parmi les polémistes les plus animés.

« La politique des satisfactions dues au mérite » finit d'ailleurs par calmer une partie de la rédaction du *Revenant*. Albert de Calvimont, ami du directeur des Beaux-Arts, Cavé, devint sous-préfet de Louis-Philippe, à Nontron dans la Dordogne, puis préfet de ce même département où Bugeaud, « le geôlier de Blaye », avait son château et ses grands domaines agricoles. Rendu à la vie privée par la République, Calvimont fut nommé par Napoléon III maître des requêtes au Conseil d'Etat; né à Périgueux en 1804, il est mort à Paris en 1858.

atteint le péritoine et le bord libre du foie.

Certes, il n'y avait ici, comme on voit, nulle cause personnelle; l'affaire était au demeurant une affaire de parti, et s'il ne s'était laissé entraîner par un sentiment doublement noble, d'abord de cordiale intervention pour un compagnon de combat, pour un ami, puis de généreuse abnégation pour couvrir l'honneur de la « Presse patriote » qu'il pensait compromis par une plus longue abstention du *National*, Carrel eût pu sans rien sacrifier de sa dignité individuelle, ne point se jeter en avant.

C'est précisément cet empressement à se découvrir cette dernière fois qui, s'il fut admiré, fut aussi nettement blâmé de tous et devint le point de départ pour Carrel d'une réflexion définitivement nouvelle.

Partout ç'avait été la plus émue, la plus inquiète explosion quand on le sut en danger. De tous côtés les regrets, les condoléances, les objurgations, les reproches affluèrent à son chevet. Béranger lui écrivit la remontrance la plus vivement amicale. Sainte-Beuve, dans la *Revue des deux Mondes*, enveloppa un article élogieux de gronderies. Chateaubriand le blâma affectueusement. Des provinces, de toutes les classes, on lui écrivit. Tous ces témoignages furent trouvés par la police dans ses papiers, quand Carrel fut arrêté, sur l'ordre du Gouvernement, après l'attentat de Fieschi. Les ouvriers que l'on représente généralement comme indifférents à la personne du rédacteur en chef du *National*, au *National* lui-même, vinrent en foule à côté des étudiants en droit et en médecine manifester leurs chauds sentiments devant la demeure de Carrel. Même dans les rangs de ses adversaires politiques, on lui avait fait tenir sous forme de courtoisie, des avertissements sympathiques contre l'impatience de son courage (1).

Carrel avait compris. Jusque-là une ambition légitime était fort contenue chez lui par une sorte d'abandon, une modestie intime que connaissaient bien ses amis. On lui avait fait entendre que son existence était trop utile, que son avenir était trop précieux pour être ainsi joués aux hasards des aventures

(1) Dupin, le Président de la Chambre des députés, était venu s'inscrire au domicile de Carrel.

armées contre des adversaires qui ne le valaient pas. Carrel avait promis de ne plus compromettre ainsi délibérément sa vie puisqu'on lui affirmait qu'elle avait une valeur publique, et l'on ne voit pas que, au cours des crises particulièrement difficiles traversées par l'opposition républicaine de 1833 à 1836, il ait oublié sa promesse. Ses articles du *National* allient l'éloquence à cette raison, à cette science politique vivante qui font de sa rédaction quotidienne une œuvre si particulière dans l'œuvre de la presse française, mais on n'y trouve pas d'autres personnalités, d'autres arguments *ad hominem* que ceux nécessaires après tout dans les débats de la libre critique d'un honnête et galant homme.

Bien plus, ce prétendu professionnel du terrain est devenu sans faiblesse ni faux détachement assez maître de lui-même, assez rassis d'humeur pour se prêter, sur la simple observation de ses amis, à des condescendances qui sans doute l'eussent trouvé rebelle quinze ans plus tôt quand il était sous-lieutenant, quand il servait dans les rangs des libéraux espagnols ou même dans des temps un peu moins lointains.

Récemment offensé pas un personnage qu'il avait connu en Catalogne, autre faiseur qui pensait également faire sa cour au Gouvernement et en obtenir quelque faveur, en insultant publiquement le grand écrivain de l'opposition, Carrel avait abandonné l'affaire à Persat et à Charles Thomas (1) : « Nous l'avons fait capituler », disaient spirituellement ses amis.

Ce duelliste irréfréné, contrairement aux duellistes de cette allure, est si peu d'ailleurs dans les traditions du rôle, que l'on vit rarement homme moins avare de sa personne, se montrer plus soucieux d'éviter le danger à la personne des autres. Pour la fonction d'arbitre ou de témoin qu'il exerça parfois, la modération, l'humanité, le tact de Carrel avaient frappé depuis longtemps.

Berryer, à la suite d'un procès qu'il avait plaidé pour le journal royaliste *la Quotidienne* contre *le Constitutionnel*, avait eu un duel avec Évariste Dumoulin (2), rédacteur de la

(1) Persat, *op. cit.*, p. 298. — Ch. Thomas était rédacteur au *National*.

(2) Évariste Dumoulin (1785-1833), avocat et écrivain libéral, avait été un des fondateurs du *Constitutionnel* et de *la*

feuille libérale. En janvier 1830, la presse
d'opposition l'incrimina opportunément et
malignement en jetant des insinuations sur
son attitude au moment de la rencontre. Le
moment était favorable pour diminuer un
adversaire : Berryer était candidat à la dépu-
tation au Puy. L'attaque était calomnieuse;
Berryer l'avait relevée; de nouveaux duels
pointaient dans la polémique. Carrel qui avait
été un des témoins de Dumoulin, intervint
spontanément et publiquement : il écrivit à
l'un des témoins de Berryer, le baron de Loin,
que c'était un devoir de loyauté d'attester
« que la conduite de M. Berryer avait été
parfaite ». Il faisait appel aux autres témoins
qui d'ailleurs dans le moment l'avaient *priva-
tim* déjà attesté en commun avec lui (1).

Dans l'affaire de Dulong avec le général
Bugeaud qui, comme on sait, avait eu la

Minerve française. Entre autres écrits sur la politique de la
Restauration, il a publié d'excellents comptes rendus juri-
diques des procès du maréchal Ney et des généraux Drouot
et Cambronne.

(1) Papiers de Berryer, 29 janvier 1830. V. *Vie de Berryer*
(la jeunesse), par Charles de Lacombe, p. 343-344, in-8°,
Didot, Paris, 1894. MM. Aimé et de Loin assistaient Berryer;
M. Larose était témoin d'Évariste Dumoulin avec Carrel.

garde de la duchesse de Berry enfermée dans la citadelle de Blaye, et en avait été vertement repris par le député de la gauche, cet esprit de conciliation de Carrel était arrivé de la façon la plus honorable à conjurer une rencontre entre les deux adversaires. Parfaitement secondé par le général Bachelu et le colonel Desaix, députés, tous deux ses amis, le rédacteur du *National* était en voie de « tout terminer par une note qui, sans coûter le moins du monde à la dignité de Dulong, aurait pleinement satisfait dans le général Bugeaud l'homme privé, sans impliquer aucun désaveu de la conduite qu'il avait tenue comme homme public ». Bugeaud ne se montrait hostile, il faut le dire, à aucun arrangement honorable. Malheureusement le général de Rumigny, aide de camp du roi, député, témoin de Bugeaud, vint tout perdre en colportant, en aggravant l'exclamation de Dulong sur le rôle de Bugeaud, en répandant le bruit d'une lettre d'excuses de Dulong, etc. Dès lors tous les efforts de Carrel étaient devenus inutiles (1). Le duel eut lieu le 29 jan-

(1) *National* des 3o janvier, 1er et 2 février 1834.

vier 1834 au bois de Boulogne : son issue fut funeste pour Dulong (1).

Précisément encore un des témoins de Girardin, Lautour-Mézeray venait d'éprouver à son bénéfice, il y avait quinze jours à peine, le prix d'une intervention pacificatrice de Carrel : à la suite d'un différend dont la nature privée importe peu, il devait avoir un duel avec Véron, l'ancien directeur de l'Opéra (2). Carrel

(1) DULONG (François-Charles), né à Pacy (Eure) en 1792, était magistrat en 1814. Opposé aux Bourbons, il entra au barreau. Très lié avec Dupont de l'Eure (on le disait plus que son fils adoptif), il devint chef de division au ministère de la Justice quand celui-ci fit partie du premier cabinet de la monarchie de Juillet, au lendemain des journées de 1830. Elu député de l'Eure, Dulong siégeait à l'extrême gauche (1833-1834). C'est dans la séance du 25 janvier 1834 qu'il qualifia le rôle de Bugeaud à Blaye. Atteint d'une balle pénétrante en plein front au-dessus du sourcil gauche, il expira la nuit suivante. Ses témoins étaient deux députés, César Bacot et Georges de Lafayette. Carrel prononça sur la tombe de Dulong un discours qui compte parmi ses œuvres oratoires : on y remarque le passage où il dit : « que depuis dix-huit ans de restauration du gouvernement représentatif, cette rencontre est la seule de ce genre qui ait eu un dénouement fatal ».

(2) La vie de VÉRON (Louis-Désiré) est connue : il mêla utilement la culture de la médecine, de la pharmacie, des arts, des lettres, de la presse et de la politique parlementaire, en tout industriel heureux. Nommé à la direction de l'Opéra en 1831, il l'avait quittée en 1835, sur le succès de *la Juive*. Propriétaire du *Constitutionnel* (1839-1862), ami de Thiers, il se rangea par la suite à la politique du prince Louis Napoléon et devint député officiel sous l'Empire (1852-1857). Né

choisi comme médiateur sut par la courtoisie et l'intelligente souplesse de son intervention si bien manier et terminer l'affaire que les deux parties habilement ménagées y trouvèrent chacune honorable satisfaction (1).

Ces quelques faits que l'on pourrait probablement multiplier, montrent à quel point Carrel s'était amendé, assagi, si tant est qu'il faille continuer d'accepter la tradition qui le représente sur le seuil où l'on va sortir de la jeunesse aussi belliqueusement susceptible qu'à vingt-cinq ans.

en 1798 à Paris, Véron y est mort en 1867. En 1854 il publia ses souvenirs sous le titre des *Mémoires d'un bourgeois de Paris* (5 vol.) qu'on peut consulter avec précaution sur la petite histoire du temps.

(1) Mém. de Persat, *op. cit.*, 300. — V. *Mémoires d'un bourgeois de Paris*, par le docteur Véron. (T. II, chap. II, p. 215; édit. in-12, 1856.)

IV

Vie privée et intérieure de Carrel. — Madame X. — Les « dossiers » de Girardin.

La première visite de Carrel à Girardin s'est donc close, d'après Thibaudeau même, sur un arrangement que l'on peut croire honorable puisqu'il a été accepté par Carrel, dont la ligne de conduite arrêtée (on nous le concédera plus volontiers encore tout à l'heure) était désormais d'éviter tout combat non inévitable.

Selon *le Charivari* qui cependant ne distingue pas les deux visites (1), Carrel, accompagné de Thibaudeau, avait demandé de suite à Girardin une explication sur le mot « *loyauté attribuée au caractère de ...* ». Girardin ne fit aucune difficulté pour déclarer qu'il n'y avait

(1) Numéro du 23 juillet 1836.

là « qu'une faute de langage... » : « il avait cru dire *reconnu à...* » *(sic)*. Carrel de son côté déclara — il le répétera dans des termes identiques sur le terrain — qu'il n'avait nullement pensé à offenser personnellement M. de Girardin en écrivant le filet paru le 20 juillet. Il restait à constater cet accord qui marquait bien que tout au moins de la part de Carrel, il n'y avait nul dessein préconçu de se battre. C'est ici que se place l'offre de Girardin de rédiger la note séance tenante et la réplique de Carrel qui demande que cette rédaction lui soit confiée. Il est évident que si l'on fait éclater maintenant la rupture entre les deux parties à l'occasion de la simultanéité de la publication de cette note dans *la Presse* et dans *le National,* et si l'on base cette rupture sur le refus catégorique de Carrel de n'admettre que la publication préalable dans *la Presse* seule, les pourparlers sont clos ; il n'y a plus qu'à laisser la place aux témoins pour fixer les conditions du combat. Si d'autre part on veut réserver ce motif déterminé de rupture pour l'entretien du soir entre Girardin et Carrel seuls, il faut admettre qu'après s'être

entendus sur ce premier point qu'une note
serait rédigée, ils ont omis de convenir du
lieu et de son mode de publication, supposition, on l'avouera, fort invraisemblable. On
doit ainsi en revenir à la claire observation de
Thibaudeau : à cette heure de la journée,
Carrel n'a voulu imposer à Girardin aucune
prétention ; les deux adversaires se sont mis
d'accord. Telle nous semble l'interprétation
exacte de ce premier épisode.

Venons au second que nous avons déjà
effleuré.

Dans les toutes premières heures de la soirée, Carrel retourne donc chez Girardin, et,
comme le dit Thibaudeau à Bonnet de Malherbe, il y retourne *seul.*

Qu'allait-il y faire, sinon porter la note
qu'il avait rédigée, ne se fiant personnellement à nul de son entourage pour les dernières explications toujours susceptibles de
ressurgir à propos d'un texte...? Cette seconde
visite ne semble pas avoir d'autre objet, à
moins que l'on n'admette que Carrel eût à cœur
de relever, hors la présence de Thibaudeau et
de Lautour-Mezeray, une insinuation faite dans

le premier entretien dont il aurait senti l'intention intime et se serait senti particulièrement touché.

Quoi qu'il en soit, comme l'observe Bonnet de Malherbe, personne n'ayant assisté à la dernière entrevue, et Girardin n'ayant lui-même donné, après la mort de Carrel, d'autre récit qu'une narration où sont omis non seulement la seconde visite de Carrel, mais même l'échange public de paroles capitales fait à Vincennes entre son adversaire et lui sur un tout autre sujet que le sujet banal, il faut bien s'aviser et reconnaître que le second entretien a introduit dans l'affaire un élément nouveau fort grave.

Ce qui est certain, c'est que dès que cette visite tête-à-tête a pris fin, la qualité d'offensé appartient formellement à Carrel et n'est pas contestée par Girardin. Carrel s'est donc trouvé, cette fois, en face d'une offense directe, personnelle, née au cours d'un nouveau débat, ce qui suppose arrangée la première phase de l'affaire dans laquelle il ne pouvait raisonnablement prétendre d'emblée, sans la discussion contradictoire et sans la déclaration formelle des quatre témoins, au rôle d'offensé.

Ceci n'est point une conjecture. La lecture de deux autres documents rapprochés de ceux qu'avait déjà laissés transparaître Ambert (1) et de ceux fort importants qu'ont récemment

(1) Nous devons insister ici sur les souvenirs que le premier témoin de Carrel, Ambert, a laissés sur le duel. Malheureusement Ambert, resté dans l'armée et parvenu aux grades élevés, est plus écrivain professionnel que Persat, il est davantage maître de ses impressions et de sa plume, et sa narration où il suit trop Louis Blanc n'a pas la saveur instructive de celle de son brave camarade. Les *Portraits républicains* d'Ambert (parus, comme nous l'avons dit, l'année même de la guerre, en 1870), où Carrel figure le premier (p. 1-78), à côté de G. Cavaignac, Marrast et Charras, contiennent peu de traits inédits et témoignent surtout de l'honorable fidélité d'Ambert aux amitiés de sa jeunesse.

Sur le duel même cependant, si nous ne relevons aucun détail nouveau, nous voyons, fait capital, Ambert confirmer tous les faits relatés par *le National*, Louis Blanc, etc. et omis par Girardin.

Quant à la cause même du duel, elle n'est pas nommément précisée, mais elle est indiquée avec une telle clarté qu'il ne reste aucune place au doute. La qualité d'Ambert, premier témoin dans le duel, donne d'ailleurs à son témoignage une valeur irrécusable. Nous utilisons plus loin les textes fournis par Ambert. (V. p. 135, 149, 155.)

AMBERT (Joachim), collaborateur du *National* en 1836 pour la partie militaire, était, nous le rappelons, lieutenant dans un régiment de dragons et probablement en ce moment en congé régulier. Sorti de Saint-Cyr en 1824, il avait garnisonné en Espagne de 1825 à 1826 et fait la campagne d'Anvers. Son père avait servi comme général dans les armées de la République et de l'Empire. (V. Notices, *Appendice*, p. 320.)

apportés les mémoires de Persat (1), va le prouver.

Le premier nous sera encore fourni par Bonnet de Malherbe dans les pages qu'il consacre à la vie privée de Carrel.

Le second, par un livre également publié sinon par un intime de Carrel, du moins par un homme honorablement connu dans les lettres et dans la société parisienne, qui était avec lui dans des termes de confraternité et de familiarité suffisantes pour mériter créance.

(1) Persat (Maurice) avait servi depuis 1806 dans les armées de l'Empire. Sorti des vélites de la garde, il était sous-lieutenant après les campagnes de 1806 et 1807; passé en Espagne il retournait en Allemagne en 1811 et prenait part à toutes les dernières guerres; il était capitaine et chevalier de la Légion d'honneur en 1815 La Restauration le mettait en demi-solde. Après de longues pérégrinations dans l'Amérique du Nord et du Sud, Persat revient en Europe guerroyer contre les rois de la Sainte-Alliance : il fait avec les libéraux espagnols la campagne de Catalogne en 1823, puis il va combattre les Turcs en Grèce. Rentré dans l'armée pour la campagne d'Alger (juin 1830), il en sort pour cause de politique en 1834. Carrel qui s'était lié avec lui en Catalogne l'avait fait entrer au *National* en 1835 comme gérant. (V. Notices, *id.*, p. 326.)

Les *Mémoires* de Persat, où sa curieuse vie de guerre et d'aventures est allègrement contée par l'acteur même, justifient par leur intérêt historique — l'histoire vue non d'en haut mais à ras de terre — la publication de M. G. Schlumberger. Écrits avec autant de verve que de simplicité et de naturel, quelquefois avec une violente franchise et une gaucherie plaisante, ils donnent partout l'impression d'une observation juste et d'une probe sincérité.

Ces textes rapprochés eux-mêmes de l'attitude et de l'échange de propos tenus par Carrel et Girardin sur le terrain, nous donnent la clef de cette déplorable affaire.

C'est donc dans la vie intime de Carrel qu'il nous faut pénétrer.

Quand on étudie les écrits des contemporains qui ont voulu fixer pour l'histoire cette noble figure, il n'en est pas un, chose notable, qui ne se soit arrêté quelquefois longuement sur la séduction individuelle exercée par la personne même de Carrel. A cette séduction, nul de ceux qui l'ont fréquenté ou seulement entrevu n'a échappé : quelque critique de froide raison qu'ils fussent comme Nisard, dilettante mondain comme d'Alton-Shée (1), fin psychologue comme Saint-Beuve, artiste comme Charles Blanc, quelque bon connaisseur qu'ils fussent en chevaleresque comme Berryer et Vigny, quelque sévère que fût leur élévation

(1) Edmond d'Alton-Shée, pair de France comme héritier de la pairie de son grand-père maternel, le comte Shée, de la fashion sous Louis-Philippe, rallié aux doctrines républicaines sous la seconde République ; né en 1810, mort en 1874.

morale comme Littré, quelque grande qu'ait été leur destinée comme Chateaubriand.

Tous ces témoins de caractère et d'esprit si différents sont unanimes : qu'il s'agisse de Carrel avant 1830, encore aux prises avec les difficultés chagrines de la vie des hommes de talent se morfondant dans la pénombre, ou de Carrel dans la grande situation du *National*, c'est partout le même concert de remarques. Les écrits, la personne, la parole de Carrel, tout inspirait la sympathie. Son beau caractère, son énergie toujours prête, sa fidélité aux engagements, son respect de la parole donnée, sa libéralité, son désintéressement, son insouciance du danger, son culte de l'amitié où il mettait une familiarité digne, une bonté confiante, une générosité et une prévenance délicates, un dévouement de frère d'armes, toutes ces hautes vertus morales transpiraient à travers une forme élégante et mâle, svelte et pleine de grâce, avec des mouvements tantôt d'impétuosité, tantôt d'abandon. Sa politesse était simple et originale, n'empruntant rien au banal, s'adressant avec bienveillance et tact. Nulle pose, nulle morgue, n'interposaient leur factice dans ses manières.

Il avait un sens exquis des situations et des convenances dans les relations avec les hommes de grande renommée qui survivaient après avoir rempli de leur œuvre les commencements du siècle. Sa conversation d'une éloquence nourrie et pressante, nerveuse et profonde, fine et perspicace dans les matières politiques, était brillante et pittoresque quand il abordait les questions d'esthétique et de littérature. Facilement, dans l'entretien courant, il avait un enjouement de bon ton. Sa voix était bien timbrée, sonore et douce. Il aimait le théâtre, la musique, avait la mémoire musicale et se plaisait aux exercices du corps, qu'ils fussent avec les armes ou le cheval; il admirait beaucoup l'antiquité grecque d'avoir fait bonne place à l'éducation de la forme humaine, allant jusqu'à admettre la danse à titre d'exercice ou de spectacle, comme n'étant, après tout, que le geste cadencé d'un corps souple. Sa chevelure était abondante et noire, d'un beau mouvement. Son visage, original et distingué, d'un ton brun-mat, d'un ovale régulier, marquait la volonté et la force intérieure jointes à une extrême finesse indiquée par la forme même des lèvres et par un regard où la douceur se montrait sous la fierté parfois un peu inquiète d'un œil noir. Son sourire était tout de grâce franche. Nisard résume l'impression que donnait Carrel, d'un mot que l'on peut mettre comme dernière touche à tous les portraits qu'on a tracés de lui : « La personne de Carrel avait assez de séduction pour qu'on songeât à remarquer l'homme charmant dans l'homme supérieur. »

Les hommes nous semblent meilleurs juges que les femmes de la supériorité morale et esthétique des hommes. L'homme que les hommes remarquent est vraiment hors pair. Que si tous ceux qui ont approché Carrel ont eu de lui cette impression séduisante, que ne devaient point ressentir et penser les femmes et comment le devaient-elles juger? On sent qu'un tel homme ne pouvait, ne devait être que profondément aimé.

Nous voici au cœur même du sujet, puisque aussi bien, c'est une question purement intime qu'il nous faut aborder.

· Hâtons-nous de le dire, cet homme jeune et si captivant, dans toute la force de l'âge passionnel, était de mœurs dignes. Il ne s'agit point ici d'un incident vulgaire, mais d'une profonde affection de foyer.

A l'exception de Bonnet de Malherbe qui, écrivant beaucoup plus tard, pouvait peut-être sans indiscrétion justifier le titre de ses souvenirs, et de Chateaubriand dont les mémoires ne devaient paraître que sa propre tombe fermée, tous ceux qui ont parlé de l'union de Carrel, l'ont fait avec une extrême réserve ou par des allusions à peine transparentes ; toujours, d'ailleurs, la parfaite convenance, le respect du ton indiquent quelle estime méritait la compagne de Carrel. Les circonstances multiples et diverses dans lesquelles il est question de cette dame, montrent bien quelle place elle tenait dans le cœur et la vie rédacteur du *National*. Guizot (1) et Sainte-Beuve (2) marquent d'un mot que c'est aussi à cause d'elle qu'il refusa de quitter Paris et d'accepter l'offre, d'ailleurs peu sérieuse, de la

(1) *Op. cit.*, p. 137.
(2) *Op. cit.*, p. 93.

préfecture du Cantal au lendemain des journées de Juillet ; Sainte-Beuve ajoute même que
« cette circonstance de sa vie intérieure que
ses amis arrivés au pouvoir n'ignoraient
pas », aurait dû les détourner de lui offrir
des fonctions publiques en province. Chateaubriand parle de celle qui va devenir la
veuve de Carrel, en gentilhomme qui sait
aussi apprécier ce que vaut la fidélité et dans
la vie, et par delà la mort (1).

Littré nous montre cette dame, associée à
la pensée de Carrel et recevant de lui, pendant sa mission dans l'Ouest en août 1830,
des lettres pleines d'intérêt et telles qu'en peut
attendre la confiance d'une femme aimée,
intelligente (2).

Nisard, dans le raccourci d'un gracieux
tableau, la peint au courant des habitudes de
libéralité de Carrel et luttant avec lui de
bonté généreuse pour secourir avant ou en
même temps que lui les malheureux (3).

Loménie, enfin, insistant un peu plus, parle

(1) *Mémoires d'outre-tombe. Loc. cit.*
(2) *Notice*, p. *LXIV.*
(3) *Op. cit.*, p. 47.

de cette liaison comme « caractérisée par tout ce que l'estime réciproque et le dévouement mutuel peuvent offrir de plus noble, de plus sûr et de plus délicat (1) ». C'était une union avouée, affirmée par la vie commune. Carrel habitait avec cette dame, rue Grange-Batelière, n° 7, aujourd'hui, n° 18 (?) (2) ; il venait de quitter une maison plus réduite, rue Blanche, n° 9.

Et cependant, cette liaison était irrégulière, doublement irrégulière même.

Étant encore au régiment, Carrel avait passionnément aimé la femme d'un de ses chefs de bataillon : cet amour partagé avait été en quelque sorte cimenté quand le jeune officier

(1) *Op. cit.*, p. 53.

(2) La topographie de la rue Grange-Batelière, du côté opposé au faubourg Montmartre, a beaucoup changé depuis 1836. Elle débouchait alors sur le grand boulevard en faisant deux coudes dont l'un subsiste encore sous le nom de rue Rossini. Les hôtels de Gramont, de Choiseul, Delessert et d'Auguy occupaient le commencement de la rue, devenu première partie de la rue Drouot. L'Opéra, transféré de la rue de Richelieu (emplacement du square Louvois) rue Le Peletier, fut construit sur une partie des jardins de l'hôtel de Gramont ; l'Hôtel des ventes, venu de la place de la Bourse (hôtel Bullion) fut également construit en 1851 sur des terrains vagues provenant des hôtels disparus. Nous ne donnons donc que sous réserve, l'indication ci-dessus relative au dernier domicile de Carrel.

eut quitté le service, par un duel avec le mari, duel dans lequel Carrel avait été blessé (1). Chateaubriand semble rappeler que cette dame avait accompagné Carrel en Catalogne (2). Depuis, Carrel et Mme X... étaient demeurés unis et le vœu le plus cher de Carrel était de légitimer leur lien.

Dès 1831, il avait espéré le faire, quand de Schonen (3) proposa à la Chambre des députés le rétablissement du divorce. Soutenu par un magistrat éminent M. de Belleyme, par le rapporteur Odilon Barrot, le projet fut adopté par la Chambre. Deux années de suite la proposition de nouveau votée par les députés, échoua devant la Chambre des pairs, grâce en partie à l'opposition secrète mais très agissante de reine Amélie, d'une piété romaniste intransi-

---

(1) Bonnet de Malherbe, *op. cit.*, p. 111, 115, 117.

(2) *Mém.*, *loc. cit.*, T. V., 447, 449.

(3) Auguste-Marie DE SCHONEN, conseiller à la Cour de Paris, député de la Seine sous la Restauration, procureur général près la Cour des comptes et pair de France sous Louis-Philippe; né en 1782, mort en 1849. De Schonen avait été un des commissaires envoyés par Louis-Philippe à Rambouillet pour hâter le départ de Charles X : avec le maréchal Maison et Odilon Barrot, il accompagna le roi jusqu'à l'embarquement de Cherbourg.

geante, dont l'influence personnelle se prolongeait, au delà des Tuileries, dans le monde politique. Ce fut la grande douleur intime de Carrel (1).

L'extrême détail de ces faits était connu seulement des intimes de Carrel et n'avait jamais transpiré dans le public, mais il n'était pas fort difficile à un publiciste comme le rédacteur de *la Presse*, qui de bonne heure avait eu le goût des dossiers, d'être minutieusement informé.

Comment Émile de Girardin, député depuis 1834, élu comme candidat ministériel et sur l'intervention formelle de Thiers alors ministre de l'Intérieur (2), en relations mondaines et

(1) Dans son célèbre discours du 16 décembre 1834 devant la Chambre des pairs, Carrel déclare précisément qu'elle a donné à souhait au parti libéral tous les motifs d'attaque, entre autres, « en s'obstinant à repousser la loi de divorce deux fois inutilement votée par la Chambre élective » (*National* du 17 décembre 1834).

Il est intéressant de rappeler également que le rejet de la loi de divorce a été relevé en 1839 par le prince Louis-Napoléon Bonaparte (Napoléon III) dans ses *Idées napoléoniennes*, comme un grief démocratique contre la monarchie de Juillet : « Avez-vous, s'écrie le prince, rétabli la loi de divorce qui garantissait la moralité des familles? » (*Textuel, in*, chap. III). — V. *id.*, *OEuvres de Napoléon III*, t. Ier, p. 126, in-8°, Plon et Amyot, 1856.)

(2) Mentionnons brièvement les divers ministères des premières années du règne de Louis-Philippe sur les actes

parlementaires quotidiennes avec les hommes au pouvoir, ne se serait-il pas entretenu avec eux de Carrel, de l'opposition grandissante et irréductible du *National?*

publics desquels eut à se prononcer *le National* pendant la direction de Carrel :

Le *premier* ministère dit du 11 août (10 août, —2 novembre 1830), présidé par le roi, composé de deux éléments contraires représentés l'un par Dupont de l'Eure et Laffitte, l'autre par Casimir Périer, Guizot; le ministère Laffitte (30 novembre 1830 — 2 mars 1831) d'où l'élément de résistance ouverte est éliminé, mais où le roi conserve son influence personnelle par la présence de Montalivet, d'Argout, Soult dévoués à sa pensée intime; Casimir Périer remplace Laffitte à la présidence de la Chambre ; le ministère Casimir Périer (15 mars 1831 — 16 mai 1832) avec les mêmes hommes du roi auquels sont adjoints Louis aux Finances, Sébastiani aux Affaires étrangères ; le cabinet dit *intérimaire* (16 mai — 11 octobre 1832) présidé par Montalivet; le ministère du 11 octobre 1832, dit *grand ministère* (10 octobre 1832 — 22 février 1836) qui eut successivement pour président du Conseil : Soult, Gérard (ministère des *trois jours*); Mortier et Broglie, avec Thiers à l'Intérieur et au Commerce, Guizot à l'Instruction publique, Broglie aux Affaires étrangères ; le ministère Thiers (22 février 1836 — 6 septembre 1836); Thiers occupait cette fois avec la présidence du Conseil les Affaires étrangères.

V

*Lutte désespérée du parti républicain contre la monarchie
de Juillet : tous les chefs en exil ou en prison. — Armand Carrel, quoique frappé de prison et d'amendes,
toujours présent et debout. — Plans de gouvernement
opposés au régime de Juillet. — Le National et le Pouvoir. — Un publiciste et un journal dangereux. —
Girardin instrument...*

Depuis 1832, Carrel avec l'élite intellectuelle du pays, de ses représentants et de la
presse avait nettement distingué que la politique organique du régime conduisait le gouvernement à une résistance systématique telle
qu'une catastrophe seule et non plus des
réformes pouvait modifier la situation intérieure. Républicain non pas classique, non
pas coulé sur le modèle (alors intangible dans
beaucoup d'esprits avancés) des chefs de la
Convention, mais plutôt accessible au concept

des institutions des États-Unis largement
ouvertes à l'esprit démocratique et social tel
qu'il s'était affirmé dans les journées parisiennes de juillet, puis dans le mouvement
d'opposition écrite et de batailles civiles des
dernières années, Carrel s'était d'un geste
décidé séparé de la monarchie de la branche
cadette. La loi électorale de la Charte de 1814
avait été à peine modifiée, en sorte que la
Révolution de 1830 s'était faite pour concéder
le vote censitaire à quelques milliers d'électeurs additionnels! L'attitude effacée, pusilla-
nime devant l'Europe immobilisée cependant
par les mouvements nationaux ou populaires,
avait été inférieure à celle de la Restauration se
prononçant pour la libération de la Grèce malgré l'Angleterre et, malgré l'Angleterre encore,
s'emparant d'Alger. La France était ligotée et
étouffée par deux fictions aussi chimériques
l'une que l'autre, la légalité parlementaire basée
sur le minuscule suffrage de quelques privilégiés
et la paix à tout prix. De quelque côté que l'on
se tournât au dedans ou au dehors, il fallait
déjà désespérer dès 1832 d'une orientation
intelligente des aspirations et des besoins de la

6.

nation résolument hostile aux monopoles de classes et aux incessants reculs extérieurs. Un peu plus tard, en 1840, Thiers et le jeune et distingué héritier de la Couronne le sentiront nettement dans les questions de politique étrangère tout au moins. « J'aime mieux, avait dit publiquement le prince, succomber sur les rives du Rhin ou du Danube que dans un ruisseau de la rue Saint-Denis. » Les circonstances étaient cependant bien moins favorables et les motifs d'action bien moins plausibles qu'aux temps où Carrel se prononçait avec une si énergique clairvoyance.

Mais les principes politiques de Carrel méritent plus que ce résumé sommaire pour déterminer la place qu'il occupait en ce moment dans la vie publique du pays. Il convient d'insister et de dire les projets qu'il oppose à ce *statu quo* intérieur, à cette paix *quand même*, bases si précocement et obstinément arrêtées de la monarchie orléaniste.

Carrel repoussait véhémentement ces deux idées fixes du roi et de ses conseillers de choix par le plan même des institutions gouvernementales qu'il voulait instaurer et qui

étaient la négation radicale de l'interprétation
donnée dès le début par le duc d'Orléans à
la Révolution de juillet. Durant les six années
qu'a duré sa direction du *National*, à vingt
capitales reprises et plus, il a non pas vaguement esquissé mais profondément gravé les
statuts de la politique intérieure et extérieure
de la France qui lui paraissaient non seulement possibles mais indispensables, au dedans
pour réaliser une situation de progrès social
et économique, au dehors pour restituer à la
patrie la place à laquelle la Révolution française et son génie naturel même lui donnaient
droit en Europe.

Carrel basait tout le jeu d'une politique
intérieure de progrès légal sur un régime
électoral antagoniste des intérêts censitaires
et de l'égoïsme public des classes privilégiées.
Avec une clarté pénétrante, il avait, en
passant un instant dans la compagnie de
l'élite des penseurs de l'école saint-simo-
nienne, compris de suite le rôle prépondérant
des classes populaires avec lesquelles se con-
fondent le mouvement et la puissance industriels déjà si actifs sous la Restauration. Les

merveilleuses journées militaires de 1830 où
« les chapeaux ronds du peuple et les redin-
gotes des petits bourgeois », s'étaient fraternel-
lement et victorieusement mêlés dans les
combats acharnés du Louvre et de la place de
Grève contre de vieux régiments, les grenadiers à pied et les cuirassiers de la garde royale,
avaient achevé de lui donner l'intelligence
du temps présent. Tant d'intérêt pris au gouvernement de la chose publique par les
classes populaires ne permettait plus de penser
que désormais un grand pays pût être gou-
verné par 160.000 électeurs représentés par
de hauts fonctionnaires et la haute domesti-
cité de la Couronne! Tant pis pour ceux qui
n'avaient pas compris que la Révolution de
1789 arrêtée en haut s'était continuée en bas ;
tant pis pour les parvenus de 1830 (unis
publiquement aux représentants effarés du
régime déchu, l'ancien régime) qui, après
avoir exalté l'humanité, le courage, le désintéressement du peuple, adjuraient maintenant
le Pouvoir de museler la bête et de l'enchaîner
dans sa cage ; pour ceux qui refusaient de
comprendre que la société française de 1789

à 1830 s'était profondément modifiée, et qui de la royauté de 1814 entendaient conserver tout — moins le principe de la légitimité ! « La faculté d'élire, disait Carrel dès le 10 janvier 1831, doit descendre aussi bas que possible dans la petite propriété et appartenir même aux classes dont l'importance et l'utilité ne peuvent être représentées par un cens ou une patente ». La bourgeoisie n'avait pu conquérir sa place dans le gouvernement, étendre et défendre ses intérêts que lorsqu'elle avait eu des députés. Le peuple devait avoir les siens. Mais, aux événements de Lyon ce fut plus de clarté encore. Carrel avec une affirmation grandissante accentua dès lors ses formules sagaces : « Des insurrections ouvrières, telles à cette date de l'histoire du pays, étaient plus graves que des changements de dynastie... Ne voyait-on pas que les ouvriers étaient acculés à courir aux armes si on ne les laissait librement débattre leurs intérêts avec les patrons?... Pour s'obstiner dans cette cécité volontaire la monarchie de Juillet tombait à *l'état de chose transitoire;* elle n'était plus que *provisoire...* Ainsi comprise *la*

Révolution de 1830 n'était pas une fin mais un commencement. » (Août 1832, mai 1833, juillet et novembre 1835.)

« Les révolutions périodiques de 1789 à 1830, disait encore Carrel, prouvent la nécessité de gouvernements intelligents des modifications apportées dans la société qu'ils dirigent. » Et encore : « L'unique mission d'un gouvernement n'est pas de se conserver ; le pays est très souvent perdu et trahi par les mêmes moyens qui préservent son gouvernement — pour un temps donné au moins. » (Novembre 1834.)

C'est ainsi, qu'en attaquant le régime du monopole, Carrel entendait instituer le régime représentatif vrai, et il allait de suite aux questions fondamentales d'organisation politique, puis d'organisation administrative et d'impôts.

Carrel s'était d'abord nettement différencié de *la Tribune* et de la fraction de l'opinion républicaine qui n'admettait pas d'autre gouvernement que celui d'une dictature exercée par un éternel Comité de Salut public : il soutenait la nécessité des franchises municipales, d'une

large décentralisation administrative permettant
l'actif fonctionnement de la vie publique aux
individus et aux groupes ; il ne croyait pas
que la liberté dût conduire à l'anarchie sous
la surveillance courageuse et éclairée d'une
presse libre elle-même et restant intangible
dans l'exercice de ses droits publics. La magistrature devait être indépendante du Pouvoir
exécutif. Le Pouvoir exécutif lui-même amo-
vible et responsable, par un *modus vivendi*
tenant du régime constitutionnel et du régime
américain, dépendait des deux Chambres. De
telles institutions devaient logiquement, dans
la pensée de Carrel, mener la nation aux meilleures réalités législatives.

Le fonctionnement du système général
d'impôts lui semblait basé sur la plus con-
damnable iniquité. La réforme des impôts
indirects s'imposait d'abord non pas comme
l'unique mais comme le premier article de son
programme financier. Les impôts indirects
pesant sur les classes populaires n'avaient
cessé de donner d'inépuisables, d'immenses
rendements. Les députés des classes censitaires n'avaient jamais fait servir ces rentrées

toujours croissantes qu'au dégrèvement de leurs impositions propres.

D'une manière générale l'axe de la politique intérieure telle que l'avaient fixée tous les régimes dynastiques, devait être déplacé. Les privilégiés se plaignaient que les classes populaires donnassent pour base à leur agitation, à leurs revendications l'idée d'égalisation outrancière : comment en eût-il été autrement puisque, par le fait constitutionnel même, la propriété était devenue le fondement unique du régime politique, la condition absolue de l'accession à la représentation ainsi refusée à ceux qui ne possédaient pas? (1).

Les progrès de Carrel dans cette voie intelligente des temps nouveaux et déjà levés d'ailleurs, se font à pas de géant : à la veille de sa mort, en juin 1836, il dit le mot : « La révolution sociale pour but, la réforme politique pour moyen (2). »

Mais, pour fonder cette grande œuvre

______

(1) *Extrait du dossier d'un prévenu* (1833).

(2) La formule se retrouve presque la même au cours de l'exposé de principes fait en 1833 dans son *Extrait du dossier ;* ici Carrel dit seulement : « La réforme sociale... ».

d'évolution intérieure, la France doit être au maximum de sa force et de sa préparation, l'arme au pied, en éveil, prête non seulement à repousser toute attaque, toute invasion concertée pour étouffer le foyer de lumière et de chaleur, mais à profiter des occasions que l'Europe monarchique peut faire naître par ses fautes de gouvernement intérieur et les menaces de ses ententes de cabinets que toutes deux repousse l'élite des peuples. La nouvelle révolution de France a rendu partout l'absolutisme de 1815 de moins en moins supportable; elle l'a affaibli. Ce n'est pas seulement en Italie, en Portugal, en Espagne, mais au cœur même de l'Allemagne que des populations nombreuses sympathisent avec la France libérale et se montrent prêtes à se constituer des gouvernements de liberté : des nationalités entières, la Belgique, la Pologne se sont levées. La Belgique se donne à la France. La Pologne chasse les armées du tzar au cri de l'indépendance. Nicolas, un instant d'une mauvaise insolence, baisse vite le ton : ses meilleures troupes mettront une année entière à réduire cette formidable guerre attachée à son flanc.

7

Carrel jugeait avec raison que de telles circonstances étaient favorables à une affirmation de la puissance française en Europe. L'expulsion des Bourbons d'ailleurs, des Bourbons signataires des traités de 1815, avait aussi une signification extérieure : un des contractants avait ainsi disparu. Que valait une signature extorquée ou vendue ? Il ne s'agissait pas, disait avec un ironique bon sens le rédacteur en chef du *National*, d'envoyer *à vol d'oiseau* une armée de secours à la Pologne, par-dessus l'Allemagne ! La reconnaissance du gouvernement national que ce peuple ami venait de conquérir, suffisait. La Belgique nous appelait, tendait les bras, nous ouvrait la maison. L'Italie voulait son « unité ». L'Autriche ainsi gravement occupée dans le nord de la péninsule y aurait assez à faire pour devenir incapable de se montrer ailleurs une puissante ennemie (1).

(1) Dans sa sagacité, Carrel prévoit même que l'Autriche chassée de l'Italie cherchera des compensations dans les Balkans, et que, au profit de la politique extérieure de la France, la Russie et l'Autriche seront en contradiction, puis aux prises dans l'Europe orientale : il souhaite que cette orientation de l'Autriche ne rencontre ni l'objection, ni l'obstacle de notre gouvernement — observation parfaitement juste *dans l'instant*. (Janvier 1833.)

Or l'instrument de cette politique étrangère. Carrel le soutenait (et il était bon juge), était excellent : l'armée léguée par la Restauration était de premier ordre, tout à fait supérieure, d'après nos meilleurs généraux, après la réorganisation d'une longue paix, non seulement aux armées impériales de 1812, 1813 et 1814, mais aux troupes de 1809 même, aux masses confuses des boucheries de Wagram. Les cadres des armées de Napoléon étaient restés les cadres expérimentés de cette armée, qu'étaient venus consolider depuis quinze ans une foule de jeunes hommes élevés dans la poésie enthousiaste et la méditation technique de l'épopée de 1792 à Waterloo. Si l'effectif de cette armée était peu nombreux, si 250.000 hommes de troupes actives étaient le bloc de contingents numériquement inférieurs, la France avait mis et laissait debout, sous les armes, en prévision de tout événement, plus de 850.000 gardes nationaux (1) : elle les y maintiendra jusqu'en 1832.

(1) « Nous avons fait descendre les fusils trop bas, disait Thiers à cette date dans une entrevue célèbre avec les chefs du parti républicain, mais nous aviserons. »

C'est précisément cet état organique et accidentel tout ensemble que Carrel veut utiliser, mais utiliser en le transformant par une organisation permanente, constitutive. La loi de Gouvion Saint-Cyr sur le recrutement reverse sans doute chaque année dans la nation 40.000 hommes libérés et instruits du métier des armes, mais cette expérience est noyée, perdue, et Carrel, traçant à quarante ans de distance et sur des bases meilleures encore, les institutions de réorganisation militaire que devait présenter et tenter d'appliquer en 1867 le maréchal Niel, veut faire disparaître la distinction et la ligne de démarcation entre les troupes soldées et les gardes nationales ; il demande la constitution régulière d'une formidable armée de réserve, bien commandée, utilement exercée, qui ne soit pas un trompe-l'œil comme les gardes nationales telles que les contemporains les ont vu encore durer au moment des terribles événements militaires de juillet et d'août 1870. Dès lors, la France assurée et forte pourra faire face à l'Europe, qu'elle l'attende l'arme chargée au bras ou que, déjà menacée par des corps d'observation placés sur pied de guerre à ses frontières (les fameux *cordons sanitaires* de 1830-32), elle brise le cercle ennemi qui l'emprisonne, et donne la main aux peuples qui sont comme les ailes de sa propre armée.

Une partie de ces idées de politique étrangère seront reprises, non par la République de 1848 immobilisée dès le début par Lamartine — et c'est par là surtout, à cette heure décisive, que Carrel a manqué, — mais par un Bonaparte. Malheureusement, ce chef acclamé, plusieurs fois plébiscité par la nation, révolutionnaire d'à-coups et sans sérieuse doctrine, tantôt inconsidérément audacieux et menaçant, tantôt incertain et prompt aux reculs, s'appuyant sur des éléments contraires qu'il suscite puis retient, abandonne et exalte tour à tour et que son ubiquité déconcerte, en proie à une piètre et inintelligente domination conjugale, paralysé par les torpeurs justicières de basses amours séniles, presque toujours privé d'autres conseillers politiques et militaires que ceux d'une camarilla servile et sans autres vues que l'obéissance à la rêverie du maître, dépourvu d'intelligence militaire (bien que personnellement brave), conséquemment sans armements ni armées à l'heure de l'impérieux besoin et du grand péril, ce chef misérable devait être aussi néfaste à sa patrie en se jetant incapable, non préparé et sans suite, dans l'occasion, que le duc d'Orléans et ses successeurs de Février. les républicains du Provisoire, en ne la saisissant pas.

Sur ce double terrain de la politique intérieure et extérieure, l'antagonisme est donc absolu entre le chef du parti républicain et le régime de la branche cadette. L'avenir n'a que trop prouvé qui, dans ce conflit, avait raison au profit du pays ; où étaient la justesse et la profondeur de la conception politique.

Ce qui rend l'ensemble du projet gouvernemental de Carrel et son action publique plus redoutables au regard de la monarchie orléaniste, c'est que Carrel se refuse à l'aléa, ou mieux, aux certitudes désolantes de l'écrasement dans les petits combats partiels. La politique des barricades... hebdomadaires ou mensuelles n'est pas la sienne. Il rappellera plus d'une fois, en évoquant ses propres

souvenirs pour en tirer des leçons, les complots de sous-lieutenants et d'étudiants en
droit contre la Restauration et il en rappro-
chera la périlleuse inutilité de la campagne
légale et victorieuse de 1829 et de 1830. Son
discours, non plus, n'est pas celui des autres
de l'opposition. Dans leur verbe, ceux-ci sont
toujours menaçants, terrifiants, parfois même
sanguinaires : ils évoquent sans cesse les actes
de 93, le nom et le souvenir des hommes que
les circonstances ont acculés aux mesures
désespérées du gouvernement par la condamnation de l'ennemi à l'échafaud. « Autres temps,
autre politique; autres mœurs, autre gouvernement, répétera Carrel... Ce peuple que
l'on redoute, il a montré ce qu'il était dans
son triomphe de 1830! Ses morts couvraient
les chaussées : comment les a-t-il vengés?...
Il ne s'est même pas sérieusement rebellé
devant les condamnations anodines du prince
de Polignac et des complices de Charles X!
La conception de la république n'est nullement liée au patronage de Robespierre, de
Saint-Just et autres citoyens, fort grands sans
doute par certains côtés, mais inexplicables

par d'autres, que nombre de républicains mettent toujours en avant. La tactique médiocre des souvenirs historiques maladroitement évoqués au milieu des conjonctures contemporaines, effraie des masses qui ne demandent qu'à prêter l'oreille, à venir à la suite, à prendre rang. La doctrine républicaine a une valeur attractive propre qu'elle prend dans le bon sens, la vérité pratique, la justice, autant que dans la critique des faits adverses : elle n'a pas besoin de ces *impedimenta* qui sont sans opportune application actuelle. »

Cette sagesse inquiète, irrite autrement que les éclats injurieux et les furibondes menaces (1). « Notre modération n'est que l'empire de la raison sur les passions, dit

---

(1) On trouve la justification de cette tactique constante de Carrel dans le premier acte du gouvernement de 1848, qui, sans interprétation, resterait bizarre, incohérent, malencontreux comme un aveu maladroit : le jour même où la République est proclamée, le Gouvernement proclame en même temps l'impossibilité de toute *Terreur légale*. L'article 5 de la Constitution populaire édicte l'abolition de la peine de mort en matière politique. Quoi qu'on puisse penser de la puissance des mots, il faut croire que la modération même apparente des textes politiques avait été rendue nécessaire pour rassurer aussitôt sur la première pratique du gouvernement républicain restauré en France, comme elle est d'ailleurs indispensable au gouvernement régulier des hommes.

Carrel en concluant (1). » On sait, on se garde d'oublier en bon lieu, que cette modération n'exclut pas l'audace des calculs constitutionnels et la décision des actions possibles. On sent que derrière cette modération, il y a des passions seulement contenues, mais toujours prêtes, sans imprudences provocantes.

Ainsi donc Louis-Philippe et ses conseils préférés l'ont décidé : le principe immuable du gouvernement du *statu quo*, au dedans et au dehors, est symbolisé par deux bornes indéracinables, placées, l'une aux frontières, l'autre sur la route qui conduit au Parlement. Le premier jour d'ailleurs, dès août 1830, le pays a pu prendre une idée suffisante du système cadettiste : on ne consultera pas plus le pays réuni dans ses comices pour lui faire acclamer le prince de la Révolution, qu'on ne le consultera pour renouveler la Chambre des députés. Selon le mot de Guizot, déjà tout puissant, ces consultations consacreraient le principe républicain. Le duc d'Orléans était déjà sur les marches du trône : il n'a eu qu'un pas à faire, non même pour y monter, mais

(1) *National,* du 16 janvier 1833.

pour s'y asseoir; il est roi « parce que Bourbon... »

Ces politiques enchaînés dans leur conservatisme au jour le jour, ne voient pas de quel côté sont les vrais conservateurs de la société française poursuivant sa régénération et de la patrie recouvrant sa grandeur internationale. Le duc d'Orléans ne servira pas plus la France qu'il ne fondera ou sauvera sa dynastie. Ses idées systématiques même s'évanouiront avant sa chute, en tout cas elles ne lui survivront pas.

Contre cette stagnation le parti républicain avait protesté d'abord pendant une année pacifiquement : le sac de l'archevêché n'avait été qu'une réponse violente à une manifestation d'une grande audace des légitimistes au cœur même de Paris, en faveur d'Henri V. Mais dès la fin de 1831 éclate une première insurrection à Lyon. La révolution de Juillet date de plus d'un an : qu'a fait pour ceux qui l'ont créée, la monarchie consentie? En juin 1832 le drapeau républicain renouvelle ses injonctions parisiennes à Saint-Méry. En avril 1834, les insurrections si sanglantes de

Lyon et de Paris affirment de nouveau que les vainqueurs des barricades des Trois Glorieuses n'oublient rien de leurs souvenirs, de leurs espoirs, de leurs sommations. En mai 1835, le procès monstre de près de cent cinquante chefs républicains donne encore au parti une tribune éclatante pour affirmer qu'il n'abdiquera pas.

Les répliques du Pouvoir par les répressions les plus terribles (Transnonain, Vaise), par les procès de presse les plus impitoyables marquent que de son côté il ne cédera rien.

L'exaspération s'accroît dans les masses.

Quand les chefs de parti ne peuvent plus agir par débats, les convaincus, les fanatiques du rang entrent en scène. Ils surgissent seuls, tout d'un coup; leur inspiration propre leur suffit. Ils jouent leur tête pour abattre une tête.

La phase du régicide commence.

L'attentat de Fieschi le 28 juillet 1835, le coup de pistolet d'Alibaud le 25 juin 1836 jettent la terreur aux Tuileries et dans les conseils de Louis-Philippe.

Au milieu de cette tourmente, Carrel était

resté debout et intrépide au poste que lui assignaient tout ensemble ses opinions et la raison. S'il répudiait les stériles coups de force où se consommait l'inutile et lamentable sacrifice de tant de consciences courageuses, de tant de vies nécessaires, il ne répudiait pas moins l'assassinat politique faisant, comme celui du boulevard du Temple, une hécatombe d'innocents. Mais plus ces moyens désespérés, prises d'armes prématurées, régicide aveugle, lui paraissaient hasardeux et critiquables, plus il mettait, les maux accomplis, de courage et d'humanité à en atténuer les effets par les inlassables interventions d'une plume et d'une parole également généreuses et éloquentes.

En 1836, Carrel demeurait presque isolé à poursuivre ce dessein. Godefroy Cavaignac, Marrast, Raspail, Guinard (1), Auguste

(1) GUINARD (Auguste-Joseph) était né à Paris en 1799; son père était membre des Cinq Cents, puis du Tribunat. Camarade de collège, à Sainte-Barbe, de Godefroy Cavaignac (v. p. 220), Guinard appartint à la Charbonnerie sous la Restauration, prit part aux complots de Nantes, Belfort et Saumur, et figura parmi les fondateurs du *National*. Combattant de 1830, il contribua à organiser comme capitaine l'artillerie de la garde nationale, puis après avoir rompu avec la monarchie de Juillet, donna une organisation militaire à la *Société des Droits de l'Homme*. Impliqué dans le procès d'avril, enfermé à Sainte-Pélagie, Guinard organisa avec

Blanqui (1), Flocon, Trélat sont exilés, dispersés, emprisonnés. Louis Blanc n'est qu'un tout jeune homme, un théoricien. Barbès n'est qu'un héroïque caporal de barricades comme Martin Bernard. Ledru-Rollin, Crémieux, Lamartine, Garnier-Pagès l'aîné (2), Marie, ne

Cavaignac, Marrast et sept autres prisonniers politiques la fameuse et dramatique évasion du 12 juillet 1835 qui lui permit de gagner l'Angleterre où il resta jusqu'en 1848, dédaignant toutes les amnisties. Combattant de février à la tête de la 8e légion, élu représentant à la Constituante par la Seine, il avait été successivement nommé adjoint au maire, préfet de police et chef d'état-major de la garde nationale. Non réélu à la Législative, Guinard était resté colonel commandant l'artillerie de la garde nationale parisienne, quand il prit part aux côtés de Ledru-Rollin au mouvement du 13 juin 1849. Refusant de fuir, il fut fait prisonnier au Conservatoire et traduit devant la Haute-Cour de Versailles qui le condamna à la déportation; il avait dédaigné de se défendre. Entre temps la Seine l'avait dans une élection partielle élu à la Législative par près de 100.000 suffrages. Détenu à Doullens et à Belle-Isle, Guinard fut libéré en 1854 et s'occupa des élections de l'opposition en 1857; depuis il rentra définitivement dans la vie privée. Guinard mourut à Villepreux (Seine-et-Oise), en 1874.

(1) Il nous est difficile, en citant Aug. Blanqui, de ne pas rappeler la belle et complète monographie historique que Gustave Geoffroy lui a consacrée sous le titre un peu romantique : *L'Enfermé* (in-18, Fasquelle-Charpentier, 1897).

(2) GARNIER-PAGÈS l'aîné, né à Marseille en 1801, était avocat à Paris et fort avancé dans le parti libéral en 1830; il se fit remarquer par une telle intrépidité parmi les combattants, place de Grève, porte Saint-Martin, qu'il fut désigné d'une voix unanime pour présider la Commission chargée de préparer la liste définitive des candidats à la croix de juillet. Elu député dans l'Isère en 1831, il prit de suite une place

sont que des parlementaires, d'un loyalisme plus ou moins constitutionnel.

Seul, Carrel figure toujours un adversaire redoutable. inébranlable. Alors même que ses plus notoires corréligionnaires étaient pré- sents, il faisait saillie au milieu d'eux tous. Les prisons qu'il a subies, les procès qu'il a plaidés l'ont grandi.

., *Le National* est une puissance. Ce quotidien du matin est attendu, écouté, suivi. Ce n'est pas un petit peuple d'abonnés qui le com- prend et le propage : c'est une vraie partie de la nation, à Paris et dans les grandes et petites villes, qui vient y coordonner ses

capitale dans tous les débats de principes et d'affaires et s'annonçait comme un des orateurs et des politiques les plus distingués de l'opposition. Combattu avec acharnement par le Pouvoir aux élections de 1835, il échoua de trois voix et fut immédiatement réélu dans un collège de la Sarthe. Cette carrière déjà si bien remplie et qui promettait d'être fort belle, tourna court : l'extrême fatigue y mit fin. Garnier-Pagès mourut en 1841. Homme privé et public d'un caractère élevé, désintéressé, aimable et simple, Garnier-Pagès laissait après lui un nom estimé et populaire que le corps électoral libéral voulut encore utiliser : son frère cadet (Louis-Antoine) fut aussitôt élu député. Réélu sans interruption jusqu'en 1848, Garnier-Pagès junior devint par la suite ministre des Finances de la Seconde République, député de l'opposition républicaine sous l'Empire et membre du Gouvernement de la Défense nationale en 1870 ; il est mort à Paris en 1878.

idées, prendre un mot d'ordre, chercher les préparations plus ou moins prochaines.

Et puis Carrel a été officier dans l'armée ; il est populaire à Saint-Cyr où il va quelquefois ; il a conservé dans les cadres de cordiaux camarades qui admirent son talent, son courage d'écrivain et d'ancien homme d'épée ; dans les bureaux de son journal, on voit un va-et-vient d'officiers insoucieux du qu'en-dira-t-on, qui viennent prendre langue, apportent des articles à insérer, leurs livres pour des mentions, des études critiques. Il y a là une atmosphère, un milieu d'un caractère tout particulier et qu'on ne sent point autour des autres feuilles républicaines : on ne sait, malgré la modération de Carrel, quelle décision peut y éclore tout d'un coup.

Carrel, enfin, qu'on surveille de près, est un de ces hommes qu'on dit plus que gênants, dangereux.

Précisément, à cette date, et depuis l'arrestation scandaleuse de Carrel en septembre 1835, la situation était plus tendue que jamais entre *le National* et le Pouvoir.

Après l'attentat d'Alibaud (25 juin 1836),

Carrel venait encore de prendre nommément
Thiers à partie, ne cessant de rappeler à son
ancien compagnon de luttes de 1830, aujour-
d'hui premier ministre de Louis-Philippe, « les
lieux communs du libéralisme des quinze
ans ».

Dans un très beau numéro du *National,*
celui du 13 juillet, à propos de la grâce ar-
demment et vainement réclamée d'Alibaud,
exécuté l'avant-veille, Carrel avait attaqué la
politique sans pitié du Château, refusant de
faire grâce de la vie à un misérable, à un
malheureux dont la balle isolée, unique, perdue, n'avait atteint personne ; il avait également,
d'une citation ironiquement opportune, rappelé
que Thiers, dans son *Histoire de la Révolution
française,* avait fait l'apologie du régicide, à
propos de poignards plus ou moins authentiquement levés sur Bonaparte le 18 brumaire (1).

C'est ce même numéro du 13 qui, dans le

(1) Voici le passage cité par Carrel :
« Il est très possible que, dans le tumulte, les vêtements
de Bonaparte aient été déchirés sans qu'il y eut là des poignards. Il est possible aussi que des poignards fussent dans
plus d'une main. Des républicains qui croyaient voir un

moment, valait au *National* de nouvelles poursuites en cours d'assises : Persat, le gérant. était cité pour le 23 juillet. Dans le numéro du 20 juillet, celui du filet à l'adresse de Girardin, Carrel, revenant à la charge, avait encore victorieusement attaqué le président du conseil Thiers.

N'est-il pas vraisemblable de croire que Thiers, irrité, ait mis Girardin au courant de la vie de Carrel, et sous-entendu qu'on pourrait peut-être par là mâter, tenir le rédacteur du *National? La Presse*, le nouvel organe sur lequel on pouvait compter, se campait ainsi face à face avec le journal ennemi. Au surplus, le politique habile et sans scrupules qui avait gardé la duchesse de Berry en prison jusqu'à confirmation finale de l' « état présumé », qui avait emprisonné Carrel le lendemain même de l'attentat du 28 juillet, comme complice de Fieschi, de Pépin, de Moret et fouillé de sa main dans les papiers saisis de

nouveau César, pouvaient s'armer du fer de Brutus sans être des assassins. Il y a une grande faiblesse à les en justifier. » *(Histoire de la Révolution française*, ch. XIX, p. 380-381. Furne, édit. de 1836.)

son ancien ami (1), qui voyait insupporta-
blement grandir un politique sans nul doute
rival de demain, était-il homme à s'arrêter à
une question, inexistante à ses yeux, de convenance et de sentiment?

Nous nommons Thiers, nous pourrions
aussi judicieusement nommer Guizot, la veille
encore au ministère. Guizot, un politique de
conscience non plus embarrassée que Thiers,
était un des familiers du salon de Mme Émile
de Girardin : il a, il est vrai, parlé en
termes corrects et assez équitables de Carrel
dans ses *Mémoires* (2), mais on sait que chez
cet homme très éminent l'austérité n'était
guère qu'une question de draperie, d'attitude,
et les aiguillons de la politique n'étaient pas

(1) Le 28 juillet, jour de l'attentat, Carrel était allé for-
tuitement à la campagne; il ne revint que le lendemain 29
à minuit; à 4 heures du matin, il était arrêté et conduit à
Sainte-Pélagie; il en sortit le 4 août suivant. Raspail, rédacteur en chef du *Réformateur*, était également absent; la police
arrêta son neveu, Eugène Raspail (*National* du 22 août 1835;
et *Extrait du dossier d'un prévenu de complicité morale dans
l'attentat du 28 juillet*. Brochure, Paris, Paulin 1835.)

(2) *Mémoires pour servir à l'histoire de mon temps* (année 1836),
op. cit. — V. *id.* pour les rapports de Guizot avec Girardin et
Mme de Girardin, les habitués de leur salon (Alph. Karr, *les
Guêpes*; Gustave Claudin, *Souvenirs*, etc.). Gustave Claudin
avait été, dans sa prime jeunesse, rédacteur de *la Presse*.

moins capables de faire rejeter par lui, aussi loin que par tout autre grand politicien, les banales hésitations.

Au reste, instruit par Thiers, Guizot ou quelque député ou ministre, par la police, par la rumeur mondaine, par une information anonyme, peu importe : que Girardin connaisse d'hier ou de longue date le fait important de la vie intérieure de Carrel, il a compris qu'en attaquant le rédacteur du *National* sur un tel point il se constitue l'homme lige du Château ; il écrit en même temps pour sa feuille un prospectus autrement retentissant que ses premières réclames : il n'hésitera pas à se servir de ce qu'il croit avoir trouvé comme moyen sortant de l'ordinaire polémique.

↲ S'il a parlé de *biographie* dans son article de *la Presse*, et de *biographie* de rédacteurs du *National* et autres feuilles, c'est à dessein : et cela ne s'entend pas seulement de J. Coste, de Thibaudeau, de faillites prévues, frôlées ou consommées, il vise plus loin, plus haut, Carrel lui-même : c'est cette loyauté renommée de Carrel que Girardin va mettre en cause à propos d'une femme, lui le mari d'une femme heureuse et honorée...

Sur ce point, aucun doute.

Ici Bonnet de Malherbe s'est tu ignorant ou omettant à dessein ce qui s'est passé entre Girardin et Carrel seuls ; mais l'autre capital témoignage intervient : c'est Amédée Pichot qui le donne.

VI

Ce dernier et décisif document est perdu dans un livre obscur au moment de son apparition ou réimpression en 1860, peut-être aujourd'hui inconnu, de l'ancien directeur de la *Revue britannique*.

Ce livre, intitulé *Arlésiennes*, est un recueil de chroniques et légendes provençales, de contes, de souvenirs littéraires, mi-partie en prose, mi-partie en vers : à côté de légendes de la Camargue, d'études archéologiques sur

En dehors de la communauté des études anglaises, un original incident avait donné un tour piquant et inoubliable au début de leurs relations devenues confraternelles et amicales. Dans leur première jeunesse, vers 1821, une rivalité auprès d'une jeune fille que tous deux recherchaient en mariage et qui, du reste, n'agréa ni l'un ni l'autre prétendant et resta même vieille fille, les avait mis en froid; mais le dénouement et cet égal insuccès avaient amené par la suite un rapprochement qui s'était changé en cordialité confiante. Ces revirements sont fréquents entre hommes qui s'estiment.

« Nous ne nous rencontrions jamais, écrivait Amédée Pichot en 1860, sans causer au moins un quart d'heure ensemble, et je le quittais toujours, moi plus charmé et lui plus bienveillant, surtout dans les derniers mois de sa vie. »

La nouvelle de la rencontre imminente de Carrel avec Girardin s'étant répandue rapidement dans Paris, Amédée Pichot en fut un des premiers informés : elle ne pouvait, dans

les circonstances préliminaires invraisemblables que l'on colportait, laisser Pichot indifférent. Il court au *National*.

« Le sujet *apparent* de la querelle lui avait
paru si puéril *(sic)* », qu'autorisé par leur
familiarité coutumière, Amédée Pichot prit la
liberté d'interroger nettement Carrel.

Carrel lui répondit textuellement :

« Croyez-vous que je vais me battre sotte-
ment pour prouver à mon adversaire qu'il
a tort d'abaisser le prix des journaux à
40 francs?... IL M'A MENACÉ DE FAIRE MA
BIOGRAPHIE ET D'Y FAIRE FIGURER UNE PERSONNE
DONT JE NE SOUFFRIRAI PAS QUE LE MOINDRE
SOUFFLE SOULÈVE LE VOILE. Je le tuerai ou il
me tuera (1). »

· On reconstitue maintenant sans torture des
faits ni peine, la scène entre Girardin et Carrel.
Au premier entretien assistaient deux témoins :
il n'était pas facile à Girardin de faire devant
eux surgir la querelle sur le point qu'il avait
délibérément choisi : il se réservait, parfai-

(1) A. Pichot, *op. cit.*, p. 324.

tement décidé à la faire renaître sans laisser à Carrel la possibilité honorable de la terminer autrement que par une rencontre. Peu importe que ce soit à propos du texte même de la note ou de son mode de publication que le débat ait recommencé : ce n'est peut-être là du reste que le prétexte retenu publiquement pour donner un semblant avouable de motif au duel. Il n'y a plus de témoins maintenant; il n'y a pas de procès-verbal, car dans toute cette affaire aucun usage n'est observé : contre les règles, il n'y a pas plus de procès-verbal des motifs de la rencontre, qu'il n'y en aura de la rencontre elle-même (1).

L'intention hostile contenue dans la menace de faire du rédacteur du *National* une biographie scandaleuse était si évidente que Carrel

(1) Cette absence d'un double ou seulement d'un premier procès-verbal s'explique suffisamment par l'impossibilité pour les témoins de Carrel autant que pour Carrel lui-même, d'y publier la cause réelle de la réparation demandée à Girardin.

De deux choses l'une : ou le procès-verbal couvrait la rencontre du motif apparent de la prétendue exigence de Carrel relative à l'ordre de publication de la note et il donnait authentiquement à ce duel une cause indigne de futilité, inacceptable, et d'ailleurs fausse; ou il énonçait le motif vrai : or cette seconde rédaction était impossible puisque Carrel se battait précisément pour parer la divulgation outrageante dont le menaçait Girardin.

déclara hautement d'abord à Girardin « qu'il ne reconnaissait à personne le droit de le diffamer » ; « *car*, ajouta-t-il complétant ironiquement sa pensée, *vous n'avez certainement pas voulu me menacer de vos éloges* (sic) (1). »

La discussion ne pouvait que s'envenimer et prendre un ton désespéré dès que Girardin formulait nettement le fait privé qu'il voulait publier dans la biographie de Carrel.

C'est alors que Carrel s'écria : « Mais c'est donc une affaire que vous cherchez? »

Et Girardin, poussant les choses dans ce sens, de répliquer aussitôt par ce mot qui trouve enfin logiquement sa place : « Un duel avec

(1) *Le Charivari*, numéro du 23 juillet 1836. — « L'article de Girardin, écrit textuellement de son côté Ambert dans sa biographie d'Armand Carrel, se terminait par la menace de publier non seulement les comptes de ce qu'avaient coûté les journaux qui attaquaient la nouvelle combinaison *(a)*, mais *la biographie de plusieurs de leurs rédacteurs*.

» *Carrel*, malgré la considération générale qui l'entourait, *pensa que cette menace pouvait l'atteindre.*

» C'est alors qu'il me choisit dans cette rencontre, témoignage d'amitié qui devait laisser dans ma vie une amère et longue douleur! Le brave Persat, gérant du *National*, était le second témoin. Nous entrâmes immédiatement en rapport avec les témoins de M. de Girardin et nous arrêtâmes le choix des armes et le lieu du combat... » (*Op. cit.*, p. 72, 73.)

On voit qu'Ambert ne fait même pas allusion à la prétendue cause d'une discussion basée sur la publication simultanée ou successive de la note.

(a) L'abaissement du prix d'abonnement.

vous serait pour moi une bonne fortune (1) ».

Déclaration d'un maladroit cynisme que Carrel critique par cette réponse si sensée que nous avons déjà citée, qui, elle aussi, vient ici naturellement : « Un duel à moi, monsieur, ne me paraît jamais une bonne fortune (2). »

Le caractère offensif, systématiquement injurieux du langage et de la pensée de Girardin ne laisse plus espérer à Carrel une issue honorable dans de plus longues explications. C'est un coup monté. On veut le tenir par la menace immédiate ou par la menace ajournée et toujours imminente d'une divulgation qu'on juge lui être infiniment pénible, insupportable.

Que pouvait-on en effet rechercher dans la vie de Carrel? Allait-on renouveler les attaques de la presse de 1823 sur son passage en Catalogne, faire renaître une querelle à propos des « transfuges français » servant aux côtés des libéraux espagnols sous les plis du dra-

---

(1) *Le Charivari*, numéro du 23 juillet 1836.

(2) La réponse de Carrel a été également rapportée sous cette forme plus complète : « Un duel à moi me paraît *une triste nécessité toujours* et jamais une bonne fortune ».

peau tricolore contre le drapeau blanc? Le débat était vidé, la matière usée, l'injure épuisée. Le sujet retenu était autrement aigu, offensant, bien choisi.

Carrel n'acceptera pas cette situation intolérable du chantage de l'intimidation. Il est désormais sans contestation, sans rédaction de procès-verbal, l'offensé. Il choisit l'arme; ses témoins feront le reste. Girardin l'a voulu, Girardin qui joue le coup au petit bonheur, à pile ou face; qui suppute le gain!

Faut-il ajouter — les inspirateurs de Girardin le veulent? Peut-être... Car cette question se pose invinciblement : « Quel intérêt un homme appartenant au monde de la bonne compagnie, ayant élevé par surcroît la prétention à une descendance de vieille noblesse, avait-il à prendre l'initiative d'une telle besogne? » Et la besogne accomplie, quelle figure pouvait faire ce même personnage dans une société où les attaques à l'honneur d'une femme sont pour leur auteur une disqualification justement impardonnée?

VII

L'outrage de Girardin a tout d'abord indigné
Carrel : le ton de sa confidence à Amédée
Pichot marque à quel point il se tient offensé.
On s'explique assez que Thibaudeau, un civil,
un des témoins de la première phase, dispa-
raisse : ce qu'il faut à Carrel maintenant, ce
sont des hommes d'épée comme lui, bien pénétrés de sa résolution «de n'entendre à aucun

arrangement », selon l'observation de Bonnet de Malherbe qui déplore cet état d'esprit sans pouvoir ou vouloir l'expliquer. Il en est entouré au *National*. Ambert est officier en même temps que collaborateur au journal (1). On attend impatiemment le gérant Persat (2) pour le substituer à Thibaudeau. Persat était un homme d'une bravoure légendaire : ex-capitaine de cavalerie de l'Empire, décoré de la main de Napoléon pour faits de guerre extraordinaires dans la campagne de France, en demi-solde sous la Restauration, rentré dans l'armée pour la campagne d'Alger, mis en réforme ou démissionnaire pour politique en 1834. Carrel qui l'avait connu excellent et cordial compagnon en Catalogne à la légion de Pacchiarotti, le retrouvant à Paris, l'avait fait entrer l'année précédente au *National*.

. Le 21 juillet était un jeudi. Persat allait habituellement passer ce jour-là et le dimanche, chez des amis, à la campagne. Il n'arrive pas. A 10 heures du soir, Ambert et Thibaudeau

____

(1) V. *Appendice*, p. 320. *(Notices.)*

(2) *Mém.* de Persat, p. 293-296. — V. *id., Append.*, p. 326. *(Notices.)*

retournent trouver les témoins de Girardin.

Et cependant ce duel **répugne** encore à Carrel à un tel point que ses deux témoins n'ont mandat de régler les dispositions du combat que *s'ils n'arrangent point l'affaire* (1).

Un peu avant 11 heures du soir, Persat arrive enfin : parti de bon matin, il ignorait l'article de Girardin, les deux entrevues de la journée; on lui fait lire *la Presse*... Aussitôt il s'interpose très énergiquement : il observe à Carrel, sur le ton le plus amicalement impérieux, « qu'il se doit à ses amis, à sa cause, qu'il ne peut pas se battre, surtout avec un homme de la trempe de Girardin *(sic)* »; il déclare devant Paulin, Scheffer et autres rédacteurs du *National* (2), réunis en attendant Ambert et Thibaudeau, « que l'affaire est de sa seule compétence, etc. ». Naturellement Carrel remercie son ami d'une offre

---

(1) *Mém.* de Persat, p. 298.

(2) Paulin (J.-B.-Alex.), antérieurement gérant du *National*, puis éditeur à Paris (né en 1796, mort en 1859). C'est Paulin qui, en 1857, éditera avec Littré les œuvres complètes de Carrel.

Arnold Scheffer (né en 1796), frère des peintres Ary et Henry Scheffer, avait collaboré au *Globe*, sous la Restauration.

que, seul, Persat pouvait se permettre : « Girardin l'a nommé personnellement, lui — Carrel, dans son article, lui seul, — Carrel doit se battre... D'ailleurs le rédacteur en chef du *National* n'a jamais renié une ligne tracée par sa plume ».

A 11 heures, Ambert et Thibaudeau sont de retour : « Girardin n'a voulu accepter aucune des propositions qui viennent de lui être faites et qui étaient cependant bien acceptables (1). » Les deux témoins de Carrel ont l'impression « que Girardin avait certainement pris des engagements en haut lieu (2) ». Ils déclarent que Girardin a dit : « Eh bien, j'accepte avec plaisir une affaire avec M. Armand Carrel (3). » Le duel a été fixé pour la première heure : il aura lieu avec l'arme choisie par le rédacteur du *National*.

Les assistants n'avaient plus qu'à se retirer

En sortant Carrel et Persat rencontrent Capo de Feuillide : le malencontreux indirect auteur de toute l'affaire venait demander où

(1) *Mém.* de Persat, p. 298.
(2) *Mém.* de Persat, p. 298.
(3) *Id.*

elle en était. Persat l'informe que le duel est arrêté pour le lendemain matin. Capo s'exclame aussitôt : « Ce duel n'aura pas lieu, car je vais casser les reins à ce polisson de Girardin ! *(textuel)* (1) »

· Carrel rentre chez lui où il passe une partie de la nuit à régler ses affaires ; il le fait avec une admirable tranquillité et cependant au cours de la soirée, il avait certains instants paru à ses amis un peu préoccupé. On avait jours noté chez lui, dans les circonstances analogues, l'insouciance extraordinaire avec laquelle il marchait au péril, en homme confiant dans son étoile et qui se plaît à forcer les réponses de la destinée. « C'était bien, dit ici Louis Blanc qui observe ce changement extérieur, le même sang-froid, la même sérénité ; mais ses discours semblaient contenir pour ses amis je ne sais quelles conso-

(1) *Mém.* de Persat, p. 298-299. — Voulant maintenir à ce petit livre, le caractère d'un récit historique, nous nous sommes gardés, ce dont il fallait avoir soin en suivant les Mémoires de Persat, de laisser passer dans notre texte aucune expression d'un ton qui choquât, mais ici le maintien du qualificatif dans la bouche de Capo de Feuillide est nécessaire pour apprécier plus exactement la conduite ultérieure de Capo lui-même vis-à-vis de Girardin.

lations cachées, son sourire avait quelque chose d'un adieu, et il était tout entier par la pensée à ceux qui lui étaient chers. Il mit à rendre un dépôt qu'on lui avait confié une précipitation étrange, et, ce qu'il n'avait jamais fait, il s'occupa de son testament » (1). Certains, Ambert entre autres, ont même cité de Carrel, dans les toutes dernières heures, des aveux de pressentiments funestes : état d'esprit étrange chez un homme de raison si nette (2).

Les Mémoires de Persat, dont nous avons commencé à nous servir, vont enfin compléter l'ensemble de ce triste récit et les preuves de l'événement tel que nous avons entrepris de l'élucider.

C'est que, s'il ne se passe pas maintenant des faits extraordinaires, inconcevables, leur éventualité est entrevue, intimement envisagée par le nouveau témoin qui vient d'entrer en scène.

(1) Louis Blanc, *op. cit.*, t. V., chap. III, p. 54 et suiv. — Ambert, *op. cit.*, p. 73.

(2) Une allusion (faite d'ailleurs en souriant) à un de ces rêves que les psychologues appellent *prémonitoires*, un rêve de mort pendant le court repos de la nuit. (Ambert, p. 73 : Persat, p. 300 et le *Journal du commerce*, 27 juillet 1836.)

Persat, en dépit des premières lignes de son récit où il écrit et feint de croire que l'article de Girardin est le seul motif du duel, est parfaitement édifié sur son unique cause. Dès qu'il a été mis au courant, ce soldat, cet homme d'honneur n'en croit point ses oreilles. Un duel ne peut avoir lieu entre Carrel et Girardin pour le véritable motif. Et d'abord Persat tentera de revenir auprès des témoins de Girardin à sa première proposition de remplacer Carrel sur le terrain. Le filet de Carrel n'étant pas signé, lui, Persat, gérant du journal, a le droit d'en assumer la responsabilité : ainsi l'article de Girardin ne pouvait plus toucher son ami. La nuit qui lui apporte ce conseil n'en accroît pas moins sa colère contre l'homme qui, de propos délibéré, vilainement, provoque ce duel. Le duel même, à lui aussi, suggère de mauvais pressentiments... Le lendemain, de grand matin, à 5 heures, il se rend chez Ambert et y trouve Lautour—Mézeray seul: Paillard de Villeneuve (1), le second témoin de Girardin, n'é-

(1) PAILLARD DE VILLENEUVE (Adolphe-Victor), né à Paris en 1804, mort à Paris en 1874, avocat, inscrit au barreau de

tait point venu. Persat fait sa proposition qui n'est pas admise. Son exaspération est à son comble ; elle se traduit par une agitation inquiétante.

,Ambert et lui devaient à 7 heures retrouver Carrel avec son médecin, boulevard de l'Opéra. Carrel, en effet, les attendait en compagnie du docteur Marx (1).

Carrel s'aperçoit aussitôt de l'excitation de Persat et, redoutant « de trop vives explications sur le terrain » et autres incorrections, il prie son second témoin d'aller chercher des cigares, puis, pendant les quelques minutes de son absence, il file avec Ambert et Marx sur Vincennes (2). A peine de retour, Persat trouve Thibaudeau qui le prévient du dé-

Paris en 1825, devint membre du Conseil de l'Ordre en 1840. Surtout réputé avocat d'affaires, Paillard de Villeneuve était, on l'a vu, dans le moment chargé par Girardin de son procès contre *le Bon Sens ;* depuis le commencement de 1836, il était rédacteur en chef de *la Gazette des Tribunaux.* (V. Notices, *Append.*, p. 348.)

(1) Marx était un chirurgien distingué, élève de Dupuytren. Il venait de publier en collaboration avec le docteur Paillard, un TRAITÉ THÉORIQUE ET PRATIQUE DES BLESSURES PAR ARMES DE GUERRE, *rédigé d'après les leçons cliniques de Dupuytren et publié sous sa direction* (Paris, 1834).

(2) Un autre ami de Carrel, M. Grégoire, avait accompagné Carrel jusqu'à la porte du bois se tenant prêt, ce semble, à

part subit de Carrel et veut lui en expliquer les motifs, mais Persat sans rien entendre ni attendre, saute dans un cabriolet et, fouette cocher! fait si bon train qu'il arrive le premier.

Carrel arrive à son tour et, comme Persat lui reproche amicalement d'être parti sans lui, Carrel lui répond : « Persat, vous avez la tête montée: je vous suis reconnaissant de l'amitié que vous avez pour moi et que vous me témoignez ici : mais pensez, mon cher ami, que ce duel doit être sérieux; il me répugne beaucoup; toutefois il doit avoir lieu avec calme et sang-froid. Promettez-moi d'être raisonnable ». Persat lui en donne aussitôt sa parole et Carrel ajoute encore ces paroles bien caractéristiques dans un tel moment : « Si ces messieurs vous faisaient cependant des propositions convenables, je vous autorise à les accepter, car, je vous le répète, ce duel-là n'est pas honorable et encore moins politique *(sic)* (1) ».

toute éventualité, remplacement, etc. Deux amis de Girardin, MM. Cleeman et Boutmy, attendaient de même non loin du lieu de combat.

(1) *Mém.* de Persat, p. 299 et 300.

Les quatre témoins, les médecins (le docteur Beaude assistait Girardin), les adversaires, se dirigent alors plus avant vers le bois. On s'arrête dans une allée peu éloignée du chemin même conduisant à Saint-Mandé. Il était 8 heures du matin.

Carrel remet alors, suivant les règles, son portefeuille, sa montre, ses clefs et autres objets susceptibles d'arrêter ou d'amortir un projectile à Persat; puis, ces formalités accomplies, il se dirige vers Girardin avec ses témoins. Là, groupant tout le monde d'un geste, il adresse ces paroles à son adversaire :

— Eh bien! Monsieur, *vous m'avez menacé d'une biographie;* la chance des arm peut tourner contre moi, cette biographie vous la ferez alors, monsieur; mais *dans ma vie privée* et dans ma vie publique, si vous la faites loyalement, vous ne trouverez rien qui ne soit honorable, n'est-ce pas, monsieur?

Pour tout lecteur à peine attentif n'apparaît-il pas lumineusement que cette phrase serait inexplicable, incohérente, avec la version banale des motifs du duel. L'instant, l'allure, tous les mots lui donnent, au contraire, son indiscutable sens. Pas une parole qui ne porte. C'est bien le dernier mot du second entretien de la veille. Dans l'interrogation de Carrel, on voit presque le croisement des regards. Les témoins n'ont pas entendu l'offense même : du moins ils entendent la sorte de réparation que Girardin est contraint de donner devant eux. Girardin, en effet, n'ose redoubler l'outrage :

— Oui, monsieur, répond-il.

— Après ce que vous venez de dire, reprend Carrel, je puis vous déclarer qu'en écrivant l'article du *National*, je ne pensais nullement à vous *(offenser)* (1).

(1) Nous combinons, dans notre texte, le récit du *National*, publié dans le numéro du 26 juillet, avec ceux de Persat et d'Ambert ; ils sont presque identiques d'ailleurs.

Voici le récit de l'incident, dans les termes mêmes où le rapporte Persat :

« Nous arrivâmes au fatal rendez-vous : là, Armand Carrel nous réunit tous, et, s'adressant à Girardin, il lui dit :

» — *Vous m'avez menacé d'une biographie* ; le duel est arrêté, il peut m'être funeste, tout comme à vous-même. Si je succombe, dans quels termes écrirez-vous ma biographie?

» Alors Girardin répondit à Carrel :

» — J'espère que le combat ne sera funeste à aucun de nous deux, mais, dans le cas contraire, si j'avais à faire votre

Alors, en cette seconde psychologique et dramatique, au moment où l'on va charger les pistolets et mesurer les distances, une pensée extraordinaire, folle traverse comme un éclair l'esprit de Persat. Carrel, une dernière fois, après avoir obtenu cette satisfaction de Girardin, vient de faire une ouverture par où peuvent passer, bien qu'il fût terriblement tard, un mot, une intervention de pacification : Persat remarque que, après la réplique de Carrel, Girardin a consulté du regard Paillard de Villeneuve et Lautour-Mézeray ; il se remémore

biographie, elle ne pourrait être que dans des termes honorables.

» — Eh bien! dit encore le bon et généreux Carrel, d'après ce que vous venez de dire, je puis vous faire observer qu'en écrivant l'article du *National*, je ne pensais nullement à vous (a) ». (*Mém. cit.*, p. 300. — V. *id. Append.*, p. 282 ; une lettre de Persat à Girardin.)

Ambert écrit de son côté : « **Arrivés sur le terrain, Carrel** s'approcha de M. de Girardin et lui dit avec fermeté : « — Mon-» sieur, nous devons nous battre ; *vous m'avez menacé d'une bio-» graphie* ; la chance des armes peut m'être contraire ; *cette* » *biographie*, vous la ferez alors, mais si vous la faites loyale-» lement, *dans ma vie privée* comme dans ma vie politique, » vous ne trouverez rien qui ne soit honorable, n'est-ce pas, » monsieur? — Oui, monsieur », répondit **M.** de Girardin. » (*Op. cit.*, p. 74.)

(a) Nous avons ajouté ici *entre parenthèses* le mot *offenser*, qui nous paraît indispensable pour l'intelligence de cette phrase du colloque. Les gaucheries même du style de Persat sont un élément de plus dans la restauration de la vérité.

que Carrel vient d'épargner à Lautour-Mézeray une rencontre avec Véron ; il constate que les témoins de l'adversaire, l'adversaire lui-même restent impassibles... Le sang lui bout, la tête lui tourne ; c'est comme une impulsion : il va éclater : il va se précipiter sur Girardin et sur ses témoins et *leur casser sa canne sur le dos (sic)*... Carrel qui froidement l'a vu renaître, arrête d'un regard impérieux cette tempête intérieure (1).

Nous le demandons encore au lecteur, si la cause du duel eût été purement et simplement l'article de Girardin et l'exigence par Carrel de faire paraître la note explicative *d'abord* dans *la Presse*, une pareille pensée eût-elle pu germer, traverser un instant le

(1) Voici textuellement les passages où Persat fait cette extraordinaire confession (p. 301) : « ... Le sang bouillait dans mes veines à ce moment-là *(pendant les préparatifs)* : j'allais éclater ; un regard de Carrel évita une algarade qui, quoique blâmable, aurait peut-être sauvé la vie de ce grand citoyen ! »

A son texte, Persat ajoute la note suivante, dite note (1) de la page 301 (*Mém.*) :

« Après les observations que venait de faire Carrel à ce malheureux Girardin, qui garda le silence, il ne restait à M. Ambert et à moi qu'un seul parti à prendre : celui de casser nos cannes sur le dos d'Émile de Girardin et de ses témoins. La dignité de Carrel nous retint. »

cerveau d'un homme d'esprit sain et rompu à la pratique des affaires d'honneur?

Le reste du récit peut être abrégé : il n'a d'ailleurs plus d'intérêt direct sauf pour faire ressortir le caractère magnanime de Carrel. Cependant nous recueillerons encore de la bouche de Carrel un mot singulièrement significatif qu'il prononce sur son lit d'agonie.

Les conditions du combat avaient été ainsi fixées.

Les combattants, placés à une distance de quarante pas, étaient autorisés au signal donné à marcher l'un sur l'autre. Chacun d'eux pouvait parcourir un espace de dix pas et devait s'arrêter ainsi à vingt pas de son adversaire. Le premier feu devait régler les distances définitives, c'est-à-dire que tous deux devaient rester en place aussitôt après la première détonation.

Carrel franchit rapidement ses dix pas : un instant, comme il en avait fait six, on crut qu'il allait tirer, il continua à marcher; il se

présentait de face, s'offrant largement au visé
de son adversaire; il l'ajusta seulement arrivé
à la limite. Girardin s'était tourné de flanc
pour s'effacer : il était resté à sa place (1),
tenant constamment Carrel ajusté pendant
que celui-ci marchait sur lui (2).

Carrel tire le premier. Girardin s'écrie :
« Je suis touché à la cuisse! » et tire presque
simultanément. « Et moi à l'aine! » dit aussitôt Carrel.

Comme Marceau, à l'angle du bois de
Hochsbach, Carrel avait reçu une balle dans
le ventre, mais c'était une balle française.
Telle est son énergie qu'il va seul s'asseoir sur
un tertre au bord de l'allée. Ses témoins, le
docteur Marx, se précipitent. Les larmes jail-
lissent des yeux de Persat.

— Ne pleurez pas, mon bon Persat, voilà
une balle qui vous acquitte! lui dit Carrel,
n'abandonnant pas l'enjouement dont il était
souvent coutumier, et faisant allusion au

____

(1) Persat (p. 301) et Ambert (p. 75) sont d'accord pour
dire que Girardin n'avait pas bougé de sa place. Girardin,
dans deux récits personnels, écrit au contraire qu'il avança de
trois (p. 301), de quatre pas (p. 288. V. *Append.*).

(2) *Id.* — « Efface-toi donc! criait Ambert à Carrel. »

procès du *National* qui amenait le lendemain même Persat devant le jury.

La blessure de Girardin était légère : le projectile avait fait séton dans les parties molles au-dessus du genou gauche, respectant l'articulation, les os, les nerfs et les vaisseaux, tous les tissus essentiels.

La blessure de Carrel était au contraire mortelle, les délabrements immédiats considérables. La balle était entrée à la partie inférieure et droite du ventre, à quelques centimètres de l'arcade osseuse et de la ligne médiane, entraînant des débris de vêtements ; le péritoine, l'intestin étaient perforés : l'artère épiploïque ouverte, donnant lieu à une abondante hémorrhagie interne ; la balle, cannelée par le canon du pistolet, après s'être aplatie sur l'os contre lequel elle avait buté, était tombée profondément dans l'excavation du petit bassin.

Nous ne donnons ces tristes détails recueillis après la mort, que pour rappeler l'énergie extraordinaire du blessé conservant dans ce terrible moment et jusqu'à la fin sa présence d'esprit, sa fermeté, sa grâce chevaleresque, son éloquence naturelle, et pour ses amis, ses affections, ses consolations.

Dès le premier instant, Carrel ne s'était fait aucune illusion : « Triste blessure que celle-là, avait-il dit, en recevant les premiers soins du docteur Marx ». Mais sa générosité instinctive ne l'abandonne pas. D'ailleurs, dans sa claire élévation d'intelligence, il a bien distingué, il n'oublie pas d'où vient le coup qui le frappe : c'est Girardin qui a fait partir l'arme, elle a été chargée ailleurs qu'à Vincennes. Tout à l'heure, sur son lit de mort, songeant à la cause qu'on peut appeler préhistorique du combat, supérieure à toutes les misères, à toutes les bassesses de la querelle, politique après tout, il dira : « Le porte-drapeau du régiment est toujours le plus exposé; du reste, j'ai fait mon devoir. » Girardin, le triste instrument du drame, ne lui apparaît même plus comme haïssable. Soutenu tout sanglant par ses témoins et son médecin, Carrel quitte le terrain, et, passant près de Girardin étendu à terre, de l'autre côté de l'allée, que panse le docteur Beaude, il demande qu'on s'arrête: il a un mot de sollicitude courtoise pour celui qui l'a si gravement offensé et qu'il croit grièvement blessé :

« — Et vous, souffrez-vous beaucoup, monsieur de Girardin?

» — Je désire que vous ne souffriez pas plus que moi, réplique Girardin.

» — Adieu, monsieur, dit Carrel; je ne vous en veux pas (1). »

L'état de Carrel interdisait tout transport lointain, tout retour à Paris. Arrivé sur la

(1) *National*, 26 juillet; Ambert, p. 75-76. Est-ce ici ou au moment même où Carrel fut atteint, qu'il faut placer le mot de Girardin que nous ne trouvons pas dans le récit du *National*, mais seulement dans celui de Persat, qui d'ailleurs en révoque la sincérité? « Si je n'avais pas été blessé, je n'aurais pas fait feu. » (*Mém.* de Persat, p. 301). Quoi qu'il en soit, cette observation d'Ambert s'intercale naturellement après le mot de Girardin et nous devons également la mettre sous les yeux du lecteur : « L'adversaire de Carrel venait d'être atteint le premier, lorsque, presque simultanément, la détonation de son arme se fit entendre, et, dans cette précipitation, il me semble que l'arme a moins obéi à un mouvement de sa volonté qu'à un mouvement convulsif et fatal déterminé par la douleur. » (*Op. cit.*, p. 74.)

V. *id.* — *La Gazette des Tribunaux* (numéro du 23 juillet) dont Paillard de Villeneuve était le rédacteur en chef, donne également un récit du duel où sont relatées les paroles de Carrel blessé à Girardin et la réponse de celui-ci. Lautour-Mezeray et Paillard de Villeneuve aidèrent Ambert et Persat à emporter Carrel hors du bois, et Paillard de Villeneuve ajoute : « M. Carrel, qui avait conservé tout son sang-froid, chercha plusieurs fois pendant ce pénible trajet à rassurer les témoins sur le visage desquels se peignait la plus vive émotion. »

place de Saint-Mandé moitié marchant, moitié porté, Carrel se rappela qu'un de ses anciens camarades de Saint-Cyr habitait le village. On courut prévenir ce camarade, M. Louis Paira, qui demeurait en effet dans l'avenue. Paira, légitimiste aussi convaincu que Carrel était avancé dans l'opinion républicaine, avait donné sa démission d'officier au lendemain de 1830 ; il était capitaine dans la garde royale. Homme de cœur digne en tout point de l'hôte qui venait à lui, il ouvre sa maison, met tout à la disposition de son ancien camarade, des amis qui l'assistent, ses chevaux, ses voitures, pour chercher d'autres médecins. Mme Paira mère, vieille, malade, seconde son fils.

C'est là, dans la petite maison de campagne qui subsiste encore, avenue dite alors du Bel-Air, no 4 (1), que Carrel attendra, verra venir la mort, stoïque, lucide, inébranlable dans

(1) Aujourd'hui appelée avenue Victor-Hugo avec numérotage du chiffre 5, presque en face l'hospice Saint-Michel, à deux cents pas environ de la place de la Mairie.

La municipalité de Saint-Mandé a fait placer en 1886, à droite de la grille de la grande porte d'entrée, une plaque en marbre blanc commémorative de la mort de Carrel dans la maison.

toutes les libres convictions de sa vie, plein
de douceur, réconfortant ses amis, deman-
dant à tous les serrements de mains derniers, résistant jusqu'aux moments ultimes
aux douleurs atroces du mal, aux affaiblisse-
ments des saignées avec lesquelles les médecins
consultants (1), aussitôt appelés et accourus,
avaient espéré conjurer l'inflammation, abor-
dant les sujets les plus élevés de l'histoire,
de la politique contemporaine, parlant avec
cette force, cette simplicité noble, cette couleur
mesurée qui caractérisaient ses talents d'orateur et d'écrivain. On l'entendit à diverses
reprises prononcer les noms de Manuel, de
Benjamin Constant, du général Foy.... Un
juste jugement sur son action politique lui
faisait pressentir que la France se souviendrait
de lui comme de ces hommes publics.

Le lendemain, 23 juillet, dans l'après-midi,
au milieu des souffrances suraiguës qui usent
les restes de la résistance vitale, après avoir
parlé de l'Espagne qu'il connaissait bien, du

(1) Les plus habiles et savants chirurgiens de la Faculté et
du Val-de-Grâce, Jules Cloquet, Scoutteten, Sédillot, avec
des médecins déjà illustres tels que Bouillaud, avaient été man-
dés immédiatement au chevet de Carrel.

peuple espagnol qu'il tenait en grande estime, on l'entendit prononcer avec fermeté les seules paroles qui se ressentent de quelque amertume, mais dont l'une est infiniment précieuse pour cette étude :

« Dans mon pays, on m'a fait porter toutes les haines qui s'attachent au parti et aux opinions dont je suis un des plus dévoués défenseurs ; on s'est attaché à toutes mes actions pour les calomnier ; on a torturé le sens de toutes mes paroles ; *on a pénétré jusque dans ma vie privée...* on m'a acculé dans une impasse... (1) »

Nous n'insistons pas.

Le 24 juillet, à 4 heures et demie du matin, Carrel expira. L'agonie de ce corps jeune, robuste et sain, vivifié jusqu'au dernier souffle par une âme héroïque, avait duré quarante-cinq heures.

Cette lutte angoissante entre la vie et la mort étreignit le cœur de la Ville. On ne trouve pas seulement l'écho de ce deuil public dans tous les journaux français sans distinction de parti, dans les journaux étrangers et notamment

(1) *Le National* (numéro du 26 juillet 1836).

anglais, dans la manifestation grandiose de douleur populaire qui, le 26, fit des funérailles de Carrel, si simples, une cérémonie nationale analogue à celle des obsèques de Lafayette : un grand poète qui, s'il l'eût voulu, était digne d'exalter dans ses chants d'autres sujets que la volupté, l'amour, mais aussi le génie des sages, le courage des héros, la vertu des actions désintéressées et nobles, la sublimité des sacrifices mortels, Musset s'émut et ne put taire une plainte de pitié.

Le poète salue les jeunes morts qui ont suivi Géricault, Byron..., puis il dit :

Nous faut-il perdre encore nos têtes les plus chères
Et venir en pleurant leur fermer les paupières,
Dès qu'un rayon d'espoir a brillé dans leurs yeux?
Le ciel de ses élus devient-il envieux?
Où faut-il croire, hélas! ce que disaient nos pères,
Que lorsqu'on meurt si jeune on est aimé des dieux?

Ah! combien, depuis peu, sont partis pleins de vie!
Sous les cyprès anciens que de saules nouveaux!
. . . .
. . . . Une lente agonie
Traîne Carrel sanglant à l'éternel repos,
Le seuil de notre siècle est pavé de tombeaux (1).

(1) *Stances* (A la Malibran).

Cette fin de Carrel si brusque, si inatten-
due, si saisissante, si inexplicable en apparence et si inexpliquée pour ceux qui se
tenaient aux signes extérieurs des événements,
ou qui ignoraient, suggéra une variété de
dernier commentaire. Nous la mentionnons
encore, puisqu'il faut donner à ces pages plus
d'exactitude que d'agrément.

Après avoir incriminé la susceptibilité de
Carrel, blâmé son emportement d'ancien
militaire, on imagina cette autre cause
première non moins erronée à un duel qui,
dans son vague et extérieur motif immédiat,
à mesure que l'on y réfléchissait, paraissait de
moins en moins nécessaire.

Carrel, fatigué des luttes quotidiennes qu'il
soutenait depuis six années, découragé,
impatient d'un rôle qui reculait à mesure que
d'Orléans avançait sur son parti, désespérant
de pouvoir le remplir à l'âge où la vie vaut
d'être vécue, n'aurait plus trouvé de ressources que dans un suprême va-tout, et
jouant une dernière fois une existence, pour
lui désormais sans intérêt, aurait marché aux
hasards d'une mort de combat singulier,

comme à une sorte de suicide. Sainte-Beuve, d'autres (1), l'ont donné clairement à entendre ; le mot même a été dit. Dans cette conjoncture, le duel devenait une occasion opportune, décente d'en finir, et, l'hypothèse se confirmerait par l'imprudence volontaire avec laquelle Carrel s'était jeté au feu de l'adversaire.

C'est là une nouvelle erreur qui ne peut

(1) Louis Blanc, qui sur ce thème a étendu son éloquente et erronée rhétorique, Louis Blanc à l'appui de sa thèse va jusqu'à représenter Carrel, comme lassé de tout, découragé par des menaces anonymes, ayant de funestes *intuitions sûres et mystérieuses*, des rêves de mort violente, *avant même* qu'il se fût occupé de la polémique de Capo de Feuillide avec Girardin, et en ait dit son mot dans le NATIONAL : « *Un jour* il raconta aux plus intimes de ses amis, un songe dont le souvenir le poursuivait... » Ce rêve de mort dont il fut parlé de suite dans les journaux du temps après l'issue fatale, se place précisément dans les courtes heures du repos pris par Carrel, *dans la nuit du 21 au 22 juillet*, et c'est à Ambert seul, son premier témoin, qu'il le raconta *en souriant*, le matin même du 22 : « *Le matin vers 5 heures*, écrit Ambert, je fus prendre Carrel à son domicile rue Grange-Batelière. Il était déjà prêt... » Après quelques propos indifférents, Carrel dit tout à coup à son ami : « Tu ne sais pas, j'ai fait cette nuit, un rêve étrange... » Suit le très-bref récit : Carrel a vu en songe sa mère en deuil, et sur son interrogation, sa mère lui a répondu : « Je suis en deuil de vous, mon fils ! » Ambert ajoute : « En terminant le pauvre Carrel *souriait*... » Le lecteur conviendra *qu'à ce moment*, la confidence pouvait être faite naturellement à un intime sans impliquer un autre état d'esprit qu'un mauvais et actuel pressentiment. Mais Louis Blanc met en tout de l'arrangement préconçu et du système, même dans les pages les moins doctrinales de sujet. (Cf. Louis-Blanc, V. III, p. 58, et Ambert, *op. cit.*, p. 73.)

subsister si l'on pénètre plus avant dans la vie, ici intellectuelle, du rédacteur du *National*.

Carrel s'était judicieusement rendu compte que les conditions actuelles des luttes publiques s'étaient modifiées pour les écrivains quotidiens depuis les lois de septembre : la presse politique, privée de cette liberté plénière d'appréciation sur les hommes et les choses, qui est le souffle même de la vie publique, ne lui offrait plus un champ assez large d'activité et de critique. Il s'en était ouvert à plusieurs de ses amis. A deux reprises, dans le sérieux scientifique et méditatif de ses plans de travaux, il s'était pris à songer au devoir d'élever, en dehors de sa collaboration au *National*, une œuvre de longue haleine sous forme d'un livre beau et puissant. L'histoire, qu'il avait déjà cultivée non sans succès sous la Restauration, l'attirait toujours.

Deux grands sujets surtout le passionnaient.

Le premier était l'histoire du peuple anglais depuis l'établissement du gouvernement constitutionnel sous Guillaume III et la reine Anne. Avant d'entrer à Sainte-Pélagie en 1834, Carrel avait fait un séjour de quelque durée à Londres pour recueillir les matériaux nécessaires: il comptait pousser l'étude des institutions et des faits publics jusqu'au bill de réforme électorale, cette véritable révolution intérieure que lord Grey venait d'imposer à Wellington, à Guillaume IV, à la Chambre des lords en 1832. Le sujet était tentant : il lui donnait l'occasion de faire parallèlement à l'histoire d'un gouvernement régulièrement libre, l'étude de la Révolution et de l'Empire vus d'outre-Manche.

Le second sujet le tentait davantage : c'était l'histoire même de la France et de Napoléon depuis le 18 brumaire jusqu'à 1815. Ici, également, Carrel avait réuni de nombreux matériaux, plus nombreux même que pour l'histoire anglaise; il se trouvait à l'aise au milieu de ces années de politique contemporaine, dont il avait senti les dernières convulsions dans son adolescence et sa première jeunesse, dont les témoins, les acteurs de tout âge et de tout emploi abondaient encore autour de lui. Ses connaissances incontestables dans l'art militaire, un goût studieux de toutes les questions de tactique, de stratégie, de psychologie des armées, lui suggéraient également de s'attacher à un sujet où ses facultés et ses études trouveraient une belle carrière. Carrel pensait que ses matériaux une fois réunis, il pourrait se donner quelque temps un isolement favorable, dans une campagne peu éloignée de Paris et mettre tout d'une haleine ses recherches en œuvre. Les notes, les esquisses, qu'il avait ainsi groupées étaient abondantes : on les retrouva dans ses papiers après sa mort, suffisamment indicatrices des livres qu'il préparait ; mais ne voulant permettre aucune publication posthume, inachevée, morcelée, décevante, il avait donné ordre dans son testament de les détruire. Ses amis obéirent apparemment, car les manuscrits de Carrel, ses lettres même, sont extrêmement rares jusqu'ici.

Mais Carrel ne s'en était pas tenu à ce plan d'écrivain, le mettant un peu à l'écart dans une retraite momentanée; il avait également songé à entrer à la Chambre des députés. Des deux desseins l'un n'excluait pas l'autre.

Son succès dans la parole publique qu'il prit à plusieurs reprises à la barre comme défenseur choisi par des amis accusés politiques à la suite de complots, par des journalistes poursuivis en Cour d'assises, son improvisation d'une admirable éloquence devant la Chambre des pairs lorsqu'il évoqua la mémoire de Ney, lui avait révélé sa faculté et sa force. Il ne doutait plus de pouvoir aborder la tribune parlementaire avec la double autorité qu'avaient préparée sa renommée de publiciste et son caractère. Déjà, dans plusieurs de ses magistraux articles du *National*, il avait indiqué la pensée qui s'accusait en son dessein d'avenir : « Pourquoi, écrivait-il. serait-il plus difficile à l'opinion républicaine de s'établir à la Chambre que dans la presse... Depuis 1832, la presse a fait ses preuves à cet égard. Quant au serment imposé aux députés, au respect dû à la personne même du roi, ils ne sauraient interdire d'exprimer au Parlement une opinion

spéculative sur l'institution de la monarchie (1). »

Le prenant aussitôt au mot, plus promptement qu'il ne l'aurait voulu, à son insu, l'année
même où il publiait ses articles, en 1834, les
électeurs libéraux de Niort s'étaient comptés
sur le nom de Carrel et il s'en était fallu de
cinq voix qu'ils le fissent triompher. Carrel
avait refusé de pousser lui-même cette candidature parce que les légitimistes avaient an-
noncé l'intention de se coaliser avec les républicains des Deux-Sèvres : il voulait être libre
de tout compromis. Il était d'ailleurs en ce
moment en prison, sous le coup d'un procès, et
les conditions étaient mauvaises pour obtenir
les votes d'un collège restreint d'électeurs
toujours influençables pour l'immobilité du
statu quo. L'année suivante, en septembre 1835,
à peine libéré de sa nouvelle arrestation, il
se trouvait en présence de l'offre d'une double
candidature à Nîmes et à Grenade; il choi-
sissait l'arrondissement de Grenade où les
meilleures chances lui étaient acquises contre
le candidat ministériel. La lettre que Carrel

(1) Le *National* du 5 juillet 1834.

écrivit dans le moment même à Sarrans jeune
ne laisse aucun doute sur les intentions nouvelles du rédacteur du *National* (1). Le gouvernement fort inquiété de cette candidature
mit tout en œuvre pour la faire échouer;
Thiers s'y employa avec le concours de toutes
les autorités locales et départementales. Carrel

(1) Entre autres passages, nous relevons ceux-ci dans la
lettre de Carrel (*Biographie des Hommes du jour*, par Germain Sarrut et Saint-Edme (*Armand Carrel*, p. 166) :

« Paris, le 10 septembre 1835.

» Mon cher Sarrans, je n'ai pas hésité à publier ma candidature au collège de Grenade. Je crois que mes chances
pourraient être assez grandes et je suis disposé à m'y abandonner sans réserve... Les dernières lois contre la presse, le
jury et la liberté individuelle m'apprenent que c'est à la
Chambre et non plus en dehors des pouvoirs constitués que
doit se décider maintenant la question entre la révolution et
la contre-révolution. Je crois aussi que le moment est venu
de tenter avec certitude de succès la fusion de toutes les opinions patriotes. Et je me persuade que je pourrais contribuer
à cette fusion en apportant à la Chambre un langage, et
peut-être des vœux qu'on n'attend pas généralement des
hommes signalés jusqu'ici dans l'opposition extraparlementaire. Par ces raisons, je suis on ne peut pas plus ferme dans
la résolution de venir soutenir à la Chambre le mandat des
électeurs de Grenade, s'ils me font l'honneur de me le confier... et comme je ne fais ni ne désire jamais les choses à
moitié, je ne crains pas de vous avouer, mon cher Sarrans,
que je prends mes espérances fort à cœur et que je vous
aurai grande reconnaissance de tout ce que vous ferez pour
assurer mon succès.

» Croyez-moi de cœur, tout à vous.

» A. Carrel ».

Bernard SARRANS, dit Sarrans *jeune*, né près Toulouse en
1795, fit la campagne de Russie et fut interné comme prison-

ne fut pas élu. Mais le succès n'était qu'une question de temps dans la voie où Carrel s'orientait, s'engageait, et il était peu douteux lors d'une autre occasion. D'ailleurs, ce qui importe ici, ce sont les dispositions de Carrel toujours ouvertes à un avenir d'action publique, d'énergie légale et non pas tournées à des regrets et des découragements peu compré-

nier à Tobolsk. Libéré en 1814, il figura de suite parmi les publiscistes libéraux les plus décidés contre la Restauration, et dut passer en Angleterre où il professa la littérature à *l'Athenœum* de Londres, de 1822 à 1826. Rentré en France en 1827, il reparut dans les journaux de l'opposition, *le Commerce, le Journal des Electeurs*. Combattant de 1830, il fut aide de camp de La Fayette et vint promptement à l'opposition républicaine ; il fut successivement rédacteur des feuilles les plus avancées, *la Nouvelle Minerve*, etc., et subit de nombreuses condamnations pour délit de presse. En 1848, le département de l'Aude l'envoyait à la Constituante, mais ne le réélisait pas à la Législative. Revenu à la presse, Sarrans fit une vive opposition à la politique de l'Elysée et fut contraint de se réfugier à Londres, après le 2 décembre ; il y reprit son cours à *l'Athenœum*. Rentré en France, il ne sortit plus de la vie privée.

Sarrans a laissé plusieurs ouvrages d'histoire contemporaine utiles à consulter : *La guerre d'Espagne et la tyrannie des Bourbons* (Londres, 1821), *Tableau de la guerre d'Amérique* (2 vol. in-8º, 1824), *La Fayette et la Révolution de 1830 : histoire des choses et des hommes de Juillet* (2 vol., 1832), *Louis-Philippe et la contre-révolution de 1830* (2 vol., 1834), *De la décadence de l'Angleterre et des intérêts de la France* (in-8º, 1839), *Histoire de Bernadotte, Charles XIV, roi de Suède* (2 vol., 1845), *Histoire de la Révolution de février* (1848-1851, 2 vol, in-8º), *La France et la liberté* (in-8º, 1861). Sarrans mourut en 1874.

hensibles chez un homme de cet âge et de ce tempérament.

Nous conclurons donc que ces faits ne s'adaptent pas à la psychologie médiocre que l'on veut ici attribuer à Carrel, et au contraire affirment sa mentalité si pleine de ressources, son caractère si viril de ressort, sa volonté optimiste si maîtresse de soi. Il ne paraît pas du tout que l'homme qui dit à Girardin : « Mais c'est une affaire que vous cherchez!... » et lui reproche ainsi une offense qui les contraindra, ait vu dans le duel une bonne fortune pour disparaître à temps.

DEUXIÈME PARTIE

VIII

Et maintenant Carrel repose dans le petit cimetière du village.

Le père de Carrel, la ville de Rouen réclamaient leur fils. Les amis de Carrel avaient voulu de leur côté ramener son corps à Paris, acquérir quelques pieds de terre au Père-Lachaise, l'y conduire et élever dans Paris même un monument digne d'elle à cette glorieuse mémoire. Le gouvernement a refusé toute translation n'importe en quel lieu, toute cérémonie publique nouvelle; il décommande une revue de la garnison; il craint des troubles, pis peut-être.

Le champ est déblayé. La monarchie de Juillet l'emporte. « Carrel menaçait l'avenir de Philippe », selon le mot de ce génie politique qu'était aussi Chateaubriand (1). « Le parti républicain est avec Carrel dans le cercueil, écrit Edgar Quinet; il ressuscitera, mais il lui faut du temps (2)... »

Le silence va-t-il se faire sur cet épisode lamentable? Le prince royal le voudrait et pour cause : « C'est une perte pour tout le monde », avait-il dit humainement et habilement (3).

Non, le silence ne se fera pas.

Les amis de Carrel un court instant atterrés, leur mort conduit au repos, relèvent la tête, se reprennent, serrent les rangs. Girardin va les retrouver en face de lui. Ils ne lui pardonneront jamais.

Si le rédacteur de *la Presse* peut compter

(1) *Mém.*, VI, 388.

(2) *Correspond.*, t. II, 253 CLXVIII, Heidelberg, 6 août 1836 (Lettre à Mme Quinet mère). F. Alcan, édit., Paris.

(3) Nisard, *Revue des Deux Mondes*, 1er octobre 1837.

sur la reconnaissance, insuffisante d'ailleurs à son gré, des hommes de la monarchie, il n'a plus des amis de Carrel, des républicains, qu'à attendre une guerre sans trêve mais toujours poursuivie sur ce point, comme on verra, à travers un champ de bataille embrumé, obscur, où l'on doit entrer encore à la suite des adversaires pour continuer à rechercher la vérité et la confirmer.

Les éclats qui vont suivre en effet — et nous ne nous y attardons qu'à cause de cela — offrent de nombreux traits qui renforcent nos premières pages. Dans le tumulte de cette discorde civile prolongée, la lumière (dès qu'on a l'intention arrêtée de la faire) ne cesse de jaillir, et Girardin, bien involontairement d'ailleurs, ne travaille pas médiocrement à apporter à l'œuvre de revision sa part contributive.

Voici d'abord Capo de Feuillide.

Dans cet instant, on peut encore comprendre Capo au nombre des amis de Carrel, dans l'opposition démocratique et le groupe républicain. De lui au milieu de cette presse

d'événements, il n'a plus guère été question.
Girardin, retenant l'apophthegme du duc
d'Albe, ne s'était guère occupé de celui qui n'était
à ses yeux qu'un comparse. Et cependant Capo
de Feuillide avait tenté de ne point se laisser
oublier; mais aux heures d'action, il s'était
tenu coi c'est-à-dire avait seulement écrit. On
a remarqué dans l'article de Girardin le passage qui vise particulièrement Capo : Girardin
ne parle de rien moins que « d'arracher à
l'auteur des quatre articles de calomnie du
Bon Sens, son masque de rigorisme politique
et de probité sociale, de faire connaître le diffamateur *pièces en mains*... Cela était facile,
mais Girardin n'a pas cru que cela lui fût
possible sans manquer au respect qu'il se
devait à lui-même et aux convenances de la
presse telle qu'il la comprend (1) ». Ces lignes
avaient paru le 21 juillet au matin.

Aussitôt Capo réplique par une lettre d'un
ton extrême, furieux, que *le Bon Sens* insère le
lendemain, — que l'on ne peut y lire en raison de l'état des collections de cette feuille à
la Bibliothèque nationale, mais que nous

(1) V. I, p. 43-44, et p. 281 de l'*Append.*

trouvons reproduite *in extenso* dans le numéro du 24 juillet du *Journal de Rouen*. L'important quotidien de province suit, comme bien l'on pense, avec un intérêt des plus vifs, les polémiques de Paris où est engagé Carrel, son illustre compatriote. Nous reproduisons cette lettre de Capo à l'*Appendice* : « Capo ne fera pas présentement à Girardin l'honneur de l'appeler en duel, quelque envie que tout homme de cœur ait de châtier un insolent : il se contentera de démontrer en justice que les feuilletons du *Bon Sens* n'ont point diffamé sa vie d'industriel. Les feuilletons étaient l'étiquette sur le sac ! Capo ne s'en tiendra pas là d'ailleurs : il fera tant de bruit que c'est la Chambre des députés qui demandera des comptes... Cela fait. Capo examinera la question de savoir s'il élèvera Girardin jusqu'à lui, par un duel, le tirera de la place où l'opinion publique l'a mis !... (1) ».

Carrel tombé, Capo se ravise. La blessure de Girardin était légère : la guérison a été

(1) *Journal de Rouen*, numéro du 24 juillet 1836. — V. *Appendice* (p. 267) — Émile de Girardin fait du reste ample allusion à cette lettre de Capo et la cite dans son personnel récit du duel (p. 289).

prompte. Le 19 août, Martin Maillefer, le codirecteur du *Bon Sens*, et Germain Sarrut se présentent chez Girardin au nom de Capo de Feuillide : ils sont reçus par les deux généraux Exelmans et Delort au nom de Girardin et leur remettent une provocation de leur client. Les deux généraux répondent séance tenante par une fin de non-recevoir : « M. de Girardin *doit* refuser tout appel se rattachant au débat surgi entre M. Carrel et lui (1). »

(1) Le choix des témoins de Girardin était habile et singulier à la fois.

Le comte Exelmans, lieutenant général, était membre de la Chambre des pairs depuis 1831 ; c'est lui qui ne pouvant se contenir pendant la plaidoirie de Carrel pour *le National*, deux ans auparavant, le 17 décembre 1834, devant la haute Assemblée, avait, d'une exclamation chaleureuse, applaudi la célèbre apostrophe de l'écrivain flétrissant, au nom de la génération de 1830, l'exécution de Ney comme un « abominable assassinat ».

Le baron Delort, également lieutenant général, au contraire ennemi mortel du prince de la Moskowa auquel il s'était offert vainement à Lons-le-Saulnier, au moment du pronunciamento en faveur de Napoléon débarquant de l'île d'Elbe, avait eu une attitude si passionnément hostile devant la Commission du Conseil de guerre nommé pour juger Ney, qu'effrayé, le maréchal récusa ses anciens camarades et érigea ainsi inévitablement pour lui la Chambre des pairs en tribunal. C'était se perdre. On voit la part de Delort dans l'événement. Le général Delort était *aide de camp* du roi Louis-Philippe.

Le texte exact de la fin de non-recevoir d'Exelmans et de

Jusqu'ici rien dans la conduite de Capo qui ne se conçoive rationnellement. Capo a été mis de côté; Girardin pouvait s'adresser à lui dès le début autrement que par l'entremise des tribunaux; Capo en effet n'est pas homme à reculer devant une affaire d'honneur; il l'a prouvé. Il a cédé le pas à Carrel. C'est son tour maintenant... *Uno avulso non deficit alter*, s'il est permis de songer à remplacer même sur ce terrain Carrel.

Malheureusement ces dispositions si logiques ne durent pas, et au grand dommage de Capo en même temps qu'au profit de la vérité, il se produit bientôt une série d'invraisemblables changements de scènes.

Où d'abord les événements commencent à s'embrouiller, c'est quand Girardin, dans le temps même où Maillefer et Sarrut viennent

Delort est ainsi reproduit dans *la Presse* (numéro du 20 août 1836) :

« *A la provocation, les honorables généraux ont répondu :*

» Qu'après la rencontre malheureuse de MM. Carrel et de Girardin, rencontre dans laquelle tout a été si honorable de part et d'autre, ils étaient intimement convaincus que M. de Girardin doit refuser toute provocation publique qui prendra sa source dans ce débat ou qui s'y rattacherait. »

le provoquer au nom de Capo, se désiste de sa plainte contre Capo et *le Bon Sens*, cela le 16 août (1).

Où les événements deviennent d'une intelligence morale de plus en plus difficile, c'est lorsque Girardin et Capo qui se sont hier traités de Turc à More, se réconcilient, se donnent l'accolade! Lorsque Capo de Feuillide devient rédacteur de *la Presse*! oui, le 17 février 1837 — il y a six mois que Carrel est tombé victime de son intervention confraternelle en faveur de Capo, et voici le même Capo qui devient feuilletoniste dans le journal de Girardin! Et quel sujet choisira pour son début l'ex-rédacteur du *Bon Sens?* Exac-

(1) On lit dans *la Presse* du 17 août 1836 :

« La lettre suivante a été adressée à M. le Président de la sixième chambre, à l'audience de laquelle devait venir aujourd'hui, 17 août, le procès en diffamation intenté au journal le *Bon Sens* :

« Monsieur le Président,

» J'ai l'honneur de vous prévenir que je me désiste de la plainte que j'ai portée contre le journal *le Bon Sens*.

» Vous apprécierez, Monsieur le Président, les motifs qui me dictent ce désistement.

» Recevez, Monsieur le Président, l'assurance de mon profond respect.

» 16 août 1836.

« Émile DE GIRARDIN.

tement : *La physiologie du journalisme !* Neuf colonnes durant, dans le premier numéro de sa collaboration, celui du 17 février 1837, Capo de Feuillide fera le procès moral, politique, social et... financier de « l'ancienne presse »; développera son apologie personnelle, étalera l'éloge de Girardin, abîmera ses amis d'hier, « des coteries, des égoïstes, des marchands de papier, des ingrats (1) », car c'est « l'ingratitude » des meneurs républicains qui a fait tout le mal, qui l'a désespéré, écœuré, exaspéré, fait sortir de lui-même et du... parti !... Ah! les visages sont devenus

(1) Voici les premières lignes de ce long réquisitoire du numéro du 17 février 1837 :

LA PHYSIOLOGIE DU JOURNALISME.

« Le vieux journalisme se meurt! C'est là le cri de détresse qui, parti de la rue Montmartre, et passant par l'Hôtel des Fermes s'en va réveiller en sursaut les échos de la rue des Prêtres. Le vieux journalisme se meurt! Et en vérité il doit mourir : car parmi ceux qui s'y sont parqués en seigneurs et maîtres, il n'y a ni assez de courage, ni assez d'intelligence, ni assez d'absence d'égoïsme pour le lancer jamais dans la transformation matérielle et morale qui seule pourrait le sauver. Qu'il meure donc! aussi bien travaille-t-il chaque jour à creuser plus profondément l'ornière dont les deux bords se referment sur lui comme un tombeau... »

Le lecteur trouvera *in extenso* le premier article de Capo de Feuillide (le seul qui intéresse cette étude) aux documents annexes. (V. *Appendice*, p. 270-279.)

de marbre pour lui, les paroles de glace, les mains se sont détournées... Eh bien, la colère est venue, la *vengeance* a éclaté... Capo a été à Girardin, à *son ennemi* : ils se sont *rapprochés*... Capo a repris *la plume de fer* qu'il avait laissé tomber un instant de découragement, il l'a de nouveau *trempée dans la fournaise* et maintenant il peut dire sa haine et son mépris à *ceux qui l'avaient lâchement délaissé, qui croyaient l'avoir enterré, muselé et tout vivant!... Merci encore à Girardin qui permet de donner ici au vieux journalisme un enseignement qui profitera sans doute à ceux-là mêmes qui ne comprennent pas qu'il ait eu la hardiesse de le donner...* » Les articles se succèdent, les personnalités cessent d'ailleurs ; c'est un rédacteur qui maintenant collabore régulièrement et se tient tout à son sujet.

Enfin où les événements n'ont plus moralement aucune signification intelligible, c'est lorsque, le 12 juin de cette même année 1837, Capo de Feuillide, après avoir sollicité l'honneur d'une audience royale, fait en effet ses entrées au Château, est, avec quelques autres gens de lettres, présenté à Louis-Philippe, à la famille royale, et en reçoit personnellement le plus gracieux accueil (1)!

Que Capo, cause involontaire du duel, ait, après la catastrophe, reçu des amis et cor-réligionnaires politiques les plus dévoués de Carrel un froid accueil, que sa collaboration assez peu recherchée quoi qu'il en dise (Louis Blanc sur ce point est meilleur juge) soit devenue difficile ailleurs qu'au *Bon Sens* et au *Bon Sens* même, où son traitement de feuil-letonniste était mince, étaient-ce là des motifs d'honneur assez graves pour faire un tel saut, une telle volte-face? Capo avait-il pu imagi-ner décemment que les événements l'avaient tellement mis en lumière et sous un jour assez favorable pour que *le National* s'ouvrît à lui? pour qu'il passât du coup, au choix, grand publiciste, et fût salué maître de plume en vedette? Au demeurant, c'était à cause de lui, à son sujet, pour venir à son aide, pour

(1) On lit dans *la Presse* du 13 juin 1837, la note suivante (2e page, 3e col.) :

« MM. Alphonse Karr, Léon Gozlan et *de Feuillide* étaient hier au nombre des hommes de lettres qui ont été présentés au roi et qui en ont reçu le plus gracieux accueil. M. Al-phonse Karr a été en particulier l'objet de compliments les plus obligeans de la part de Monsieur le prince de Joinville. »

défendre en sa personne les droits et libertés de l'écrivain que Carrel s'était découvert. C'était là le fait majeur, inoubliable et Capo l'avait oublié ou il passait outre.

Que Girardin eût reçu Capo, lui eût ouvert son journal, c'était un tour de conduite adroit. A l'égard du directeur du *Temps*, Jacques Coste, il ne se montrera pas moins facile (1). L'accueil à Capo, s'il pouvait être tenu par les amis de Carrel pour un nouvel épisode de la vie d'un faiseur inépuisable — la turlupinade après le drame — pouvait être exploité par les tenants de Girardin comme le mouvement généreux et touchant d'un grand cœur prompt à pardonner les offenses. Pour pire que fut l'interprétation ce n'était pas Girardin qui sortait le plus diminué du rendez-vous et de l'association.

Mais que le roi, le roi en personne se mêlât d'une aventure de ce genre, montrât publi-

___

(1) Jacques Coste avait été nommé chevalier de la Légion d'honneur, cette même année 1837; Émile de Girardin applaudit à l'octroi de cette distinction méritée, « M. Jacques Coste ayant rendu d'importants services à la cause de l'ordre et bien qu'il se fût un peu trop légèrement peut-être, séparé de Casimir Périer après avoir appuyé sa candidature ministérielle. » *(La Presse, numéro du 21 juillet 1837.)*
Jacques Coste, le 26 juillet 1830, avait signé la protestation des journalistes contre les Ordonnances.

quement qu'il avait remarqué ce ralliement,
y prêtât la main, le sanctionnât d'une attention officielle, c'était plus qu'un manque de
tact moral, c'était un manquement politique.
Cette imprudence qui n'était même pas justi-
fiée par le genre de réputation littéraire de
l'ex-feuilletoniste du *Bon Sens*, ratifiait les
soupçons des uns, provoquait ceux des autres,
était en tout cas inutile et aurait dû être évi-
tée à la dignité de la Couronne par ses conseillers. On s'est souvent étonné du ton peu
respectueux avec lequel les journaux de l'opposition antidynastique ont parlé de la personne du roi Louis-Philippe qui était de
mœurs et de caractère privés respectables; des
traits comme celui-ci n'ont-ils pas contribué
à expliquer l'irrévérence?

Quelques jours après, le journal de Girardin
annonçait que le Gouvernement venait de confier une importante mission politique et littéraire dans divers pays étrangers « à un écrivain qui certainement reviendra du voyage,
qu'il va entreprendre avec une verve mûrie
par une plus grande expérience et avec beaucoup d'opinions qui se seront modifiées par

— 186 —

des études comparées et des aperçus nouveaux (1). » Capo de Feuillide partait pour
la Belgique, l'Allemagne, l'Irlande, etc.

On imagine les stupéfactions successives,
grandissantes, et les autres sentiments qui
éclatèrent chez les contemporains, surtout dans
l'opposition républicaine, à ce spectacle (2).
Certes, il n'était pas rare de voir un écrivain
se détacher d'un groupe politique où il n'y
avait à recueillir que prison et amendes, et le
gouvernement de Juillet ne les ménageait pas
à ses adversaires, mais ici le dénouement se
produisait dans des circonstances qui passaient
la mesure.

Devons-nous à de si longues années de distance recueillir, non seulement pour nous en
faire l'écho, mais pour continuer à les accréditer en les précisant davantage les accusations
sévères portées contre Capo de Feuillide? Il
s'y est sans doute exposé sciemment; il les a
bravées; mais, même après cette conduite si

(1) *La Presse,* du 19 juin (2ᵉ page, 2ᵉ colonne).

(2) On rapprocha l'attitude si digne d'Eugène Briffaut quittant la *Presse* le jour même du duel de Carrel et de Girardin,
de cette conduite de Capo de Feuillide. Peu de temps après
Briffaut entrait au *Temps* pour y rédiger le feuilleton théâtral.

reprochable et à propos d'un personnage
d'arrière-plan, il n'y a point de motif pour se
prononcer avec passion dans une étude historique de raison et de juste examen. Capo
peut-il être représenté dès le début comme coupable d'un arrangement secret avec Girardin,
comme le sous-agent d'une odieuse machina-
tion contre Carrel? Nous persistons à ne point
le croire. C'est assez que Girardin porte seul
et personnellement le poids de tous les soupçons. Le châtiment de Capo si l'on peut parler ainsi au sujet d'une mémoire qui n'existe
plus par elle-même, sera que ses contemporains l'aient suspecté (1). Mais avant son
invraisemblable démarche auprès de Girardin
si, dans les semaines qui suivirent le 22 juillet les mains commençaient à se détourner de
lui comme d'un importun, personne parmi
ses amis ne l'avait encore déconsidéré, ni
rejeté : la marque publique que lui donnèrent
Maillefer et Sarrut, le 17 août, en l'assistant
dans son appel à Girardin, le prouve suffisamment. Non, Capo est un inconscient, un
amoral, un déséquilibré, un fol, un condot-

(1) *Mémoires* de Persat, note 3, p. 298-299.

tière de la plume. Né dans une famille passionnément royaliste, il voit à Toulouse, en
1823, des patriotes, parmi eux Carrel, sous
le coup d'un jugement capital, il prend feu et
flamme et les défend bruyamment... dans une
poésie. A Paris, il sert la Restauration, obtient une place, puis passe à la révolution.
Combattant de Juillet. il devient sous-préfet
de Louis-Philippe, se fait révoquer comme
partisan du « mouvement ». Maintenant, il
fait du journalisme républicain, mais on le paie
mal (il le dit lui-même); depuis la mort de
Carrel on ne le considère plus; il revient à
la monarchie... il repasse dans le camp d'en
face avec armes et bagages. Au retour de sa
mission officielle, il soutiendra Molé, Guizot!
Sous le patronage de celui-ci il ira jusqu'à
repousser avec les journaux ministériels l'abolition définitive de l'esclavage dans nos colonies; il attaquera même la réforme électorale!
Après la révolution de Février, il redevient
républicain, mais va soutenir la république
dans un autre milieu que Paris, au bout de
la France, à Bayonne; en 1851, il proteste
contre le coup d'État assez vivement pour

mériter une transportation en Algérie. Revenu de bonne heure en France, il rentre à *la Presse* de Girardin, y publie des articles sur la colonisation du nord de l'Afrique, sur « la politique doctrinaire »; il a un procès avec *le Siècle* qui refuse d'insérer sa copie, un instant reçue, sur « les Origines de la papauté », etc. Toute cette agitation d'un impulsif est tissée d'incohérences : seulement l'une d'elles fait saillie au milieu des autres, c'est celle qui se rattache à la mort de Carrel. Non, il n'y eut chez l'ex-rédacteur du *Bon Sens* pas plus de calcul abominable qu'il n'y eut trahison. On ne trahit que lorsqu'on a des amitiés, des convictions. L'épisode Capo enseignera aux chefs de parti à ne se découvrir à propos de telle ou telle individualité plus ou moins de leur suite qu'à bon escient (1).

(1) Capo de Feuillide est mort en 1863.
Faut-il citer les compilations historiques de Capo : *l'Histoire du peuple de Paris*, *l'Histoire des révolutions de Paris*; sa collaboration aux *Étrangers à Paris* avec Roger de Beauvoir, Arnould Frémy, Marco Saint-Hilaire, ses deux volumes sur *l'Irlande* publiés à son retour de mission, en 1839; son volume sur *l'Algérie française* (1856) dédié à Émile de Girardin, etc.? Faut-il ajouter enfin que Capo de Feuillide reparut un instant au barreau de Paris, dans les dernières années du règne de Louis-Philippe?

IX

A son tour, voici Persat... Non pas que Persat ressemble à Capo! La chronologie des dates seule les rapproche ici.

Sans doute Persat, dans le moment en état de démission ou de réforme, rentrera dans l'armée, car dans cette curieuse époque, l'on voit un officier en congé régulier, Ambert, assister dans un duel, en même temps qu'un capitaine prochainement rappelé à l'activité, tous deux comme témoins, le chef de l'opposition démocratique : mais l'armée n'est pas un parti, c'est la nation même, et il n'est pas plus insolite de trouver dans ses rangs des officiers républicains sous un régime monarchique que d'y rencontrer des officiers monarchistes sous un régime républicain. Et puis ce Persat est connu de tous : ses amis arrivés aux hauts grades, ses anciens chefs le savent parmi les plus braves, les plus loyaux : en Algérie on a besoin de serviteurs de cette fibre.

Mais dans l'instant il ne s'agit point de cela.

Nous avons quitté Persat au moment où il avait la pensée extravagante de briser sa canne sur le dos de Girardin : maintenant son idée fixe est de « venger » *(sic)* son ami, il en a fait le serment à Saint-Mandé sur le terrain ; il se tiendra parole à lui-même (1).

En dehors de la grande douleur qui l'a frappé au cœur, Persat vient d'ailleurs de passer personnellement encore par un épisode

(1) *Mémoires* de Persat, p. 305.

peu susceptible de le calmer. Il est gérant du *National*, en cette qualité il est
responsable des articles du journal. Or un
article du 13 juillet a valu de nouvelles poursuites au *National* (1). On a vu que l'affaire
devait venir devant la Cour d'assises le
23 juillet ; on se rappelle également la première parole de Carrel, à peine frappé, à
Persat : « Ne pleurez pas, mon bon Persat,
voilà une balle qui vous acquitte! » Une circonstance douloureuse s'ajoutait encore ici :
Carrel avait voulu donner un témoignage
d'amitié à Persat en lui promettant de présenter lui-même sa défense (2). L'émotion
générale causée par cette blessure jugée dès
le premier instant mortelle, semblait en effet

(1) L'article du *National* visait l'exécution d'Alibaud qui
avait eu lieu le 11.

Le National était poursuivi ainsi que deux autres journaux, *la
France* qui avait reproduit les articles du *National* et *le Bon
Sens* (article du 17 juillet, intitulé : *Encore une tête!*) pour
apologie d'un fait qualifié crime et outrage à la morale publique.

(2) Le président des assises, M. Lassis, avant de donner la
parole à Jules Favre, défenseur du *National*, avait fait observer que « M. Carrel s'était rendu auprès de lui pour lui
demander de présenter comme ami la défense de M. Persat.
M. le président Lassis y avait consenti ». (*Gazette des Tribunaux*, numéro du 30-31 juillet 1836).

devoir profiter au gérant du journal, au dévoué compagnon de la victime. Des jurés étaient venus dans la journée même trouver Persat, lui recommandant surtout de ne pas demander de remise : si l'affaire venait le 23, l'acquittement était certain. Mais jurés et prévenu comptaient sans les habiles et inexorables instructions du gouvernement. Dès que l'affaire était appelée, l'avocat général, M. Plougoulm, se levait, et c'était lui qui demandait la remise (1). L'affaire revenait le 30 juillet. Après une émouvante plaidoirie de Jules Favre, Persat avait à son tour prononcé quelques franches paroles sur les motifs politiques qui l'avaient déterminé à démissionner « par suite des injustices du gouvernement » ; il avait rappelé le mot touchant de Carrel, sorte de plaidoyer posthume, de recommandation dernière d'un mourant en faveur d'un ami. Le jury stylé avait fermé l'oreille à toute question de sentiment. Le gérant du *National* était condamné à trois mois de prison, à 1.000 francs d'amende, à l'insertion de l'arrêt.

(1) *Mémoires* de Persat, p. 302-303. — *Id.*, *la Presse*, numéros des 31 juillet, 6 et 9 août 1836.

à son affichage au nombre de cinq cents exemplaires, aux frais du procès (1).

Il ne restait plus à Persat qu'à entrer à Sainte-Pélagie ou à passer la frontière pour reprendre le cours de sa vie aventureuse, puisque sa seule affection pour Carrel lui avait fait accepter ce poste non exempt d'une certaine sorte de danger. Le scrupule d'honnête homme de faire perdre au *National* un cautionnement élevé (plus de trente mille francs), retint le brave capitaine. Mais avant de se constituer prisonnier, Persat entendait « régler le compte » de Girardin. Nous reviendrons ici, sur l'argument déjà greffé par nous sur la correction infamante, sur la bastonnade dont Persat avait, une seconde, pensé à punir la vilaine insulte cause de la mort de son ami. Ce nouveau dessein de « venger » Carrel peut-il raisonnablement s'entendre à

(1) Une condamnation définitive identique, après une première condamnation par défaut, frappait *le Bon Sens*, le 8 août ; *la France* uniquement coupable d'une reproduction d'article obtenait le 30 juillet avec les mêmes amendes que *le National*, seulement deux mois de prison en la personne de son gérant, M. Charles Barbezac, marquis de Saint-Maurice ; ce dernier s'étant aussitôt constitué prisonnier fut immédiatement remplacé comme gérant du journal par le baron Verteuil de Feuillas.

propos d'une rencontre malheureuse mais correcte quant aux faits matériels mêmes, et prenant son origine dans le refus de Carrel d'insérer la note rectificative au *National* en même temps que Girardin l'eut insérée dans *la Presse?...*

Quoi qu'il en soit, Persat, avant d'entrer à Sainte-Pélagie adresse le 8 septembre à « Émile Girardin *(sic)* — une lettre *confidentielle* dans laquelle il lui rappelle le serment qu'il a fait à Vincennes de *venger* son loyal ami Carrel et assez haut pour que Girardin l'entendît lui-même... »

Comme à Capo, Girardin répond publiquement par une fin de non-recevoir, mais il l'accompagne de la publication de la lettre confidentielle même et d'une sorte d'appel au public sous forme d'un long récit de l'affaire. L'explosion de Persat nous vaut donc un des derniers documents : ce n'est pas le moins intéressant (1). De même que nous avons

(1) *Mémoires* de Persat, p. 3o5. Le lecteur trouvera à l'*Appendice* dans la notice sur Persat, la fin de son *curriculum vitæ* depuis la mort de Carrel. Persat, après quelques dernières aventures, rentrera dans l'armée ; il meurt, régulièrement retraité, en 1858. (V. p. 3a6.)

donné le feuilleton justificatif de Capo, nous donnons l'article de Girardin à l'*Appendice;* c'est encore une pièce du procès; elle ajoutera aux facilités dues au lecteur pour lui permettre d'asseoir son propre jugement, dossier en main.

Il est étrange que Girardin, après les récits qui avaient déjà circulé dans nombre de journaux, et notamment dans *le National, le Charivari,* dans *la Gazette des Tribunaux,* ait bâti une telle narration. On lut rarement, en effet, récit plus long des préliminaires d'un duel et plus longuement incomplet.

Girardin, après s'être non compendieusement étendu sur les feuilletons de Capo de Feuillide, y avoir relevé des allusions ou passages offensants, s'étonne que Carrel ait pu intervenir dans de telles conditions et reconnaître à Capo un droit correct de discussion sur les opérations de *la Presse.* « M. Carrel ne pouvait avoir lu les feuilletons du *Bon Sens;* s'il les avait lus, il y avait de sa part manque de bonne foi à prétendre que leur auteur s'était borné à jeter des doutes sur les calculs de Girardin ».

Girardin continue en relatant une partie, une très courte partie seulement, de sa réplique au *National* dans *la Presse* du 21 juillet; il passe sous silence absolu tout le passage où il est question de sa menace, la *biographie* des rédacteurs de ce journal et autres, et conséquemment ne souligne la susceptibilité de Carrel qu'en ce qui concerne le mot « *loyauté attribuée...*, etc. ». Les difficultés qui surgissent au cours de l'entretien sont strictement restreintes à la publication de la note explicative que, lui, Girardin, voulait simultanée dans les deux journaux, et dont Carrel aurait exigé au contraire l'insertion d'abord dans *la Presse*. Cette entrevue — unique — se passe aux bureaux de *la Presse*, devant Thibaudeau et Lautour-Mézeray.

Carrel ayant maintenu son exigence, Girardin la déclara insupportable, et « *bien que les droits fussent au moins douteux (sic)* », il accepta sans discuter que Carrel s'adjugeât la qualité d'offensé, choisit les armes, etc.

En tout ceci, Girardin, comme on voit, n'a tenu qu'un rôle, le bon, le beau.

Viennent aussitôt le récit technique de

la rencontre à Vincennes, le rappel du concours que Paillard de Villeneuve et Lautour-Mézeray donnèrent aux témoins de Carrel blessé.

Pas un mot du propos tenu par Girardin lui-même sur *la bonne fortune* d'une rencontre avec Carrel ; il n'y fait une vague allusion que pour repousser avec indignation la pensée d'avoir été, d'être aussi un *spéculateur en duel*, comme le lui reproche déjà injurieusement la presse démocratique!

De la seconde visite de Carrel pas un mot.

De tout le débat amer, décisif sur la menace de biographie personnelle de Carrel, pas un mot. Pas un mot en résumé, pas une allusion à la cause effective, vraie, à l'unique cause de la rencontre.

Pas un mot, non plus, relativement aux paroles publiques cependant capitales, lumineuses, échangées sur le terrain entre Carrel et Girardin.

Sur ce point déjà les amis de Girardin ont compris tout ce qu'ont d'invraisemblable le silence, de fâcheux l'omission purs et simples.

Du salon de la rue Saint-Georges (1) commencent à s'envoler des versions convenables à souhait : le propos effronté la veille, odieux le lendemain, du duel bonne-fortune, va devenir une parole chevaleresque — et la seule d'ailleurs — spontanément prononcée par Girardin sur le terrain. C'est Balzac dans *la Chronique de Paris* qui se chargera de l'émission : mais les mots forgés après coup sont comme les fausses monnaies; celles-ci sont repoussées dans les transactions particulières, ceux-là n'ont pas cours dans l'histoire. Balzac était pris entre deux feux; il était ami de Mme de Girardin, hôte choyé, collaborateur de *la Presse*; il était également ami de Carrel; il écrira en pensant à lui son *Z. Marcas*, cet admirable tableau de l'histoire d'un journaliste de génie qui, lui aussi, meurt prématurément (2). Son récit dans la *Chronique* est

---

(1) M. et Mme Émile de Girardin habitaient à cette époque rue Saint-Georges, numéro 11, aujourd'hui 13 et 15, le bel hôtel construit par l'architecte Bellanger en 1788. (V. *Append.*, p. 263.)

(2) *Z. Marcas* a été écrit, d'après les indications de Balzac lui-même, en mai 1840; mais le romancier situe précisément l'action en 1836, et avec le ménagement des assimilations d'ailleurs transparentes et des démarquements visibles, il modèle

celui d'un courriériste ému, d'un homme du monde profondément désolé, qui exhale son affliction et distribue, la mort dans l'âme, des compliments de condoléance aux deux familles... « Un article de journal où le nom de M. Armand Carrel avait été prononcé mal à propos... (*non! Balzac se reprend plus loin*) avait été prononcé mais avec tous les ménagements possibles et évidemment sans l'intention de l'insulter *(sic)* était la cause du duel. L'affaire avait été conclue vite et bien, comme cela se fait entre hommes de cœur... »

Puis, des détails sur l'exécution même du duel, les distances, le tiré des deux adversaires, la consternation des témoins, l'excellente

son personnage sur le rédacteur du *National*. Il ne s'en tient pas là : il nomme Carrel, le qualifie « de soldat des luttes politiques »... « de sombre jeune homme, d'esprit amer portant dans sa tête tout un gouvernement... » ; il peint « la douleur qui le rongeait de tenir en main le remède au mal dont la vivacité l'attristait et de ne pouvoir l'appliquer... » « Comme Pitt qui s'était donné à l'Angleterre, il était idolâtre de sa patrie ; il n'y avait pas une de ses pensées qui ne fût pour elle... » Puis, de Carrel rapprochant Thiers, « le seul homme qui ait su se produire depuis la révolution de juillet en se tenant toujours au-dessus du flot, l'homme habile qui n'a que l'idée de monter en croupe derrière chaque événement... » il conclut : « Des deux, Carrel était l'homme fort ; eh bien ! l'un devient ministre, Carrel reste journaliste ; l'homme incomplet mais subtil existe, Carrel meurt... »

hospitalité de Paira, sur la blessure de Carrel, celle de M. de Girardin « qui, quoique moins dangereuse, n'est pas sans gravité », sur l'émotion de Paris, etc. ; puis cette appréciation personnelle : « Que si nous défendons M. Carrel, ce n'est pas non plus que nous accusions son trop malheureux adversaire. *M. Émile de Girardin n'a pas pu refuser ce duel.* Il s'y est présenté bravement, il y a exposé sa vie, il y a été blessé sérieusement. Nous devons le plaindre et non l'accuser. »

Enfin, quels propos ont donc été échangés sur le terrain?... car il faut confesser que M. de Girardin a parlé. Voici :

« Arrivé au lieu du combat, M. de Girardin dit à M. Carrel :

» — *Monsieur, rien ne pouvait me faire plus de peine et plus d'honneur.*

» M. Carrel salua.

» Puis à un signal donné, les deux adversaires marchèrent l'un sur l'autre. Ils étaient à quarante pas..., etc. ».

Et c'est tout (1).

(1) *La Chronique de Paris*, numéro du 24 juillet 1836, p. 81, 84-85. L'article est intitulé : *Causerie de salons* et signé du pseudonyme *André*.

Jusqu'au bout, Girardin a donc toujours le grand rôle. Il a eu la main forcée. Il pouvait prétendre à la condition d'offensé, tout au moins la revendiquer, il ne l'a pas fait. Le duel lui a été imposé. Le refuser eût été pour lui manquer à l'honneur.

Avouer la vérité au moins partiellement n'eût-il pas été plus digne et plus habile de la part de Girardin puisque aussi bien en la dissimulant, il provoquait plus impérieusement sa recherche.

Girardin avait prononcé à Vincennes un mot tout à fait en situation et qui peut lui être compté, quand, d'après la relation même de Persat, il s'exclama, se rendant vite compte que Carrel était très gravement atteint : « Si je n'avais pas été blessé, je n'aurais pas fait feu (1). »

Pourquoi ne pas l'avoir reproduit?

Cela eût mieux valu que de faire circuler ces inventions. Seulement l'altération du propos sur le duel bonne-fortune, sa transposition étaient devenues indispensables dans un récit où étaient omises la seconde visite de Carrel,

______

(1) *Mém. de Persat*, p. 3o1. — V. *id.*, p. 155 précédente.

la menace d'imprimer le nom de Mme X..., la remise en question de la biographie diffamatoire traitée à nouveau sur le terrain. On a dit souvent qu'omettre n'était pas nier : on peut en effet omettre par ignorance. Mais comment qualifier l'omission faite systématiquement en si complète connaissance des choses?

Jusqu'au bout, Girardin avait beau jeu et il en profitait. Il usait avec une audacieuse dextérité, avec l'imperturbable à-propos d'un jongleur de plume, de la situation dont la noblesse d'âme de Carrel s'était exagéré peut-être les nécessités, puis du respect que les amis de Carrel avaient pour la volonté et la mémoire de leur grand et malheureux ami. Après avoir amené Carrel au duel et démarqué la nature de la provocation dont il était tombé victime, il ne restait plus qu'à la fausser tout à fait en se montrant victime soi-même de l'arrogance d'un adversaire intraitable.

Des amis de Carrel quelques-uns, quelques-uns seulement, s'émurent cependant au vif de ce travestissement. *Le Charivari* redressa cette narration tronquée et truquée : il somma Girardin de la rectifier, de la compléter ; il précisa : son récit était plein d'équivoques, de lignes en blanc qu'il fallait remplir sous peine des pires accusations (1). Toutes ces injonctions demeurèrent sans réponse. Si Girardin reparle de son duel à la fin de 1837, ce sera très brièvement et pour redire ce qu'il a dit en 1836. En 1848, il y reviendra pour la dernière fois, mais, fait singulier, ce seront maintenant Messieurs les rédacteurs du *National* qui lui donneront bénévolement la parole et la garantiront en public !

La dernière manifestation des amis de Carrel, du moins dans le temps proche de sa mort, est celle de Charles Thomas. Charles Thomas, qui fera une sorte d'intérim dans la direction du *National* entre Armand Carrel et Armand Marrast (2), n'avait ni le génie de

(1) Le lecteur trouvera à l'*Appendice* l'article du *Charivari* (numéro du 10 septembre 1836) joint à l'article écrit par Emile de Girardin en réponse à la provocation de Persat. Il y avait intérêt à montrer, à côté des explications données par le rédacteur de *la Presse*, les commentaires qu'elles suggéraient déjà aux contemporains. (V. p. 293.)

(2) Bastide et Trélat étaient devenus rédacteurs en chef. Charles Thomas sera directeur de 1836 à 1841.

l'un, ni les habiletés de l'autre, mais était un homme loyal et courageux que les insolents succès de Girardin avaient plongé dans une durable colère. Carrel l'avait honoré d'une amitié tout à fait confiante et Ch. Thomas n'était pas loin, comme Persat, de vouloir venger son ami. L'anniversaire des funérailles de Carrel, le 26 juillet 1837, était venu réenflammer des douleurs sourdement aiguës. Un appel du *National* avait réuni une foule nombreuse autour de la tombe au cimetière de Saint-Mandé ; des discours éloquemment évocateurs avaient été prononcés, par Charles Thomas, par Anselme Petetin (1). Guinard,

(1) Petetin (Anselme), né en Savoie en 1807, s'était déjà fait remarquer avant 1830 dans les partis révolutionnaire italien et libéral français. Après juillet, il vint à Lyon et y fonda *le Précurseur de Lyon*, qui prit grâce à la plume de son rédacteur une des premières places dans la presse du Midi. En février 1848, Petetin, considéré comme un des meilleurs serviteurs du parti, fut nommé commissaire général de la République dans les départements de l'Ain et du Jura, puis successivement préfet du Jura et de la Côte-d'Or, et ministre plénipotentiaire en Hanovre où il resta jusqu'en 1849. Le coup d'Etat le rendit à la vie privée. Mais en 1859, Petetin qui avait conservé la nationalité française trente ans avant l'annexion de la Savoie, ébloui par la campagne d'Italie, crut qu'il pourrait concourir utilement au plébiscite provincial et à l'union de la petite patrie avec la grande, en se ralliant à l'Empire : il accepta la préfecture du département de la Savoie (juin 1860). Ce ralliement déjà sévèrement jugé par

Cavaignac, Marrast étaient encore en exil. Les esprits étaient toujours violemment montés. *Le National*, cédant à l'impulsion générale, venait enfin de baisser son prix d'abonnement. La crise qui avait suivi dans le journal la mort de Carrel avait rendu nécessaire une modification profonde dans l'économie intérieure du journal, sa rédaction (1). Toutes ces

ses anciens amis, fut plus durement blâmé encore lorsqu'il valut successivement à Petetin une nomination de conseiller d'Etat en service ordinaire hors section et la croix d'officier de la Légion d'honneur (1862), la direction de l'imprimerie nationale (conservée jusqu'en janvier 1870), et enfin la croix de commandeur (13 août 1867). Anselme Petetin est mort à Lyon en 1873.

(1) Le 17 septembre 1837, un supplément du *National* annonçait la constitution d'une nouvelle société du journal à la date du 1er septembre précédent.

Le National avait été fondé en 1830 au capital de 300.000 francs représentés par 30 actions de 10.000 francs. Après le départ de Thiers et de Mignet, les actions furent partagées en actions de 5.000 francs ce qui ne les répartissait encore qu'en un petit nombre de mains. Depuis 1832, la politique soutenue par Carrel avait porté au plus haut point la prospérité du *National*. Sa mort avait été le signal d'une crise sérieuse.

Le nouveau capital était porté à 600.000 francs, soit 2.400 actions de 250 francs chacune; moitié de ce capital appartenait aux porteurs de 60 actions de l'ancien capital (actions de 5.000 francs chacune), l'autre moitié était émise par les gérants du *National*.

L'abonnement était fixé à 60 francs à partir du 1er août 1837. « Les prix de 40 et 48 francs avec lesquels d'autres feuilles se vantent d'avoir déjà réussi, disaient les gérants,

circonstances réunies étaient autant de causes
d'une irritation encore exaltée par la rigueur
inapaisée du pouvoir et l'approche des élections législatives. Il était dans l'ordre de tout
mettre en œuvre pour empêcher Girardin,
député sortant, de rentrer à la Chambre. C'est
sur ce nouveau terrain que la lutte continue.
Girardin ne s'était point fait faute d'ailleurs
de signaler avec ironie la mesure administrative prise par *le National*, obligé le dernier de
tous et « *bien qu'il ne s'adressât qu'aux passions
d'un petit nombre*, de céder à la nécessité,
d'obéir à la loi impérieuse que, lui, Girardin,
avait proclamée... Ainsi l'expérience des faits

les bénéfices qu'elles promettent pour l'avenir et font entrer
comme un élément espéré de leurs budgets et recettes, ne
sont établis que sur le produit futur des annonces, les abonnés seuls ne suffisant pas à soutenir le journal... C'est des
annonces surtout que l'on attend le complément voulu pour
assurer le succès... 200.000 francs, 400.000 francs d'annonces,
telles sont les séduisantes promesses que l'on oppose à toutes
les objections, à toutes les critiques, et jusqu'à ce jour les
faits ont prouvé que de semblables calculs reposent sur des
illusions... Nous n'aspirons pas aux énormes bénéfices prou-
vés par la spéculation. Avant tout la presse est pour nous un
moyen légal et énergique de soutenir et de représenter l'opinion à laquelle nous nous sommes depuis longtemps dévoués. »
(Supplém. du *National* du 17 sept. 1837). Les gérants esti-
maient qu'avec 6.000 abonnés et 75.000 francs d'annonces, ils
pourraient donner au capital social un intérêt annuel de
6 0/0.

confirmait d'une manière éclatante et rapide l'exactitude de ses prévisions ! (1) »

La querelle avait vite repris. Bientôt elle était au plus vif degré. *Le National* avait envoyé à Bourganeuf deux missionnaires politiques chargés de mettre le petit corps électoral au courant du passé et du présent de Girardin ; il avait accentué son hostilité jusqu'à inviter les électeurs à voter plutôt pour le candidat très officiellement ministériel que pour le rédacteur de *la Presse*. Tout fut inutile. Le gouvernement tenait à Girardin, à son polémiste indépendant plus qu'à tout autre membre de sa majorité parlementaire.

Girardin était élu dans le même collège à une grande majorité, 107 voix sur 124 votants (4 nov. 1837).

Les deux missionnaires du *National* (deux avocats du Barreau de Paris), étaient condamnés à de lourds dommages-intérêts pour diffamation.

La victoire de Girardin était complète.

Charles Thomas ne voulut pas laisser Girardin s'en prévaloir en repos. *Le National* avait

(1) *La Presse* du 27 juillet 1837.

été violent, méprisant. Les rispostes de *la Presse* n'avaient pas été moins virulentes ; mais cette fois ce fut Girardin qui parut l'emporter dans l'offense : il allait au devant des vœux de Charles Thomas qui aussitôt lui envoie ses témoins. L'occasion était-elle enfin arrivée de rattraper ce trop heureux ennemi sur le terrain? L'espoir fut vain. Charles Thomas fut vite fixé. Comme Capo de Feuillide, comme Persat, il se heurta à un *non possum*, à un *nolo* absolus qu'il ne put forcer.

.. *Le National* avait fait une allusion rapide à la mort de Carrel, observant à ses lecteurs que, depuis dix-huit mois, c'était la première fois qu'il avait imprimé dans ses colonnes le nom de Girardin, « le nom de l'homme qui a tué Carrel » : pour éclairer le corps électoral il avait surmonté « ses répugnances » (1).

Girardin à travers sa polémique n'omit pas de revenir sur le duel puisqu'on lui en fournissait l'occasion : dans quelques lignes résumées et significatives de sa pensée, il rappela de nouveau sa conduite en juillet et août 1836.

(1) V. *National* des 3o, 31 octobre, 2, 3, 6, 7, 9, 11, 12, 13 et 22 novembre 1837. Nous donnons quelques extraits de ces numéros à l'*Appendice* (V. p. 298 et suiv.).

Le thème était invariable. Girardin insistait sur sa modération, sur son humanité, sur sa générosité : il s'était désisté des poursuites en défense de son honneur outragé... Rien n'avait pu désarmer ses ennemis. Maintenant, comme il l'avait écrit l'an dernier, il ne demanderait pas plus l'appui de la loi qu'il n'avait accepté ni n'accepterait de duel, *ayant pour origine celui qu'on le forçait à rappeler!*... Mais il répondrait à ses ennemis et rendrait toujours outrage pour outrage... Quant à sa rencontre avec Carrel, il n'en dirait plus qu'un dernier mot pour convaincre le public que le plus minime tort ne pouvait lui être reproché. Il protestait contre la qualification de *spéculateur en duel*, qui lui était encore jeté au visage ; il rappelait ses duels antérieurs où il n'avait jamais été que l'offensé, où il avait fait toutes les concessions, où il avait toujours tiré en l'air... Dans son duel avec M. Carrel, il avait tout tenté pour l'éviter ; *il s'était avancé jusqu'aux dernières limites que l'honneur lui traçait* (1).

(1) V. *La Presse* du 11 nov. 1837. — (Même observation que pour les articles du *National* relatifs à cette polémique. V. *Appendice*, p. 302 .)

Le National ne broncha pas : il imprimait tout, excepté cela seul qu'il importait à Girardin de ne pas voir imprimé.

N'était-ce pas prêter la main bien involontairement mais très systématiquement aussi, à la fiction qu'avait arrangée l'imagination intéressée et que continuait à accréditer l'inquiétude visible du rédacteur de *la Presse*.

Bien plus, non seulement on lui avait laissé prendre les devants, mais sitôt que l'on soupçonnait qu'une parcelle de vérité pouvait transpirer et servir d'indice au grand public, on intervenait en hâte et, sur un ton d'autorité hautaine, comme si l'on n'avait qu'au *National* le droit de parler de Carrel et dans des limites impérativement fixées, on y gourmandait, on y malmenait les intrus qui se permettaient d'évoquer, sans permis d'imprimer, la grande mémoire. Deux ou trois semaines auparavant, Nisard avait inséré dans *la Revue des Deux Mondes* (1) un fort bel article sur Carrel où il étudiait son œuvre, ses talents et, par un tour assez naturel à l'écrivain qui a connu personnellement son

(1) Livraison du 1er octobre 1837.

modèle, il pénétrait en son privé, le montrait bon, serviable et charmant... En quelques lignes pleines de respect et très propres à peindre une personne d'un caractère exceptionnel, Nisard avait fait allusion à Mme X..., éclairant de ses mérites le foyer de Carrel.

Aussitôt le *National* prend sa plus dure férule (1)... Qu'est-ce à dire? Et de quoi et de qui se mêle M. Nisard?... Politiquement Carrel n'était point ce que M. Nisard veut le faire paraître... M. Nisard n'a pas compris Carrel; bien qu'admis dans son intimité, il était incapable de saisir au vrai le caractère et les plans politiques de Carrel... Si M. Nisard s'était présenté à Saint-Mandé pour voir Carrel sur son lit d'agonie, il n'aurait pas été reçu... L'auteur, lui, a connu Carrel jeune officier; il s'est lié par serment avec Carrel devant l'échafaud des sergents de la Rochelle; il a combattu avec lui en Catalogne; ce n'est pas lui qui aurait présenté Carrel sous un jour tel « qu'un jeune homme à venir » *(sic)*, l'héritier du trône avait pu dire de Carrel : « C'est

____

(1) *Un article nécrologique de* **M. Nisard** *sur Armand Carrel.* (*National* du 6 octobre 1837. L'article est signé **J. B.**)

une perte pour tout le monde! » C'est encore
bien moins l'auteur de l'article du *National*
enfin « *qui irait fouiller dans la vie intérieure
de Carrel et profaner ses affections les plus
tendres en mettant en scène la personne qui en
fut l'objet* ». Il est vrai que Nisard avait cessé
sa collaboration politique au *National*, bien
avant l'attentat de Fieschi, pour se réduire à
une rédaction littéraire; il est vrai qu'il était
devenu maître de conférences à l'École nor-
male, maître des requêtes au Conseil d'État,
enfin secrétaire particulier de M. de Salvandy,
ministre de l'Instruction publique; mais si
toutes ces capitulations, tous ces emplois ou
honneurs étaient des griefs contre le républicain de 1832 qu'avait alors été Nisard aux
côtés de Carrel, il n'en persistait pas moins,
au *National*, un état d'esprit particulier qui,
en toute occasion, éclatait invinciblement.
Encore une fois qui pouvait profiter de ce
silence de tombeau, sinon Girardin, sinon
l'adversaire du *National*, l'ennemi de la république? Espérait-on d'ailleurs que ce silence
serait éternel?

N'omettons pas de rappeler ici que, quoiqu'il y eût eu mort d'homme, aucune instruction n'avait été ouverte sur le duel de Saint-Mandé et qu'à aucun moment Girardin ne fut, non pas inquiété, mais seulement appelé à s'expliquer contradictoirement dans une enquête judiciaire. Cet oubli du gouvernement vaut, comme les oublis personnels de Girardin, d'être souligné (1).

(1) En 1833, Roux de Laborie, à la suite du duel où il fut blessé comme Carrel mais moins grièvement, avait été immédiatement inquiété. Carrel intervint spontanément auprès de Thiers pour qu'aucune poursuite ne troublât le repos et les soins dont son adversaire avait besoin autant que lui. (*Souvenirs d'un journaliste*, par Th. Muret, t. Ier, p. 36, Garnier, Paris, 1862). Quoique plus dangereusement atteint que Roux de Laborie, Carrel avait guéri plus rapidement ; dès sa première sortie, il alla s'inscrire chez son adversaire qui, dans un sentiment des plus honorables, se rendit, trois ans plus tard, aux funérailles de Carrel. Tous ces menus traits ne sont pas indifférents dans le présent récit.

Sur l'absence de poursuites contre Girardin, un de nos amis, savant juriconsulte, M. Victor Leray, nous observe que jusqu'en 1837, la Cour de cassation, par nombre d'arrêts successifs (du 8 avril 1819 au 8 août 1828) avait jugé dans le sens de la doctrine qu'aucun article du Code pénal sur l'homicide, le meurtre et l'assassinat ne pouvait être appliqué à celui qui, dans les chances réciproques d'un duel, a donné la mort à son adversaire sans déloyauté ni perfidie.

En 1837, une jurisprudence contraire s'établit : elle prend naissance dans l'arrêt de la Cour de cassation du 22 juin, sur le réquisitoire du procureur général Dupin. La convention du duel est déclarée désormais nulle et immorale, et le duel est incriminé.

Des poursuites avaient été cependant souvent exercées avant 1837 et au cours même de 1837, par le ministère public contre le duelliste qui avait donné la mort à son adversaire. N'eût-il pas été politique de les ordonner ici quitte à s'incliner devant leur inutilité ou à en prendre texte. C'est précisément parce que, dans une dernière affaire, la Cour d'Orléans avait déclaré, contrairement au ministère public, qu'il n'y avait pas lieu à suivre contre le duelliste survivant que la Cour de cassation crut devoir intervenir, casser l'arrêt de cette Cour et établir ce grave revirement dans la jurisprudence.

Achevons en observant que le revirement se produisit non pas, comme certains l'ont cru, sous l'émotion durable du duel de Carrel et de Girardin, mais, parce que dans cette dernière affaire évoquée devant la Cour de cassation les individualités en jeu étaient personnes officielles, touchant au corps même de la magistrature et faisant partie de l'organisme de la justice, deux officiers ministériels : M. Tesson, agréé du Tribunal de commerce de Tours, avait tué en duel M. Baron, avoué au Tribunal de première instance de la même ville. Ainsi les personnes chargées, à leur rang, de demander l'application des lois, les transgressaient avec la quasi-certitude de l'impunité assurée jusques et y compris l'homicide de l'ennemi. Il devenait urgent d'intervenir, mais constatons que ce ne fut pas à l'occasion de la mort du grand adversaire républicain.

X

Nous touchons à la fin de cette étude : il ne nous reste plus qu'à rappeler un ou deux épisodes qui peuvent lui servir d'épilogue. Rien encore ici ne sera inutile.

Février 1848 a éclaté.

La monarchie de Juillet a croulé sous les

fautes politiques et les vices organiques que Carrel dénonçait, il y a douze ans. Lamartine, Ledru-Rollin, Arago, Marie, Garnier-Pagès junior, dans le Parlement; Marrast, Flocon, Raspail, Louis Blanc, Auguste Blanqui, dans la presse, ont continué de les dénoncer. L'entêtement du vieux roi dans son système politique, l'orgueilleux aveuglement de Guizot ont consommé l'effondrement. La monarchie, elle aussi, avait perdu *son* Armand Carrel, nous entendons le duc d'Orléans, tombé également de mort violente (1) et sans pouvoir, comme le héros du *National*, prononcer sur son lit de fortune des paroles profondes et fortes qu'on répète à l'honneur du génie et de l'élévation stoïque d'un mourant.

Il est des heures où un homme manque : l'état monarchique en ressent plus l'absence que l'état républicain.

Le parti républicain a été surpris par la défaite et la fuite de Louis-Philippe; il ne s'attendait pas dans le moment au subit de

---

(1) Il est inutile d'indiquer autrement que d'un mot l'accident de voiture où le duc d'Orléans trouva la mort presque sur le coup et sans reprise de connaissance, route de la Révolte, non loin de la porte Maillot, le 13 juillet 1842.

l'événement ; sa prise d'armes était fixée à la mort du vieux souverain ; mais, le lendemain de la levée du drapeau, il a été vite prêt.

Girardin, lui, avant le 24 février, a compris qu'une très grave crise se prépare. Les premiers cris de *Vive la Réforme !* ont pour cet habile entendeur leur véritable signification. Le 7 février, il a donné sa démission de député, fait un appel sensationnel à ses électeurs de Bourganeuf... « Dès 1835, il avait tout prévu ! Mais la Monarchie ne l'a point écouté... (1) ».

A peine les coups de fusils ont-ils cessé dans la rue, la fumée de poudre est-elle dissipée, les barricades éventrées, les morts relevés pour rendre le passage, qu'une pensée commune s'élève dans tous les cœurs, qu'un seul et même cri jaillit de toutes les lèvres : « Ah ! si Carrel était là !... » Partout on l'entend, à Saint-Cyr d'où il part d'abord, sur les boulevards, dans les journaux, dans la garde nationale, dans l'armée, à l'École Polytechnique, aux Écoles de médecine et de droit. Le rédacteur du *National* avait été à la

(1) *La Presse*, numéro du 8 mars 1848 (Rappel de son compte rendu aux électeurs de Bourganeuf).

peine, il n'était pas à l'honneur... et cependant, combien il l'aurait mérité! Un hommage solennel doit au moins acclamer sur ses restes la mémoire de Carrel. Une grande cérémonie patriotique attestera la reconnaissance nationale. Saint-Cyr la réclame. Le Gouvernement de l'Hôtel de Ville applaudit à cette manifestation spontanée; son délégué officiel en prendra la tête, et marchera avec le peuple au cimetière de Saint-Mandé. Le rendez-vous général est fixé au 2 mars, place de Grève, à 10 heures du matin. Les plus impatients avaient voulu que l'on manifestât le 28 février.

Girardin, saute aussitôt sur la balle et l'attrape au bond. Cette fête funèbre et glorieuse ne peut avoir lieu sans lui. *La Presse* annonce que Girardin s'y rendra (1), et Girardin s'y rend en effet.

La foule est immense dans le petit cimetière; les délégations sont perdues dans les milliers et les milliers de têtes. Sans efforts, Girardin figure dans l'élite du cortège, aux premiers rangs.

(1) *La Presse*, numéro du 1ᵉʳ mars 1848.

Marrast, au nom du Gouvernement provisoire, a parlé : son discours, animé d'un beau souffle, a rendu éloquente et belle justice à Carrel ; dans un sentiment de bonne convenance républicaine, il a associé au souvenir de Carrel celui d'un excellent citoyen, Godefroy Cavaignac, disparu aussi prématurément, mais dans des circonstances dépourvues de tout tragique (1). Marrast, en terminant, annonce à la foule que M. de Girardin veut à son tour lui adresser quelques mots (2).

(1) Godefroy Cavaignac, né à Paris en 1801, y était mort en 1845. Fils du conventionnel, il avait été vaillant journaliste d'opposition sous la Restauration, et l'était resté après 1830. Républicain d'action, il avait contribué à la fondation de la *Société des amis du peuple* et de la *Société des droits de l'homme*. Frappé d'une lourde condamnation après l'insurrection d'avril 1834, il avait pris part à la célèbre évasion de Sainte-Pélagie et pu gagner l'Angleterre.

Rentré lors de l'amnistie de 1841, Cavaignac collaborait à la *Réforme*, quand la phtisie vint mettre fin à sa courte et courageuse carrière. Son caractère et le même but républicain l'avaient rapproché de Carrel dont il était l'ami. La popularité de Godefroy Cavaignac prolongée au delà du tombeau valut, aussitôt après février 1848, au général son frère, Eugène Cavaignac, le grade de divisionnaire, le gouvernement général de l'Algérie et une élection à la Constituante dans le département du Lot.

(2) Nous publions parallèlement les récits de *la Presse* et du *National*, numéros des 29 février, 3 mars 1848. (V. *Append.*, p. 305-313).

Girardin s'approche de la tombe et lit :

« En paraissant dans un tel lieu, Girardin *a répondu à un noble* appel qui lui a été adressé (1); il remercie qu'on n'ait point traité son cœur en cœur vulgaire », et il continue en ces termes :

« C'était me dire qu'on ne doutait ni de ma sincérité, ni de la durée de mon deuil, que, dans une autre circonstance, je n'avais pas hésité à rendre public (2).

» Si les regrets que j'éprouve de la perte fatale et prématurée du citoyen éminent qui avait donné à ses croyances républicaines le double éclat d'un rare talent et d'un courage éprouvé ; si ces regrets avaient pu être accrus, ils l'auraient été par les événements qui viennent de s'accomplir.

» Dire que le citoyen Armand Carrel manque à ces événements, c'est rendre à sa mémoire l'hommage le plus flatteur.

» Je me trompe, il est un hommage plus digne d'elle que nous pouvons lui rendre, c'est de demander que le gouvernement provisoire qui vient de se glorifier en abolissant la peine de mort, complète son œuvre en proscrivant le duel. »

(1) Par qui? *Le National?* Marrast? Pourquoi ne pas nommer l'auteur de l'appel?

(2) Allusion à un discours antérieur de Girardin sur la tombe de Dujarrier, gérant de la *Presse*, tué également en duel trois ans auparavant. (V. *Appendice*, p. 308-309.)

« Après ce discours, poursuit le compte rendu textuel de la *Presse*, M. de Girardin est embrassé avec transport par tous ceux qui l'entourent. M. Armand Marrast y répond par quelques mots chaleureux (1), écho des sentiments de fraternité qui animent en ce moment tous les cœurs. MM. Marrast et Émile de Girardin se donnent affectueusement *(sic)* la main. L'émotion est sur tous les visages. »

La réplique de Marrast au discours de Girardin est curieuse; elle relève bien la présence et l'amende honorable de Girardin comme « *une expiation* » *(sic)*, mais le mot, quelque sévère qu'il soit, reste vague et n'est pas le plus intéressant de cette harangue complémentaire. La péroraison nous donne la clé de cet étrange et imprévu spectacle :

« Oublions nos discordes ! s'écrie Marrast. Soyons amis ! Il n'y a qu'une patrie qui est notre mère a tous... »

(1) Le lecteur trouvera le discours d'Émile de Girardin et la réplique de Marrast à l'*Appendice* (p. 310); il comprendra vite pourquoi *la Presse* n'a point reproduit la réplique de Marrast insérée au contraire *in extenso* dans *le National* (Compte rendu de la manifestation : numéro du 3 mars 1848).

Et d'ailleurs (ceci est le mot final) :

« Quelque part que se rencontre le talent allié à un noble caractère, le gouvernement provisoire lui tendra la main, quand il viendra se vouer au service de la cause que nous défendons tous, au service de la République. »

/ C'est qu'en effet, Girardin, le serviteur de la monarchie de Juillet, l'homme lige de Guizot, le féal du Château, venait de rendre au Gouvernement Provisoire dans ces jours difficiles un service apprécié. Le 23 février, en personne, aux Tuileries, il demandait impérativement l'abdication du roi, la régence de la duchesse d'Orléans... puis, sans plus, en quatre numéros d'un tirage spécial (25, 26, 27, 28 février) clamés dans les rues au milieu de la bataille, il se retournait aussitôt, exécutait, avec le roi, les régents possibles, le duc de Nemours, la duchesse-mère et le petit roi comte de Paris, et tout le personnel et toute la politique de la branche cadette, jetait au vent la formule fameuse : « *Confiance ! Confiance !* ». un en-tête d'article bien trouvé, un mot d'ordre de circonstance qui ralliait à l'Hôtel de Ville toute la bourgeoisie stupéfaite, effarée, indécise!

Il n'avait pas négligé « le Peuple ». Le peuple, lui aussi, avait son article « *Au Peuple !* ». Girardin avait exhorté le peuple à reprendre son travail, à rentrer dans ses ateliers, à faire crédit à l'Hôtel de Ville (1). Le peuple en avait déjà reconnaissance à Girardin : « Le Peuple ne nommait plus *la Presse* que le journal conservateur de la République *(sic)*! (2) »

Comment ne pas donner l'accolade à un rallié aussi enthousiaste, aussi précieux? C'eût été là une faute que Messieurs du *National* arrivés au pouvoir ne pouvaient commettre.

La politique du moment peut admettre comme une habileté opportune de tels calculs et le racolage de tels concours, mais l'exactitude de l'histoire n'a rien à démêler avec ces expédients d'une tactique éphémère : ils ne lui en imposent pas.

(1) Les 25, 26, 27, 28 février 1848, *la Presse* avait paru en une petite feuille simple à un sou, contenant les articles auxquels nous faisons allusion : « *Confiance! Confiance!* » (25 et 26 févr.); « *Au Peuple!* » (26 et 27 févr.); « *La République* » (28 févr.). Tous ces articles sont groupés et réimprimés dans le premier numéro du journal reprenant son format ordinaire, le 29.

(2) Article « *La République* » (*Presse* du 28 février).

L'« affectueuse » poignée de mains de Marrast à Girardin près la tombe de Carrel allait devenir un excellent argument en faveur de la version du duel tout à l'honneur du caractère de Girardin; elle la consacrait. La légende s'affirmait la réalité; tant pis, si l'une comme l'autre, si toutes deux étaient défavorables à la mémoire de celui qu'on avait voulu honorer. Comment supposer que le successeur même de Carrel au *National*, parlant au nom du gouvernement républicain, pût oublier un innommable piège tendu au courage d'un ami illustre, si ce piège eût existé! (1).

Un silence glacial de la foule avait bien accueilli cette apparition de Girardin, son papier à la main, lisant près de la statue de David d'Angers (2); les journaux démocratiques, *la Réforme* et autres avaient bien fermé les yeux sur la scène et fait le silence dans leurs colonnes, refusant ainsi l'absolution octroyée

(1) V. *Appendice* (p. 314), une lettre de M. Odysse Barot au directeur du journal *l'Eclair* « sur une version toute nouvelle... », où figure l'argument.

(2) Cette statue avait été placée en 1839 sur la tombe de Carrel.

13.

par d'autres, n'importe! La contre-vérité
saura désormais se prévaloir d'une estampille
officielle; elle avait pris corps, louche, boi-
teuse, hontoyant le soir du duel : maintenant
elle peut se présenter visage découvert, droite,
et suivre d'un pas assuré le grand chemin.

Les amis de Carrel, les Sainte-Beuve, les
Nisard, les Littré, les Chateaubriand avaient
montré une perplexité touchante, judicieuse,
honorable pour la noble mémoire du grand
mort ; ils avaient hésité, déclaré ne rien entendre à cette incompréhensible affaire : sans la
dire ténébreuse, ils avaient conclu n'y voir
goutte. De nos jours, les Lanfrey s'en étaient
tenus à l'explication de la susceptibilité exagérée.

Les livres à renseignements de seconde et
de troisième mains, les encyclopédies biographiques, les dictionnaires de contemporains,
de célébrités du jour, d'hommes illustres, les
histoires populaires et autres entreprises plus
ou moins commerciales n'auront point de ces
scrupules.

Le survivant du duel du 22 juillet 1836
survit toujours. C'est encore un contemporain.

Éternelle mouche du coche, il a proclamé
l'impuissance de la presse qui serait mieux
dite l'impuissance d'un journaliste du nom
d'Émile de Girardin à redevenir député, surtout à devenir ministre!... mais il est resté
sinon quelque chose, sinon un grand quel-
qu'un, du moins une sorte de personnage
public. En dépit de la série de ses opinions
contradictoires, de ses attitudes successives qui
semblent attester qu'on ne peut faire de l'occu-
pation politique que l'infatigable pirouette d'un
clown, il a, il a toujours des lecteurs; car il a
bientôt attaqué le Gouvernement Provisoire,
puis le général Cavaignac; il a posé et propagé
de toutes les acclamations de son répertoire la
candidature de Louis-Napoléon Bonaparte, puis
il a combattu le prince dès qu'il est devenu
Président; il s'est jeté dans le rang des socia-
listes de 1850, des révolutionnaires de 1851;
pour l'échéance de 1852, il pose la candidature
présidentielle du cabettiste Martin Nadaud (1):

(1) Tour à tour communiste intégral et proudhonien, Martin Nadaud, né à Lamartinesche en 1815, était assurément un
digne homme et un citoyen estimable, mais cette candidature
du bon ouvrier maçon de la Creuse, avait-elle l'envergure,
avait-elle le sérieux de la candidature de Ledru-Rollin ou

après un voyage aller et retour d'exil à
Bruxelles au lendemain du 2 décembre, il
revient à l'empereur, il soutiendra l'empire…
combattra la souscription Baudin; il sera
récompensé la veille de la chute à Sedan d'un
fauteuil de sénateur impérial… Mais il est
directeur de *la Presse*, de *la Liberté*, de *la
France*, et le prestige du journalisme fait
toujours d'un directeur de journal quel qu'il
soit, au moins une petite puissance que les
gens avisés, quels qu'ils soient, ont intérêt à
ménager.

Aussi, tout le papier biographique de librairie portative ou sédentaire, de bibliothèque
privée ou de bibliothèque publique, va désormais copier, rééditer, aggraver l'histoire du
duel raconté par Louis Blanc et par Émile
de Girardin. C'est un cliché. On pourra lire
indifféremment la vie de Girardin ou celle de
Carrel, on sera identiquement édifié. C'est la

même de celle de ce savant génial qu'était Raspail, pour
l'élection présidentielle de décembre 1848? Girardin avait
connu Nadaud quand il était lui-même député de la Creuse,
à Bourganeuf. En septembre 1870, Nadaud sera nommé préfet de la Creuse, en juillet 1871 élu conseiller municipal de
Paris (quartier du Père-Lachaise); il deviendra à son tour
député de Bourganeuf de 1876 à 1889.

même cloche qui, partout, donne le même son.

Ouvrons, à l'article « Armand Carrel », de tous ces recueils biographiques le plus justement considéré, la *Biographie universelle* de Michaud, consultée chaque jour dans les bibliothèques de Paris et des grandes villes par des centaines de lecteurs; que lisons-nous? Après le récit de la vie et l'étude de l'œuvre au *National*, voici l'inévitable passage touchant « l'extrême susceptibilité sur le point d'honneur », la chronique des deux duels de 1830 et de 1833, la blessure de l'épée de Roux de Laborie, les témoignages d'intérêt de tous les partis... « Cette leçon aurait dû rendre Carrel plus prudent, conclut le rédacteur, mais il n'en fut rien, et l'année suivante (1), il succomba *dans un duel qui ressemblait moins à une affaire politique qu'à une question d'intérêts (textuel)*. Il s'agissait de la création des journaux quotidiens à 40 francs, idée nouvelle que venait de mettre en œuvre le fondateur de *la Presse*. Des personnalités

____

(1) Est-il besoin de relever ce lapsus qui fait mourir Carrel en 1834?

contre ce journaliste envenimèrent bientôt la querelle. Le 22 juillet 1836, une rencontre... etc. »

, Prenons la biographie de Girardin dans le *Dictionnaire parlementaire* dont les rédacteurs cependant ne semblent pas animés à l'endroit de leur sujet d'une bienveillance marquée : elle s'en tient, sans plus de recherches, à la narration de l'historien de *Dix Ans*.

Prenons une des dernières biographies de Girardin parue en 1877 (au moment de la dissolution de la Chambre des députés) (1); ici encore, c'est le récit de Louis Blanc, accentué dans le sens de l'exigence insupportable de Carrel. Quel évangile que le récit de Louis Blanc!

Et ainsi des autres.

Mais dans cette littérature, c'est au *Dictionnaire universel* de Maurice Lachâtre que

(1) *Les défenseurs de la République* (biographie complète avec portraits) par M. Jules Rouquette (in-8° de 8 p. à 2 col. p. 4, Claverie, édit., à Paris). L'échange de paroles sur le terrain relatif à la menace de biographie est toutefois exactement relaté dans cette biographie dont le ton est en entier apologétique.

revient le prix. Cet ouvrage est dans la matière un document d'autant plus significatif qu'il est dédié à Émile de Girardin par l'auteur connu d'ailleurs comme écrivain et comme éditeur d'ouvrages anti-chrétiens (*Histoire des Papes*), après avoir été successivement saint-simonien, phalanstérien, proudhonien, et en dernière étape communiste.

Le biographe du rédacteur du *National* prépare d'abord le lecteur en insistant sur la « manie du militarisme qui gâtait les habitudes et les idées de Carrel », et déclare « qu'il méritait de devenir le coryphée de ceux qu'on appelait alors les traîneurs de sabre de la Révolution »; puis il continue : « Aussi bien le point d'honneur peut être une chose éminemment chevaleresque quant à la forme, à cette condition toutefois qu'on ne le restreindra pas à sa propre individualité et qu'à un moment donné on voudra se sacrifier, non pour son compte personnel, mais obscurément s'il le faut, et pour le compte de tous ceux qu'on se croit capable de diriger. »

En d'autres termes, Carrel eut le tort de ne point marcher, de 1831 à 1834, avec Barbès,

Martin Bernard et autres aux barricades, alors que toute son action politique, dont l'événement démontra la justesse, déconseillait à cette date de trop sanglantes et inutiles manifestations. L'auteur poursuit :

« Armand Carrel, qui ne s'était jamais risqué dans une insurrection, *joua sa vie pour la question des journaux à bon marché*. Étrange contradiction ! *Le représentant du progrès, prit fait et cause pour la vieille presse* ET VOULUT MAINTENIR A 60 FRANCS LE PRIX DE L'ABONNEMENT ANNUEL *(textuel)*, tandis qu'Émile de Girardin, en créant le journal à 40 francs mettait la propagande périodique à la portée de toutes les bourses.

» La presse républicaine, il faut en convenir, aveuglée par un faux amour-propre, se montra, dans cette discussion, d'une complète inintelligence. Elle fournit des armes contre elle-même. *Carrel se crut insulté par un article du journal* LA PRESSE. Une rencontre au pistolet eut lieu entre lui et Girardin ; Carrel tomba mortellement blessé.

» En présence des événements qui se sont accomplis depuis ce fatal dénouement, on peut affirmer hardiment qu'il est mort à temps pour lui-même et pour son parti (1). »

Le nom de Girardin n'est pas à sa place en tête d'un livre où se peuvent lire ces lignes (2).

(1) T. Ier, p. 814 (Édit. de 1856). Article *Armand Carrel*.

La dédicace du *Dictionnaire universel* est ainsi conçue :

« A Émile Girardin *(sic)*.

» Mon cher ami, je vous offre la dédicace du grand ouvrage auquel je me consacre, comme témoignage de ma vive affection et de ma reconnaissance individuelle pour tous les services que vous avez rendus à la cause du peuple...

» Maurice Lachatre. »

Girardin répond par cette acceptation qui figure au-dessous de la dédicace :

« Mon cher ami,

» Placer un nom aussi petit que le mien au frontispice d'un monument aussi vaste !... Un dictionnaire tel que vous l'avez conçu ne peut être qu'une œuvre de pacification et de concorde ; car tout ce qui a pour objet de détruire les erreurs a pour conséquence de rapprocher les hommes qu'elles divisent.

» A ce titre, disposez entièrement de moi.

» Tous mes vœux.

» Émile Girardin *(sic)*. »

La biographie de Girardin dans ce même *Dictionnaire* ne contient pas un mot du duel.

(2) Pour ne point alourdir encore le texte, mentionnons en note deux derniers recueils plus contemporains et très consultés, le consciencieux et populaire *Larousse* et la *Grande Encyclopédie*, publiant le volume où se trouve la biographie de Carrel, le premier en 1867, la seconde en 1891.

« Carrel, dit le *Grand Dictionnaire universel du XIXe siècle*, était dans toute la force de l'âge et du talent, et il avait acquis une importance politique qu'il a été donné à peu de journalistes d'atteindre, quand un triste et vulgaire accident vint l'arracher à sa haute destinée, à ses amis, à son parti. Il avait conservé de son éducation militaire une extrême susceptibilité, et il offrait volontiers sa vie en garantie de ses paroles. Déjà il avait été blessé dans deux (?) duels, lorsque, dans le courant de 1836, il fut entraîné dans la fameuse querelle des journaux contre M. Émile de Girardin, à propos de la réduction considérable que celui-ci faisait subir au prix d'abonnement, en fondant *la Presse*. Carrel qui n'avait pas été mêlé à ces débats, finit par céder aux sollicitations de ses amis, les rédacteurs du *Bon Sens*, et inséra dans le *National* une note qui blessa M. de Girardin, lequel riposta par un article extrèmement vif ; une rencontre devenait inévitable et elle eut lieu, en effet, au bois de Vincennes le 22 juillet.

» Nous allons donner sur ce duel mémorable et sur la fin de Carrel quelques détails résumés d'après *le National* et MM. Louis Blanc et Littré... »

L'article biographique se termine par une protestation contre l'accusation de *déloyauté* (a) portée contre le duel *par des plumes libérales* et contre l'animosité qu'attirait une telle injure sur Girardin au point qu' « après la rencontre à jamais regrettable, l'adversaire de Carrel se rendant la nuit à son cabinet de travail, à l'imprimerie de *la Presse*, était armé jusqu'aux dents, comme s'il eût dû traverser la forêt de Bondy. Aujourd'hui heureusement toutes ces haines sont apaisées, *la vérité a lui sur le drame...* » (T. II, p. 447-449).

La *Grande Encyclopédie* est sommaire et reste dans la tradition banale : « Engagé, dit-elle dans une querelle insignifiante contre une société à la tête de laquelle se trouvait M. de Girardin et qui avait pour but d'abaisser à 40 francs par an le prix d'abonnement aux journaux quotidiens, une explication eut lieu entre Carrel et le rédacteur en chef de *la Presse*. Cette explication ne laissait malheureusement rien à faire aux témoins. Une rencontre fut décidée... » (Suit le récit habituel des faits à Vincennes, avec mention toutefois des paroles échangées entre Carrel et Girardin sur la menace de biographie d'après la version du *National* et de Louis Blanc). (T. IX, p. 537.)

(a) Observons que si le duel a été incriminé dans sa cause — ce qui suffit — jamais personne, parmi les plus prononcés ennemis de Girardin, ne l'a dit *déloyal* c'est-à-dire accompagné de faits matériels perfides, dolosifs et prémédités, mettant Carrel en état d'infériorité. Le débat ne saurait être déplacé.

XI

Que le meurtre de Carrel ait été pour Girardin soit un plus ou moins tardif et sincère
remords d'humanité, soit un regret obsédant
de politicien comprenant que le calcul avait
été faux et que l'événement avait aux époques
opportunes entravé et non pas servi ses prétentions d'ailleurs disproportionnées (1), et, sans

(1) En dehors des candidatures officielles à la Chambre des
députés, de réélections coupées par une annulation (mars 1839),
de l'octroi de la croix de la Légion d'honneur (24 août 1842),
de nominations dans des commissions ministérielles, de sub-
ventions à ses journaux (200.000 francs au *Panthéon littéraire*,
etc.), Girardin n'obtint rien de ce qu'il réclamait de la

scruter les intentions secrètes d'un personnage aussi ondoyant et défiguré de contradictions, on ne peut, en suivant tout le détail de cette affaire, s'abstenir de constater cette préoccupation constante, incessamment renouvelée, systématique de Girardin et des écrivains qu'il a inspirés, d'omettre des faits patents, des paroles prononcées devant des témoins (selon la formule) dignes de foi, des preuves enfin absolument acquises et révélatrices de la vérité. Plus on s'efforce d'être impartial, de le demeurer jusqu'au bout, comme c'est l'élémentaire devoir, plus on éprouve de malaise, de gêne morale à se heurter contre la même obstination imprudente.

Que pèsent en effet ici les seules dénégations?

Dans une contradiction de ce genre, il est de règle historique de peser les témoignages, leur signification, leur provenance, la qualité

monarchie de Juillet : situations diplomatiques, **grands** emplois administratifs, portefeuille. Il dut se contenter de figurer un député de majorité. En 1847, il attaquera Guizot aussi violemment qu'il l'a soutenu, et sera de ce chef, avec l'autorisation de la Chambre, poursuivi devant la Cour d'appel. Ainsi finissent les rapports parlementaires de Girardin avec la monarchie de Juillet au moment où il va l'exécuter comme journaliste.

des témoins, leur valeur morale, le poste de leur observation, leur intérêt à dire la vérité ou à la cacher : nous avons essayé de tenir compte de tous ces éléments, non sans laisser paraître les conclusions qui nous semblaient s'imposer. Un auteur, dans un sujet controversé, n'est pas tenu de n'avoir point d'opinions que celles qui ont cours, mais seulement de présenter la sienne avec raison et loyauté : il doit apporter des poids justes et contrôlés; le lecteur judicieux qui a toujours sa balance à soi en mains, prononce quel plateau l'emporte.

Un dernier fait cependant, peut — s'il est exact — permettre de croire à une certaine sincérité et même à une sincérité certaine des sentiments publics et privés d'Émile de Girardin : il vient d'ailleurs, chose singulière, s'ajouter à tous ceux que nous avons réunis comme une preuve de plus contre la chronique arrangée par Girardin lui-même.

Après le deuil qui la frappait au cœur et achevait de détruire sa vie, Mme X... quittait Paris et se retirait à Verdun, sa ville natale.

Sa famille y jouissait d'une excellente position de biens et de considération. Mᵐᵉ X... trouva-t-elle auprès des siens l'accueil auquel lui donnaient droit son malheur et la dignité de l'affection d'un homme comme Carrel, d'une affection plus forte que la mort? Carrel qui, malgré sa grande situation au *National*, était sans fortune personnelle, avait-il pu lui assurer par son testament une existence à l'abri du besoin? Mᵐᵉ X..., enfin avait-elle un bien particulier? Autant de questions auxquelles il est difficile de répondre aujourd'hui et auxquelles la réponse n'eût pas été probablement facile dans des temps moins éloignés.

Chateaubriand en 1839, au retour d'un voyage en Suisse et dans l'Est de la France, s'arrêtant à Verdun pour saluer Mᵐᵉ X... (1), ne parle pas, ce qu'il eût sans doute fait, d'un état apparent qui l'eût offusqué ou attristé, lui qui dès 1837 n'oublie pas de mentionner ses pèlerinages au cimetière de Saint-Mandé et de donner jusqu'au *fac simile* des reçus du

---

(1) « Parti de Metz, j'ai traversé Verdun où demeure aujourd'hui l'amie solitaire de Carrel... » (*Mémoires d'outre-tombe*, t. VI, p. 195). (Edit. Biré.)

fossoyeur, payé de ses propres deniers, pour l'entretien d'une tombe qu'il trouve un peu négligée à cette date par la famille et les amis de Carrel (1)!

Quoi qu'il en soit, nous sommes avertis par tels amis et tels des derniers biographes de

(1) *Id.*, t. VI, p. 400. — Le reproche est-il mérité? Mlle Nathalie Carrel, sœur d'Armand, avait fait immédiatement les premiers apprêts; elle avait planté en terre une croix de bois noir ce qui, toute controverse sur ce point écartée, ne suppose pas l'abandon.

Quant aux amis de Carrel ils avaient aussitôt après les funérailles, le 27 juillet, lancé des listes de souscriptions pour l'érection d'une statue que David d'Angers promettait de placer sur le tombeau, et dès les premiers jours d'août *le National* et *le Journal de Rouen* avaient déjà recueilli une dizaine de mille francs. A la mi-novembre les souscriptions versées au *Journal de Rouen* atteignaient le chiffre de 4.247 fr. 75 c. et au *National* celui de 14.074 fr. 90 c.

Le numéro du 30 juillet du *Journal de Rouen* contient cette lettre à lui adressée :

« Paris, 28 juillet 1836,

» Monsieur le rédacteur, comme vous et avec tous les hommes qui savent rendre hommage à une vie si grande, quoique si jeune encore, à l'un des plus beaux talents de notre époque, au plus grand courage, au plus noble désintéressement, je m'associe à la pensée d'élever un monument à la mémoire de M. Armand Carrel. J'ai même prévenu votre pensée en adressant une offrande au *National*. Ma part est faible, mais ma douleur est profonde, comme elle est partagée par toute la France. Aussi ne douté-je pas que l'œuvre de reconnaissance ne s'accomplisse immédiatement.

» Agréez, etc.

» J. LAFFITTE. »

• Laffitte avait souscrit pour 500 francs; *le National* pour 1.000 francs. Nous donnons ces chiffres pour montrer que

Girardin que Mme X... plus que tant de veuves légales à leur mari, fidèle au souvenir de l'homme qu'elle avait aimé, étant, l'âge venu, tombée dans un état de gêne, voisin de la misère, Girardin s'était rappelé qu'il y avait pour lui, dans un tel surcroît de malheur, un devoir impérieux à remplir.

Cette intervention nous est attestée d'abord par une biographie de Girardin publiée en 1877 au moment où sa lutte contre le 16 mai allait enfin lui faire connaître les joies de cette popularité qu'il avait tant et si vainement pourchassée! Ce témoignage, bien que donné par un écrivain qui garde l'anonyme et fait un éloge systématique de la vie privée et publique de Girardin, nous paraît assez intéressant pour que nous le reproduisions dans le corps du texte et littéralement.

« De tristes circonstances, inconnues du public, écrit le biographe après un bref rappel

jamais la tombe de Carrel ne fut dans l'état d'abandon dont se plaint la plume toujours mélancoliquement amère de Chateaubriand. La commune de Saint-Mandé mit alors, comme elle fait aujourd'hui, un soin touchant à son entretien.

La statue de Carrel en bronze et en pied par David d'Angers que l'on voit sur sa tombe a été inaugurée, nous l'avons dit, en 1839.

du duel et de sa vague cause, ont fourni à M. de Girardin l'occasion de prouver que sa douleur ne se borne pas seulement à des protestations de regrets. M. de Girardin a adopté la veuve d'Armand Carrel que son grand âge empêche aujourd'hui de travailler pour vivre. Il a mis à l'abri du besoin cette sainte et digne femme qui se console des afflictions terribles et nombreuses dont sa vie a été marquée en faisant du bien et popularise encore dans les quartiers ouvriers par sa charité infatigable, la mémoire de celui qu'elle pleure toujours (1) ».

M. Émile Ollivier et Mme Edmond Adam dont on connaît les relations étroites avec Émile de Girardin avant et après la chute de l'Empire ont confirmé le fait que Girardin leur avait, il est vrai, lui-même communiqué. Dans son *Histoire*, M. Émile Ollivier parle à diverses reprises d'Armand Carrel que son père, Démosthène Ollivier, avait personnellement connu au cours d'un voyage fait à Marseille par le rédacteur du *National* pour

(1) Émile de Girardin par un journaliste (*les Hommes du jour*, p. 35 ; in-32. Librairie du Croissant, 1877, Paris).

se rencontrer avec Mazzini, après que les divers échecs des mouvements révolutionnaires (1831-1833) dans le Piémont, les Romagnes, etc., eussent jeté en exil le célèbre chef des patriotes italiens. Mazzini, sous le nom de Felippo Strozzi recevait ses lettres chez Démosthène Ollivier. C'est là que le vit Carrel qui, ultérieurement, aurait peut-être été également à Genève pour se rencontrer de nouveau avec Mazzini et d'autres membres influents de la *Jeune Italie* (1).

Voici le trait dans les termes où le cite M. Émile Ollivier : « Girardin eut le malheur

(1) Cette histoire des rapports des républicains français avec les chefs du parti révolutionnaire transalpin pendant les premières années du règne de Louis-Philippe est en partie tracée dans les écrits politiques et la correspondance de Mazzini publiés aux frais du gouvernement royal dans l'édition nationale (Smola, Firenze) des *Œuvres politiques, économiques et littéraires complètes* du grand Italien.

V.T. XIX et XX (les 2 vol. de l'*Epistolario*) avec une introduction d'Ernesto Nathan (le maire actuel de Rome) : Vol. I de l'*Epistolario* (t. XIX, Œuv. compl., p. 36, 37, 39, 62, 66, 79; p. 80, 26 juillet 1833 de Genève : « *Ho veduto Carrel? Certo; l'ho veduto; e s'ei si trovasse à Ginevra lo rivedrei...*; p. 85 et 86 : « *Carrel venne allora da me a Marsiglia...* »; 115); Vol. II de l'*Epistolario* (t. XX, Œuv. compl., p. 165 et 300).

Au tome III des œuvres complètes (*Politica*), écrits de 1831, de 1834 : V. p. 17-18, 311-312 « *Goffredo Cavaignac, Armand Marrast e gli arditi uomini della* Tribuna, *Armand Carrel e i tattici del* National..., *Id.* p. 318-319 : *Armand Carrel, ch' io vidi in casa di Démosthène Ollivier...* »

de tuer en duel un des plus nobles journalistes de ce temps, Armand Carrel ; cela, le rendit odieux à un parti qui ne pardonne jamais. Cependant, cette tombe demeura toujours ouverte dans son cœur ; sous un nom supposé, il faisait parvenir à l'amie chère que sa victime avait laissée dans le dénuement, une pension mensuelle (1). »

Mme Edmond Adam dans le volume dernièrement paru de ses *Souvenirs*, en racontant les événements du 16 mai 1877, insiste sur le haut prix que Thiers attachait au concours d'Émile de Girardin dans le combat contre le gouvernement du maréchal de Mac-Mahon. Trois hommes susceptibles de nuire étaient à détacher de la coalition monarchique : Émile de Girardin, Raoul Duval, le général de Gallifet. Raoul Duval ne demandait qu'à être accueilli. Gallifet avait déclaré que si les républicains avaient la majorité, ils les tiendrait pour les détenteurs du gouvernement légal. Restait Girardin dont Mme Adam était chargée

(1) *Thiers et les élections de 1863 ; Revue des Deux-Mondes* du 15 juin 1901, p. 782 ; *l'Empire libéral*, t. VI, p. 263 ; id. t. Ier, p. 232, 246, 257. (Paris, Garnier édit., in-18.)

de traiter le ralliement. A la vérité, la négociation ne fut point ardue. Spontanément. Girardin, enfin plus habile à s'orienter, mieux vu d'ailleurs de Mme Adam que de feu son mari. le vieux et impeccable républicain « qui n'avait pas permis à Girardin de l'aimer vivant », se présenta chez la future fondatrice de *la Nouvelle Revue* et vint mettre à la disposition entière de la vigilante Égérie de la République « sa vieille amitié ». Mme Adam répète à son visiteur les paroles que Thiers lui avait dites la veille : « Si Girardin combat avec nous sans défaillance, les derniers survivants du *National* viendront chez Mme Adam, l'absoudre de la mort d'Armand Carrel. »

« Girardin, rapporte l'intéressante mémorialiste, s'émeut à ce souvenir qui lui reste douloureux, et *j'apprends de lui* qu'il n'a cessé de faire servir une rente à la veuve d'Armand Carrel. A demi absous par là, il sera, me dit-il, heureux d'avoir par moi son absolution entière (1) .»

Nous sommes du reste, pour être complet,

(1) *Mes Souvenirs (Après l'abandon de la Revanche)*, t. VII, p. 4 et 5, in-18, Paris, Alph. Lemerre, 1910. — Mme Edmond

contraint d'ajouter que ce passage de notre étude de 1893 suscita de vives objections de la part de plusieurs correspondants : ce fut le seul du reste, car ces mêmes correspondants qui semblaient très bien informés, confirmaient en même temps, avec nos textes, toute la trame des faits et de nos déductions. On nous fit observer qu'il était de toute invraisemblance qu'Émile de Girardin eût eu l'occasion d'intervenir dans des conditions aussi lamentables pour secourir momentané-

Adam, depuis si longtemps experte aux bonnes actions, ne s'étonne de la confidence de Girardin, — un peu trop colportée par lui-même — non plus qu'elle ne met en doute sa véracité ; elle tourne là, et revenant aussitôt à sa mission politique, finit en ces termes sur le compte de son rallié : « Girardin a pu être détesté et parfois détestable, mais je n'ai jamais connu d'amitié plus courageuse et plus sûre que la sienne. Durant toute la campagne du 16 mai, il ne cessa de me tenir jour par jour au courant de ses projets d'articles, de s'inquiéter de mon approbation. » Peut-être pourrait-on observer ici, au lieu et place de Mme Adam, qu'à cette date une aussi déférente assiduité près de l'amie politique, alors enthousiaste et écoutée de Gambetta, ne pouvait être que bien notée en bon lieu.

Aussitôt mentionnées d'ailleurs, la surveillance exercée sur Girardin et l'approbation donnée à ses articles, Mme Adam passe aux cas de Raoul Duval et de Gallifet.

Quant à l'évocation du souvenir de Carrel par Thiers, au milieu d'une crise de défense républicaine, elle est intéressante, car, sauf le mot déjà ancien : « Je ne connais que trois journalistes, moi, Carrel et Rémusat », on ne cite guère d'appréciations de Thiers sur le collaborateur et l'adversaire de ses premières années de vie publique.

ment ou pour assister régulièrement Mme Amélie A... qui vivait, en effet, toujours à Verdun. Cette dame, fort âgée (elle était nonagénaire), avait une fortune personnelle des plus honnêtes. était apparentée au mieux; sa famille était riche; des neveux et des nièces l'entouraient des soins les plus attentionnés. Le mari, dont elle était séparée, M. le colonel X... avait commandé en 1850, une place forte très importante de la frontière de l'Est; il était depuis longtemps décédé.

On soulignait également dans le récit du biographe anonyme les contradictions qui montraient tout ensemble Mme Amélie A... dans la misère et en possession d'un excédent de ressources lui permettant de faire elle-même, sur les largesses de Girardin, des libéralités à d'autres malheureux. Enfin, disait-on, comment cette dame serait-elle retournée et surtout restée à Verdun si elle n'avait, au cas de détresse réelle, rencontré dans son milieu natal qu'éloignement, abandons ou dédains, procédés blessants et pis (1)?

(1) A cette même époque, le Ministère de l'Intérieur faisait tenir à Mlle Adèle Carrel, nièce d'Armand Carrel, habitant

Quand M. Émile Ollivier, en 1901, réédita le fait en atténuation du triste duel, Girardin était mort depuis quinze ans. Mme A... était morte elle-même à Verdun depuis 1896 : mais, à l'époque où l'assertion fut produite pour la première fois en 1877, Émile de Girardin s'exposait à un démenti des plus désastreux s'il avait encore avancé un fait d'une si osée inexactitude. De présenter Mme A... comme recevant une « composition » selon le terme du vieux droit germanique, il ne pouvait d'ailleurs être question : seulement, comme c'est l'usage en pareille ou autre occurrence délicate, le donateur s'était probablement dissimulé derrière un tiers et avait exercé sa générosité financière par personne interposée.

Nous n'avions en toute conjoncture ou conjecture qu'à relater ce dernier épisode sans le faire suivre d'une discussion personnelle qui nous semble superflue.

Toulouse, sans ressources et également fort âgée, un secours annuel. Le gouvernement de la République, sous la présidence de MM. Grévy, Carnot, Casimir-Périer, Loubet aurait-il refusé un secours honorable à la veuve de Carrel? Un mot du préfet de la Meuse eût suffit, si besoin réel eût existé, nous dit-on encore, pour remédier à une situation aussi pénible. Mlle Adèle Carrel est morte à Toulouse, il y a deux ans.

Un an après la mort de Mme Amélie A..., son neveu, M. Barbier, et sa nièce, Mme Hélène Bohm, sœur de M. Barbier, ses héritiers, faisaient, au nom de leur tante, don du portrait d'Armand Carrel par Henry Scheffer (1) au musée de la ville de Paris. Cette œuvre d'art, datée de 1833, remarquable par son exécution magistrale autant que par une

(1) HENRY SCHEFFER, frère du célèbre peintre ARY Scheffer, son aîné, qui l'a un peu rejeté dans l'ombre, était lui-même un peintre de portraits d'un beau talent; il a cultivé avec succès également la peinture d'histoire : son tableau *Charlotte Corday protégée par les membres de la Section contre les fureurs du peuple* (1830) est connu. Avec le portrait de Carrel, on cite parmi ses œuvres les plus remarquées les portraits d'Augustin Thierry, d'Arago, de Belleyme, Casimir Delavigne, Daru, Louis Blanc, Jobert de Lamballe, Orfila, etc. H. Scheffer, né à La Haye en 1798, était venu, comme ses frères aînés Ary et Arnold se fixer à Paris lors de la réunion de la Hollande à la France; il est mort en 1862; une de ses filles épousa Renan. Nous avons dit que Arnold Scheffer, né en 1796 également en Hollande, était rédacteur du *National* au moment de la mort de Carrel après avoir passé par la rédaction du *Globe* sous la Restauration.

En dehors du portrait d'Armand Carrel, Mme Amélie A... avait légué pour être donnée au musée de la Ville la maquette en plâtre de la statue du cimetière de Saint-Mandé, portant la signature de David d'Angers.

Il existe en outre au musée de Versailles, un portrait de Carrel (tête et buste) sur son lit de mort. Cette toile de petite dimension (0^m,30 sur 0^m,46), non signée, est attribuée à Ary Scheffer par le catalogue : nous la croyons de son frère Henry. Elle n'a d'ailleurs été ni donnée ni léguée; elle a été acquise en 1887, vraisemblablement d'un marchand, sans que l'on puisse préciser quelle est sa provenance antérieure.

ressemblance pleine d'expression et de vie, est d'une très précieuse valeur artistique et historique. Carrel y est représenté, tête nue, de grandeur naturelle et presque en pied.

Mme Amélie A... levant elle-même le voile que Carrel avait maintenu baissé, avait voulu conserver à l'histoire et à la postérité les traits d'Armand Carrel.

C'est ce portrait qui est reproduit en tête de notre opuscule.

Les registres de Carnavalet mentionnent que le portrait de Carrel est entré au Musée le 5 juin 1897.

CONCLUSION

Nous terminons ici ce fragment de biographie ou plus exactement cette dissertation puisqu'en vue d'une démonstration à conduire à bonne fin, il nous a fallu argumenter, contredire, répéter, prouver.

Un homme public comme Carrel, disparu prématurément du champ d'action politique, entré de plain-pied dans l'histoire de son temps, devait continuer à servir non pas seulement par l'enseignement de ses opinions, mais aussi par l'instruction de sa mort. A ces dernières heures, son caractère ne pouvait être altéré ou mal éclairé par d'obscurs ou faux rayons. La vérité devait être recherchée et dite : elle était préférable au doute, aux insinuations ou seulement aux ambiguïtés, nous ne parlons pas des calomnies (1).

Représenter ce gentilhomme de la démocratie française renaissante, ce beau républicain d'une nouvelle cité athénienne, comme un marchand de papier venant disputer avec un concurrent de la réclame, avec l'industriel d'en face sur le prix d'un abonnement de journal et descendant au pugilat du duel pour maintenir plus irrévocablement sur ses lecteurs les bénéfices de son commerce... quelle conception mal bâtie! quel borgne dessein! et combien la prétention devient doublement

(1) L'excellent et brave Persat sentait déjà en son temps la nécessité de barrer la route aux bruits insidieux que provoquait la consigne de silence imposée par *le National*; en 1839 il écrivait : « Plusieurs amis d'Armand Carrel ainsi que les rédacteurs en chef de tous les journaux ont fait connaître ses belles qualités et *sa vie pure de toute souillure*. Tous ont été unanimes dans leurs opinions sur cet illustre citoyen qui a laissé un si grand vide dans le parti national ». (*Mémoires* de Persat, p. 302.)

M. Eugène Loudun, l'écrivain qui a signé du nom de *Fidus* plusieurs livres de petite histoire contemporaine eut peut-être été plus volontairement équitable, s'il eût été nanti d'informations plus exactes et plus complètes. Rencontrant incidemment le nom d'Armand Carrel, il fait allusion au fait intime important que nous avons placé dans une lumière indispensable, et en prend texte pour mettre en cause, comme l'avait fait Girardin, « cette loyauté si vantée » et qualifier cette vie honorable de « désordonnée »! (*Journal de Fidus*, III, 75-76.)

étrange de vouloir, imposer la fable, puis d'y travailler avec cette aveugle persistance!

Sans doute c'est un événement toujours grave dans la vie d'un homme public comme dans celle d'un particulier de n'avoir point de foyer de famille légale. Les anciens disaient que le mariage est le premier acte politique de la vie du citoyen : ils entendaient avec raison que la famille dont il est l'origine est la base de l'État. Mais s'il est souhaitable que les hommes publics se constituent pleinement en leur privé, quel esprit sensé et d'expérience ira, au nom d'un idéal fermé à toutes les vicissitudes de la vie, à toutes ses décevantes et accidentelles réalités, incriminer d'un ton de sermonnaire scandalisé ceux qui ne se sont point pliés à la règle commune. Leur vie publique même, commencée de bonne heure, le leur a-t-elle permis? Les compagnes de riche et haute qualité défilent ou s'offrent nombreuses au choix de ceux qui ont triomphé; elles sont rares près de ceux qui débutent. Les hommes publics à leur jeunesse restent des associés douteux ou suspects et leur alliance est trop périlleuse.: c'est pourquoi les succès et les années venus, souvent ou ils vivent seuls, ou ils restent fidèles à de libres et moins ambitieuses affections anciennes. Des temps moins obcurcis de préjugés se sont aujourd'hui levés qui leur permettent de les faire consacrer. Notre présente loi civile est plus humaine et plus sage.

Nous avons vu combien Carrel avait souffert, ainsi que celle qui était si digne de lui, de l'invincible obstacle.

D'ailleurs à quel écrivain dont la plume mérite de compter, traçant les annales de son temps, la pensée viendra-t-elle d'apprécier l'œuvre d'un homme public en recherchant d'abord dans sa vie l'épisode des *justæ nuptiæ*? Un sourire plus ou moins discret accueillerait ce souci chez l'historien qui s'occuperait à ce point de vue original de peser, par exemple, nombre des personnages qui ont fondé le gouvernement actuel, ou, en remontant plus haut, ne jugerait les chefs parlementaires et militaires de la Révolution française qu'après avoir contrôlé leur état civil.

Si Carrel avait eu une âme vulgaire, avait été un commun don Juan, un officier et un journaliste à galantes fortunes, s'il avait brisé comme font tant de jeunes hommes les souvenirs du passé soudés aux devoirs du présent et de l'avenir, et calculé les brillants intérêts d'une nouvelle et orgueilleuse alliance, ses amis mêmes les plus proches l'eussent suivi sans nul doute pour en supputer toutes les conséquences, et ses adversaires frappés d'une telle désinvolture eussent admiré, non pas seulement *in petto*, son dégagement et sa maîtrise; mais Carrel était resté dans les intimités de sa vie morale comme dans les faits les plus périlleux de sa vie publique le même homme généreux, loyal, désintéressé, conséquent, chevaleresque, fidèle à toutes ses fois, à toutes ses convictions, prêt à sacrifier sa vie pour les unes comme pour les autres.

C'est pourquoi l'action d'Émile de Girardin fut misérable.

Quel parallèle pourrait-on tracer dans cette même matière, et toute politique mise à

part, entre les deux hommes. Ce serait toutefois imiter Girardin que feuilleter ici sa vie
privée et la rapprocher de la vie de Carrel.
Jadis des écrivains passionnés mais d'une allégation documentaire impeccable, ont donné
de l'existence non publique du rédacteur en
chef de *la Presse*, des esquisses caractéristiques. De nos jours MM. Ernest Daudet, Léon
Séché, quelques autres contemporains sont
à ce même égard d'une lecture précieuse et
indispensable.

La mémoire de Carrel ne saurait souffrir
de ces pages. Les circonstances de sa disparition souhaitée, préparée dans la bonne mesure
que donne l'*alea* d'une rencontre inutile sans
les dessous de la politique — car d'où vien-
drait l'incident occasionnel sinon de la politique? — ne sont pas seulement une intéressante fin de sa biographie : elles sont liées à
l'histoire générale de l'époque, au tableau de
la lutte de la monarchie de Juillet contre le
parti républicain. Carrel ne se dissimulait
point qu'il était visé de haut lieu. Dès 1835,

il parle « de ces aventuriers de cabinet capables d'essayer de tous les prétextes pour faire disparaître *(sic)* dans les moments de trouble, les hommes qui ont eu le malheur de les humilier (1). » Les brutalités excessives de son arrestation au lendemain de l'attentat de Fieschi, lui avaient fait clairement entrevoir l'idée des... accidents possibles et il n'était pas sans se souvenir qu'il avait lui-même écrit sur la vie et la mort de Paul-Louis Courier. Mais les moyens gouvernementaux de se débarrasser d'un grand adversaire peuvent différer.

C'est par là surtout, par ses rapports étroits avec la politique générale que le sujet nous a fixé et retenu. Bien que Girardin paraisse rester au premier plan dans ces pages, en réalité il finit par être enveloppé dans le recul; il s'estompe et compte dans notre jugement de moins en moins. L'histoire générale avec ses fatalités d'ensemble, ses connexités, son mouvement global reprend ses droits et commande tout.

(1) *Extrait du dossier d'un prévenu de complicité morale.* (Broch. Paris, Paulin, édit., 1835.)

C'est par là également que le genre biographique mérite d'être cultivé : il permet le détail des explications et la recherche dans les dessous, bien que, comme manière d'aborder l'histoire et de juger de l'action des hommes publics, il reste le plus souvent un genre tout à fait secondaire et faux. Si l'auteur n'y prend grandement garde en effet, à moins qu'il ne s'agisse de personnages qui, les uns dans les assemblées souveraines ou les grands mouvements nationaux, les autres à la tête des gouvernements réguliers ou au commandement des armées tels que Mirabeau, Danton, Robespierre, Lamartine... Richelieu, Cromwell, Louis XIV, Guillaume III, le tsar Pierre, Frédéric II, Napoléon, Bismark... ont donné à leur temps une impulsion, malgré tout personnelle, cet auteur exagère communément l'influence de l'individu que le caprice de son admiration tire de la foule d'où il émergeait parfois à peine : il néglige ou obscurcit la complexité des causes dominantes qui ont fait d'un soliveau ballotté la hampe d'un drapeau, même le bois de la lance ; il exalte, dans sa partialité les actes les moins volontaires ou personnifie les actes les

plus collectifs. L'excès contraire le dérive de
la simple équité dans les écarts de la critique
systématique ou les puérils dénigrements de
la haine. Ainsi, des deux côtés, tombant
soit dans le panégyrique soit dans le pam-
phlet, le biographe a altéré les faits et les
caractères.

Carrel n'a pas assez vécu pour qu'on puisse
le ranger à côté des grands hommes qui
méritent une histoire détachée et particulière
absorbant l'histoire contemporaine d'un
peuple, mais, sans compter son action certaine sur la politique d'opposition au régime
qui a fait avorter la révolution de 1830 et ne
conservera même pas, par lui-même, une signification historique et nationale comme la
Restauration, il offre cependant tous les caractères d'un admirable exemplaire humain, d'un
vrai chef de commandement et tel que les
groupements politiques en mettent ou rencontrent rarement à leur tête. Au milieu des
temps justement qualifiés d'héroïques, nul ne
mérite mieux que Carrel la qualification de
héros : mais, à la belle générosité du cœur, à

la poésie d'actions intrépides, toutes deux inséparables de la vérité et la grandeur du rôle, il a joint une raison appropriée dans les concepts et une volonté forte pour leur accomplissement qui expliquent quel adversaire on redoutait en lui.

Dans ces pages, les hommes publics de quelque taille qu'ils soient, à quelque prix qu'ils estiment leur propre tête, pourront peut-être trouver une certaine sorte d'enseignement, le seul qu'il ne soit pas impertinent à l'auteur d'indiquer. Peut-être ces hommes publics jugeront-ils que dans les luttes civiles où il s'agit avant tout de durer pour contribuer à la victoire et l'organiser, les chefs de partis doivent au moins s'attendre à fixer la vue et l'attention inquiètes de milliers et de millions d'hommes, à rester le point de mire de toutes les curiosités, de toutes les jalousies, de toutes les haines, de toutes les calomnies les plus expertes à dépecer leur vie non seulement publique, mais privée, intime, cachée ; ils accepteront comme faisant partie de l'emploi ce surcroît de fardeau qui, même fort réduit, serait sans doute encore trop lourd aux épaules souvent un peu étroites de particuliers encore que notables, et le porteront allègrement.

L'ouvrier ne crée pas une œuvre grande et haute sans contusions ni meurtrissures, mais sa tête doit rester calculatrice et froide, et il ne risquera pas un mouvement qui le puisse faire tomber de l'échafaud.

Cette règle qui ne devrait point comporter d'exception, Carrel l'oublia.

Peut-être, répondra-t-on, cette règle, pour être toujours impérieuse et obéie, doit-elle rester d'accord avec l'honneur, aussi était-il difficile que Carrel ne l'oubliât pas.

FIN

APPENDICE

———

DOCUMENTS ANNEXES

ARMAND CARREL

ET MADAME ÉMILE DE GIRARDIN

Une démarche mondaine.

Dès 1833, Émile de Girardin comprenant l'intérêt personnel et politique à la fois qu'il trouverait dans des relations individuelles avec Armand Carrel, avait tenté d'attirer le rédacteur du *National* dans le salon de sa spirituelle et charmante femme qui le secondait en toutes choses activement. La *Dixième Muse*, comme on avait surnommé Mme Émile de Girardin, avait en effet réuni autour d'elle dans son salon de la rue Saint-Georges une élite littéraire et politique qui comptait dans un habile pêle-mêle à côté de jeunes gens de talent, complètement inconnus d'ailleurs, ayant leur fortune et leur réputation à faire (1), les

(1) Dans la campagne électorale de novembre 1837, au cours de laquelle Émile de Girardin, député sortant, demandait aux électeurs de Bourganeuf (Creuse) le renouvellement de son mandat, les journaux locaux annoncèrent au nom de Girardin que, s'il était réélu « ses salons ouverts aux arts, à la littérature, à la politique, seraient un point de ralliement aussi agréable qu'utile aux jeunes gens du département qui se sentent de l'ambition et de l'avenir. C'était aux pères de famille d'y penser ». (*National* du 2 novembre 1837.)

Comme nous en avons déjà fait mention, M. et Mme Émile de Girardin habitaient rue Saint-Georges, n° 11, dans le

plus grands et les plus notables noms du temps, Hugo,
Lamartine, Guizot, Vigny, **Thiers**, Balzac, Dumas,
Théophile Gautier, George Sand, Sainte-Beuve, **Méry**,
Eugène Sue, Jules Sandeau, Soumet, Gozlan, Roger
de Beauvoir, Loëve-Weimar, Malitourne, Roqueplan,
Alph. Royer, cinquante autres, sans oublier les amis
de sa mère Mme Sophie Gay qui, elle aussi, avait
tenu salon littéraire sous la Restauration, non loin de
là, rue de la Chaussée-d'Antin.

On retrouva dans les papiers de Carrel après sa

magnifique hôtel qui subsiste encore, avec la numérotation
de 13, 15 et 15 *bis*. Cet hôtel construit par le célèbre architecte Bellanger en 1788, en dehors de l'intérêt artistique présenté par ses belles lignes, les frontons et les cintres de sa
façade ainsi que sa décoration intérieure, a une histoire
morale également intéressante. Bellanger commença par cons-
truire l'aile droite (le n° 15 *bis* actuel) pour Mlle Dervieux,
le beau sujet de l'*Opéra,* puis presque simultanément il cons-
truisit le corps de bâtiment central et l'aile gauche (les n°s 13
et 15) pour lui-même ; la légende veut que des portes inté-
rieures secrètes aient été aménagées entre les deux habitations
pour permettre une intimité qui finit du reste par se déclarer matrimonialement.

La spaciosité des appartements et le nombre considérable
des locaux-annexes permirent d'ailleurs au cours du temps
les destinations les plus variées aux locations de l'hôtel. C'est
ainsi qu'Armand Marrast y installa les bureaux du *National*
et que les locataires célèbres les plus divers se succédèrent
dans les appartements. C'est ainsi que, outre Émile de Girardin
(1836), Chaix d'Est-Ange (1851), puis le préfet de police Boi-
telle, sous le second Empire, Mme Sarah Bernhardt de nos
jours, entre autres noms retenus habitèrent l'hôtel Bellanger.
Tout récemment, avant de remonter la rue Saint-Georges et
de prendre possession de l'hôtel Millaud, au n° 51, *les Annales*
de M. Adolphe Brisson, y étaient installées. Présentement, un
de nos plus importants périodiques, *l'Illustration,* y a ses
bureaux et ses presses.

En 1844, M. et Mme Emile de Girardin quittèrent la rue

mort, ce billet de Mme de Girardin au rédacteur en chef du *National* :

« Jeudi, 7 mars 1833.

‹ » Vous devez trouver tout simple, Monsieur, qu'une réputation si belle que la vôtre inspire le désir de vous connaître. Aussi ne suis-je nullement embarrassée en vous priant de venir lundi soir entendre chez moi quelques vers. Vous me paraissez d'ailleurs accoutumé à toute espèce de provocation et j'ose espérer que vous répondrez à celle-ci comme aux autres.

» Delphine GAY DE GIRARDIN. »

En marge de ce billet on lit de la main de Carrel : « *Répondu le 8 mars* » (1).

/ Émile de Girardin ayant ultérieurement écrit qu'il n'avait jamais vu Carrel, avant leur entretien du 21 juillet 1836 (V. *Appendice*, p. 286), la réponse de Carrel à l'invitation de Mme de Girardin fut évidemment aussi courtoise que négative, et l'invitation des salons de la rue Saint-Georges ne se renouvela pas.

Girardin avait épousé le 1er juin 1831, Mlle Delphine Gay, fille de Mme Sophie Gay (1776-1852) connue dans les lettres du temps pour avoir cultivé, mais avec moins de talents, les mêmes genres que

Saint-Georges pour prendre possession du célèbre hôtel grec, situé sur les Champs-Elysées à l'angle de la rue de Chaillot, à côté de l'hôtel Lauriston, devenu plus tard celui de la duchesse d'Albe, sœur de l'impératrice Eugénie.

(1) *Charivari* du 24 nov. 1836, et *le Colibri*, journal de la littérature, du théâtre et des arts, publié rue Saint-Lô, n° 7, à Rouen, numéro du 27 nov. 1836.

Delphine, le roman, la chronique, le théâtre et la poésie : ces dames collaboraient à *la Presse*.

On peut encore relever cette lettre publique de Girardin à Carrel vers la même date.

Le National du 14 février 1833 publie ces quelques lignes de rectification adressées par Émile de Girardin et insérées sans commentaires :

« M. le rédacteur du *National*.

» Monsieur,

» La réputation de bonne foi dont jouit *le National* ne me permet pas de laisser passer sans dénégation formelle la qualification arbitraire de *ministériel* dans votre feuille de ce jour, au *Journal des Connaissances utiles*. Le grand nombre de ses souscripteurs me fait un devoir de cette protestation publique.

» J'ai l'honneur, etc.

» Émile de GIRARDIN. »

Il est à remarquer que cette double manifestation se produisit au moment où le duel chevaleresque que Carrel venait d'avoir le 2 février 1833 avec Roux de Laborie, jetant le gant au nom de la légitimité, grandissait encore le rédacteur du *National* devant l'opinion.

C'est à la circonstance de cette provocation que fait allusion le billet d'ailleurs si gracieux de Mme Émile de Girardin.

CAPO DE FEUILLIDE
Rédacteur du *Bon Sens*,

ET ÉMILE DE GIRARDIN
(Juillet 1836)

Lettre ouverte

adressée par Capo de Feuillide à Émile de Girardin le 22 juillet 1836, en réponse à l'article de la Presse du 21 juillet qui avait provoqué d'autre part la demande d'explications de Carrel (1).

« Monsieur,

» Vous avez bourré de papier timbré et d'articles de loi contre la publicité votre escopette pour faire sauter la serrure de la caisse du *Bon Sens*.

» Voici qu'aujourd'hui vous chargez votre arme d'une assez bonne intention de calomnie et de diffamation, moins le courage, pour me coucher en joue, moi, l'auteur des quatre feuilletons qui ont mis à nu votre habilité industrielle.

» C'est manquer de loyauté et de logique, deux choses cependant qu'il est toujours bon d'avoir pour soi.

» Nous ne pouvons, monsieur, tenir à votre disposition notre bourse et notre poitrine. Vous avez eu le choix, et ce n'est pas notre faute si votre instinct vous a poussé vers notre bourse.

(1) V. p. 43 l'article d'Émile de Girardin reproduit *in extenso* dans le texte du présent livre; *id.*, p. 289 de l'*Append.*

Cf. le propos de Capo venant prendre des nouvelles au *National* le 21 juillet, vers minuit (p. 142).

» Je sais, monsieur, en mon particulier, où vous voulez en venir, vous espérez m'émouvoir par vos menaces d'outrages *pièces* en mains, et me faire quitter le terrain où vous-même m'avez appelé; mais il n'en sera rien.

» Vous parlez de m'arracher mon masque de rigorisme politique et de probité sociale. Hé! monsieur, je ne porte pas de masque. Si je suis connu par quelques bons côtés, comme cela est, Dieu merci! c'est par mon indépendance et ma franchise. Ma plume n'a jamais été qu'au service de mes convictions, qui ne m'ont point encore, que je sache, donné ni hôtel, ni voiture, ni chevaux pur sang. Je ne me suis mêlé qu'une fois à une affaire d'argent et de littérature, et j'en suis sorti dupe et ruiné, pour y avoir mis mon argent sans doute! au contraire des gens qui se retirent riches des affaires où ils n'ont travaillé qu'avec les fonds des actionnaires. Vous savez cela, monsieur.

» Je vais donc partout la tête haute comme le cœur, et mon visage à découvert est d'une telle trempe qu'une main comme la vôtre se couperait en deux en y touchant.

» Faites donc ma biographie, monsieur; je laisserai passer l'injure, car vous m'avez fait une mission que je veux, que je dois remplir jusqu'au bout, et dont je ne me laisserai détourner ni par un procès, ni par la bonne envie qu'a tout homme de cœur de châtier un insolent; le duel, à mon sens, ne doit pas figurer dans les moyens d'étouffer la publicité.

» Oui, monsieur, je veux prouver en justice que non seulement mes quatre feuilletons ne vous ont point diffamé, mais que j'ai été avare de preuves contre vos antécédents industriels; je veux surtout démontrer que la diffamation, si elle existe, vient non de moi, mais de vos prospectus et de vos chiffres, c'est-à-dire de vous-même. Je n'ai fait, moi, que mettre l'étiquette sur le sac.

» Je ne m'en tiendrai pas là, monsieur, je veux vous faire faire tant de bruit que la dignité de la Chambre des députés elle-même finira par s'en inquiéter et par vous en demander compte.

» Cela fait, monsieur, mais seulement alors, nous verrons s'il nous convient, pour vous élever à nous par un duel, de vous tirer de la place où l'opinion publique vous aura mis.

» C. FEUILLIDE. »

(*Journal de Rouen*, numéro du 24 juillet 1836.)

CAPO DE FEUILLIDE
Rédacteur de *la Presse*

ET ÉMILE DE GIRARDIN

(Février 1837)

LA PHYSIOLOGIE DU JOURNALISME.

Nous avons donné (en note p. 181) les premières lignes du premier article de Capo de Feuillide, devenu en février 1837 rédacteur du journal d'Émile de Girardin; nous donnons ici la suite et la fin de cet article paru comme les suivants en feuilletons de neuf colonnes dans la Presse. *Capo, après avoir présenté une apologie personnelle préliminaire, après avoir commencé de s'élever contre l'ingratitude de ses amis de la veille, et avoir peint ses récentes détresses morales et autres, déclare qu'il contera maintenant le fait tel qu'il vient de se passer il y a quatre jours; il continue en ces termes :*

. . . .

» Donc naguère, il y avait dans le journalisme un homme de convictions démocratiques ardentes, loyales, se passionnant avec feu de la passion des autres, s'oubliant volontiers sur lui-même, un véritable fauteur encapuchonné, qui se lançait à l'étourdie sur la première proie qu'on lui montrait du doigt pourvu qu'on pût la lui faire voir à travers je ne sais quel prisme de nobles passions et d'intérêts prétendus sacrés. A ce jeu il avait souvent compromis sa fortune plus que médiocre, et sa vie, qui est le seul avenir de sa jeune famille.

» ... Il était d'opinion avancée, pour laquelle un parti a formulé un nom ; mais il n'était point de ce parti, il n'était en rien lié avec lui, car il ne lui avait jamais rien demandé et il n'avait jamais figuré sur aucune liste de ceux qui se partageaient l'avenir. Il était encore moins de l'une des mille coteries qui fractionnent le parti en mille nuances. Aussi l'influence et la considération qui pouvaient s'attacher à lui, il les avait emportées de haute lutte... »

(Il écrivit dans deux journaux démocratiques où l'on ne payait pas ou fort peu ; il touchait 100 francs pour quatre feuilletons de théâtre *(sic)*... Mais voici que le vieux journalisme tremble... Girardin a lancé ses prospectus... Capo allait recevoir de ses amis le prix de son téméraire courage et de son désintéressement...)

« L'occasion ne manqua pas en effet. Tout d'un coup le vieux journalisme se trouva ébranlé dans son passé et dans son avenir *voire même dans la moralité de ses bases financières (sic)*. On lui prouvait tout simplement que depuis plus de quinze années, il avait donné à 80 francs une denrée qu'il pouvait donner à 40. Voilà que le vieux journalisme cherche son champion, et comme il n'y avait guère dans ses rangs qu'un homme d'une nature facile et audacieuse qui se jetât tête baissée dans la bataille, on alla droit à cet homme : c'était notre journaliste en question. Oh ! il ne se fit pas prier : de quoi il est bien honteux et bien marri à cette heure comme le doit être toute dupe prise au piège.

» Pour le coup, il crut avoir conquis une position ; il n'était plus l'homme d'une opinion, il était l'homme de tout le journalisme. D'ailleurs c'était de tous côtés, dans le vieux journalisme, des cris d'admiration sur son courage, sur son dévouement, sur la solidité des étaux *(sic)* de sa logique : on exaltait même l'inflexibilité de ses calculs, lui qui n'a jamais su faire une addition. Voyant et oyant tant de belles choses, il pria ses amis personnels et politiques de se mettre en campagne. Il s'y mit lui-même ; il frappa à toutes les portes des maisons, où sans trop dévier de ses opinions, il pourrait trouver un coin pour griffonner quelques bribes littéraires : « Messieurs, disait-on et disait-il lui-même, ce » courage, ce dénouement, ces étaux d'une logique » solide, tout cela est en disponibilité ; prenez-le à votre » service. » Ce furent alors des *si,* des *mais,* des observations, des restrictions à brouiller les plus nettes idées ; notre pauvre journaliste, se voyant dépouillé une à une de toutes les qualités qu'on lui avait trouvées, s'enfuit à toutes jambes de peur, s'il en entendait davantage, qu'il ne finît par être traité de poltron, d'intrigant et de bredouilleur qui ne sait ce qu'il dit (1).

» Dès ce moment, il commença à réfléchir amèrement. Mais bah ! dit-il, ce qu'on ne paie point en position, on me le paiera en bons propos.

» Cette occasion se présenta encore. Notre journaliste, toujours pour servir sa religion politique, avait fait un livre dans lequel, prenant corps à corps la réaction de 1815 dans le Midi, il attachait au poteau de l'histoire les noms des égorgeurs de cette époque, sans trop s'inquiéter de ce qui arriverait. Un procès lui

(1) Le lecteur a remarqué qu'il n'est fait aucune allusion à Carrel, à son intervention généreuse ou courtoise, au duel, à son dénouement.

fut intenté par un des hommes que la voix publique et
un rapport de magistrat de Cour royale désignaient
comme l'auteur de l'assassinat d'un général... »

(On demande en représailles à Capo 50.000 francs
de dommages-intérêts ; on réclame pour Capo une peine
de cinq ans de prison ! Capo s'en tire à 25 francs...
mais on l'avait laissé seul se débattre, sans un mot,
sans un geste de secours...)

« A son retour à Paris, ses réflexions devinrent plus
amères encore. Le découragement le prit. Il s'avoua
qu'il y avait sottise à continuer de sacrifier sa fortune,
de compromettre son avenir, et d'user son talent pour
une armée en désordre qui vous pousse en avant en
tirailleur et qui après le coup de feu vous ferme ses
rangs. Il se dit avec désespoir que se dévouer pour une
opinion qui, en retour, n'offre aucun dévouement,
était un métier de dupe. Après quelques regrets et
quelques larmes donnés à des illusions perdues, après
quelques regards de pitié et de dédain jetés sur les
petites manœuvres mises en jeu pour l'exclure du
journalisme, il prit sa plume de journaliste et la brisa !

» Mais bientôt il se vit seul et abandonné, il s'opéra
une réaction en lui. Sa tristesse et ses regrets se chan-
gèrent en colère, et en je ne sais quel besoin de se
venger et de faire honte à ceux qui l'avaient lâchement
délaissé. Il s'interrogea, il se trouva encore assez fort
et assez audacieux pour une lutte. Il sentait qu'il avait
encore bien des choses à sortir de ses entrailles ; que
lui aussi avait une pensée à jeter dans le vaste foyer
d'intelligence qui éclaire le monde ; et alors il se demanda s'il appartenait à tous d'en opprimer un seul,
et s'il n'y avait pas lâcheté à succomber ainsi, et à

garder en soi la pensée qui vous dévore comme la lave du volcan qui bouillonne sur elle-même dans le cratère fermé. Il se demanda si lui, qui avait mis si souvent au service des autres, pour être exploité, son courage, sa verve, son talent, n'était pas en droit de faire tourner tout cela à son seul avantage? Si en dehors de la politique, il n'y avait pas une foule de questions qui intéressent les arts, la littérature et la civilisation, à un plus haut degré encore que les questions politiques? Si ces questions ne pouvaient pas être traitées partout où un champ clos leur était ouvert, quel que fût le pavillon planté sur la barrière? Or il se répondit affirmativement à tout cela.

» Alors il résolut en lui-même de redresser la tête haute, seul contre l'oppression de tous, et il se promit de faire une action qui serait un défi qu'il jetterait à tous.

» Il se souvint que pour servir des passions et des intérêts qui n'étaient pas à lui, il s'était fait un ennemi mérité; il se souvint surtout que cet ennemi, faisant taire ses justes rancunes, s'était montré oublieux et bon dans ce procès où il s'agissait de la ruine d'un homme (1), parce que cet homme avait eu le courage de ses convictions, et dans lequel il avait été abandonné par ses amis ou ses obligés personnels en politique.

---

(1) V. p. 180 la lettre où Girardin se désiste de sa plainte contre *le Bon Sens*, le 17 août 1836.

Capo de Feuillide ne semble pas se rendre compte de l'unique motif du désistement de Girardin; il oublie que le lamentable dénouement du duel avait absolument modifié la situation, et que Girardin, en position déjà suffisamment fâcheuse devant la majeure partie de l'opinion, aurait achevé de surexciter des hostilités déjà trop vives s'il avait ajouté à

» Il alla donc trouver son ennemi. Ce qui se dit là est inutile à rapporter, et d'ailleurs ne fut pas long.

» Mais quand ce rapprochement a été rendu public, il a fait beau voir quel dépit, quelle rage furibonde ont éclaté de toutes parts. Ce journaliste audacieux, cet homme qui a une plume de fer trempée dans une fournaise, cette main vigoureuse pour laquelle il n'est pas de masque si épais qu'il ne soit brisé, ce feuilletonniste enfin, qu'avec tant de peine et d'habileté on avait éloigné du champ de bataille, le voilà qui se relève et qui rentre dans la lice avec une publicité *cent* fois plus étendue que celle qu'il a eue jusque-là, et le cœur gros de tout le ressentiment que fait germer l'ingratitude et l'abandon des autres.

» Eh bien, oui! cela est vrai, cet homme que vous aviez découragé, atrophié, reprend son courage et son énergie. Il sait bien de quelles considérations vous pouvez feuilleter ce chapitre, pour l'accuser, pour lui reprocher la hardiesse de sa démarche. Mais, entendez-vous bien, il n'est pas une seule de ces considérations qu'il ne puisse faire retomber en honte sur votre tête. Il n'en est pas une qu'il ne puisse toujours clore par cette monotone et accablante réplique : « C'est votre lâche égoïsme qui a fait tout cela. »

» Que vos accusations seulement sortent formulées du huis-clos où vous les tenez prudemment, et vous

l'odieux de la mort de Carrel le haineux et bas surcroît d'une demande de condamnation aux dommages-intérêts, à l'amende et à la prison. *A cette date*, bien que fort malmené par la polémique et la nouvelle injure de la lettre ouverte de Capo de Feuillide, Girardin songeait moins à ménager le journaliste de rang négligeable qui avait causé tout le mal qu'à rendre sa propre situation moins difficile.

verrez si le journaliste a pour lui la franchise et la raison, et s'il aura le courage de faire peser certaine responsabilité sur le seul homme qui la doit assumer, quelque effort de coterie que cet homme fasse pour éloigner cette responsabilité qui l'étrangle, et vous verrez si le public saura dire lequel doit baisser honteusement la tête, ou du journaliste dévoué, toujours exploité par des passions et des intérêts qui n'étaient ni ses passions ni ses intérêts, ou du vieux journalisme qui a été ingrat et méchant.

» Oh! merci donc, vous qui avez oublié de violentes, et je le déclare, d'injustes attaques; merci d'avoir tendu la main à votre ennemi, quand ses amis s'apprêtaient à l'enterrer muselé et tout vivant. Un journal vous en félicitait d'un ton aigre-doux, moins l'ironie, et ce journal avait raison; il faut toujours féliciter deux ennemis qui se réconcilient, à moins qu'on n'ait un intérêt personnel à ce qu'ils se coupent la gorge, et je ne connais cet intérêt que chez des gens qui n'osent pas la leur couper eux-mêmes.

» Merci de nouveau, vous qui permettez de donner ici au vieux journalisme un enseignement qui profitera sans doute à ceux-là mêmes qui ne comprennent pas qu'on ait eu la hardiesse de le donner. Il est bien que tous ces égoïstes marchands de papier, qui mènent la vieille presse, sachent enfin qu'il ne dépend pas d'eux, quand un homme les a bravement servis, de lui dire : « Tu n'auras pas de travail ici; va mourir dans un » coin, de misère... et oublié. »

» Maintenant, ils ne le diront plus, car ils voient que celui auquel ils ont tenu ce langage d'égoïsme et d'ingratitude, qu'ils avaient cru isoler de tout, trouve quelque part un camp et des armes pour tenir en respect les ennemis qui le harcèlent, et les amis qui l'ont délaissé.

» Ceci dit, au prochain article nous n'allons plus faire que de l'histoire, comme doit être écrite l'histoire sévère et sans passion. Nous éviterons les noms propres... Mais à quoi bon, celui qui écrit ces lignes saisit très bien la ressemblance. »

» C. Feuillide. »

Les numéros suivants de *la Presse* contiennent toute la série des feuilletons de C. Feuillide, avant son départ pour sa mission officielle à l'étranger ; ils portent sa signature. En voici les titres :

Physiologie du journalisme en France *(suite)*. — II. Le journalisme et les journalistes, xviie siècle ; Bayle ; numéro du 25 février 1837. — III. Le journalisme et les journalistes, xviiie siècle ; Fréron : *le Mercure de France* (1769) ; numéro du 12 mars 1837. — L'étude sur la *Physiologie du journalisme en France* est interrompue par la publication d'un feuilleton intitulé : *Des annonces des journaux* (numéro du 14 mars 1837), où Capo de Feuillide veut prouver au *Journal des Débats* qu'il a eu tort d'agrandir son format pour recevoir plus d'annonces, car « dans un journal où il y a dix annonces, il y en a neuf de trop dans l'intérêt de la dixième... Multiplier les annonces dans un journal est un déplorable système, conclut Capo de Feuillide ; c'est le contraire auquel il faut tendre ; autant que possible, il faut les restreindre afin de les choisir sévèrement. Lorsque *la Presse* aura vingt mille abonnés et quelques mois de plus d'existence, lorsque le temps aura fait pour elle son œuvre, c'est-à-dire lorsqu'il aura achevé de consacrer et de consolider son succès, ce n'est pas son format qu'elle agrandira, elle préférerait élever le prix de ses annonces... ». — Le numéro du 15 mars contient un nouveau feuilleton hors série intitulé : *Notre plaie sociale*, où Capo proteste contre les lois sur le vagabondage, réclame des ateliers publics et des établissements de secours populaires, et gourmande l'incurie des ministres car « on n'est pas ministre seulement pour émarger au budget et se prélasser dans de riches hôtels... ». — Physiologie du journalisme en France *(suite)*. — IV. Assemblée Constituante et Convention ; numéro du 21 mars 1837. — V. Réaction thermidorienne (1re partie); numéro du 3 avril 1837. — VI. *Id.* (2e partie); numéro du 14 avril. — VII. Directoire, Consulat, Empire; numéro du 29 avril. — Le numéro du 5 mai 1837 contient un feuilleton de six colonnes sur un livre de l'historien J.-A.-C. Buchon : *Choix de chroniques sur l'Histoire de France; les derniers Valois*, avec notices biographiques (Collection du Panthéon littéraire). — Le numéro du 27 mai 1837 contient le huitième et dernier feuilleton de Capo de Feuillide sur la Physiologie du journalisme en France, intitulé : *Le vieux libéralisme, ses principes, ses journaux, ses journalistes*, où nous relevons le passage suivant : « Un jour viendra, s'il n'est déjà venu, où il sera reconnu, et, certes ce ne sera pas difficile à prouver, que le vieux libéralisme a fait, lui aussi, tout le contraire de ce pourquoi il se disait créé et mis au monde. En poussant les populations dans les querelles religieuses, la Réforme a arrêté le progrès politique jusqu'en 1789; en poussant la France dans les préoc-

cupations passionnées et puériles souvent d'une politique de mots plus que de choses, le libéralisme a
arrêté jusqu'en 1830 et entrave encore le progrès
social... » Capo termine en attaquant les libéraux
dans la presse et le Parlement ; il raille un journal, *le
Patriarche du vieux libéralisme* (?), tombé de vingt-deux
mille à huit mille abonnés, depuis l'innovation du
rédacteur en chef de *la Presse*.

Le numéro du 13 juin 1837 annonce la présentation
de Capo de Feuillide au roi, celui du 19 juin 1837
son départ pour la mission que vient de lui confier
M. le Ministre de l'Instruction publique.

PERSAT
Gérant du *National*

ET ÉMILE DE GIRARDIN

(8 et 9 septembre 1836.)

Provocation en duel de Persat :
Réponse de Girardin ; son récit du duel avec Carrel.

. On lit dans la Presse du 9 septembre 1836 l'article suivant d'Émile de Girardin qui reproduit la lettre de provocation de Persat, et la réponse de Girardin sous forme de récit du duel et d'appel à l'opinion publique. L'article de Girardin n'a pas de titre ; il est signé. Nous le donnons textuellement.

« Il se présente à décider une question grave qui doit être livrée à la publicité et dont la presse peut seule se constituer l'arbitre.

» C'est la question de savoir quel choix devra faire, entre les risques d'un assassinat ou les hasards d'un duel, l'homme placé dans la situation que voici :

» Il est diffamé par un journal, odieusement diffamé !

» Il fait au journal un procès en diffamation.

» Un autre journal intervient dans la lutte sans y être provoqué par aucun fait.

» Une explication et un duel s'ensuivent.

» Ce duel est malheureux; les deux adversaires tombent frappés, l'un mortellement, l'autre gravement.

» Celui qui a survécu, avant de s'être relevé du lit sur lequel il est resté cinq semaines étendu, reçoit une première provocation à laquelle deux illustres généraux font la réponse qu'ils jugent conforme à l'honneur (1).

» Une nouvelle provocation lui parvient encore; celle-ci ne se borne plus à renfermer des outrages, elle contient des menaces.

» Quelle réponse y fera-t-il?

» Acceptera-t-il le nouveau duel qu'on lui propose?

» Pour lui, l'existence est peu de chose; il la donnerait volontiers, on le sait, mais il n'a pas de sa vie l'entière liberté, et parmi ses devoirs il a mis celui de la défendre.

» Et si, dans ce duel, la fatalité le poursuivait encore, quel serait le jugement porté sur sa conduite (2)?

» Et si après ce duel un autre duel lui était de nouveau proposé, ayant accepté le second, quel motif aurait-il de refuser le troisième?

» Ainsi traqué dans une position sans issue, que doit-il faire?

» Refuser le duel, — accepter l'assassinat;

» Accepter seul le combat contre un parti tout

----

(1) Allusion à la provocation de Capo de Feuillide et à la fin de non-recevoir qu'y opposèrent les généraux Exelmans et Delort. (V. p. 178 et 179.)

(2) C'est à propos de ce passage et du récit même du duel et de ses préliminaires que *le Charivari* fera le lendemain, 10 septembre 1836, la réponse dont nous donnons plus loin les principaux extraits. (V. *Appendice*, p. 293.)

entier, s'il le faut, s'exposer à sa vengeance plutôt que d'agréer un duel par peur!... plutôt que de laisser s'établir par un précédent funeste une tyrannie que les lois ne pourraient ni prévenir, ni punir.

» Tel est l'avis qu'il a cru ne devoir prendre que de lui-même, et dont il n'a point voulu que ses amis eussent à partager la responsabilité.

» S'il succombe dans la lutte par un assassinat, sa mort du moins alors sera glorieuse, car il ne l'aura point misérablement jouée, il l'aura utilement exposée et vaillamment défendue contre l'insolence d'une intolérable domination.

» Après cette résolution rendue publique, et que la presse et les partis à leur gré jugeront, un devoir lui reste à remplir, c'est d'imprimer textuellement la lettre qu'il vient de recevoir, et d'exposer dans toute leur vérité les faits qui l'ont précédée.

FAITS.

« *A M. Émile Girardin (sic), député.*

« Paris, le 8 septembre 1836.   *Confidentielle.*

» **Monsieur,**

» Sachant que vous êtes parfaitement rétabli de votre
» légère blessure du 22 juillet!... je vous écris, M.,
» pour vous rappeler le serment que j'ai fait à mon loyal
» ami Armand Carrel!!! et vous l'avez bien entendu,
» je crois; dans tous les cas, je vous le rappelle ici;
» c'était celui de le venger... sur le même terrain. Je
» vous engage très fort, M., à accepter le cartel que je
» vous propose ici, à l'épée ou au pistolet, comme vous

» l'entendrez ; mais avec la condition qu'il sera tiré au
» sort, à qui tirera le premier, et à vingt pas seu-
» lement. Vous ne doutez plus maintenant, M., que
» vous n'avez plus une voix honorable dans le public
» pour vous justifier de votre *inexplicable* conduite
» envers M. Carrel ; et que pensera de vous ce même
» public, lorsqu'il saura que mon trop généreux ami
» vous a dit, en présence de vos témoins : « Je déclare
» même, et cela sans crainte, que je ne pensais pas
» du tout à M. de Girardin lorsque j'ai écrit l'article du
» *National.* » Ha ! M., dans ce moment-là, ne deviez-
» vous pas prier M. Carrel de vous tendre la main et
» de vous excuser de l'avoir provoqué ; oui ! M., c'était
» ce qu'aurait fait un homme d'honneur, et vous ne
» l'avez point fait... Je dois aussi, M., vous prévenir
» que, si vous acceptez le combat que je vous propose,
» vous pourrez *dormir en paix* et vaquer à vos affaires
» sans crainte de recevoir des avanies... par les nom-
» breux amis de Carrel ! car, M., vous la *danserez*
» d'une manière ou d'une autre si vous n'acceptez pas
» le duel que je vous propose ; réfléchissez-y. Enfin, M.,
» je vous préviens que j'entrerai dans la *prison du roi,*
» dite Sainte-Pélagie politique dans quelques jours et
» pour trois mois ; ainsi tâchez de me répondre de suite.
» J'ai l'honneur de vous saluer.

» Maurice PERSAT,
» *ex-capitaine de cavalerie*
» *et membre de l'Ordre national*
» *de la Légion d'honneur*
» *par l'Empereur.* »

« C'est en mon nom, maintenant, que je vais parler,
et si les faits que j'affirmerai reçoivent un démenti, je

déclare sur l'honneur que l'esprit de parti seul le dictera.

» J'ai de tout ce que j'avancerai des témoignages et des témoins. Je serai personnel et précis ; il est des situations extrêmes où il faut avoir tous les courages, et même celui de parler hautement de soi, et d'en dire s'il est nécessaire tout le bien qu'on en pense.

» *La Presse* avait paru le 1ᵉʳ juillet ; trois jours après *le Bon Sens* contenait, contre ce nouveau journal, un long et violent article dont, pour apprécier le caractère diffamatoire, il s'agit de citer ce seul et court passage :

« *Le nom qu'ils ne tenaient ni de leur père, ni de leur*
» *mère, ils l'ont pris sans façon, et un nom de gentil-*
» *homme encore ! Et ils ont trouvé des témoins qui leur*
» *ont délivré un bon contrat de propriété par notoriété*
» *publique. Ils ont voulu être députés de la France, il*
» *s'est trouvé des bourgs pourris qui les ont nommés. Ils*
» *n'avaient pas l'âge, même d'après l'acte de notoriété*
» *qui leur donnait un nom ; il s'est trouvé encore des témoins*
» *qui donnant un nom à cet acte de notoriété publique, ont*
» *délivré un extrait de naissance à trente ans révolus de*
» *date.* »

» Quatre autres articles suivirent cette première atta-que. Jamais un pareil acharnement ne s'était vu. Le mot de « piperie », celui de « faillite », sont répétés dans chacune de ces vingt-cinq colonnes de calomnies, de diffamations et de chiffres tronqués. Je fis une plainte en diffamation que j'adressai à M. le procureur du roi. L'affaire devait être appelée le 20 juillet à l'audience de la police correctionnelle ; le 20 juillet au matin parut dans *le National* un article dans lequel se trouvaient ces lignes :

« M. Capo de Feuillide trouve l'entreprise mauvaise ;
» il en a bien le droit, et IL APPUIE SON OPINION DE
» CONSIDÉRATIONS ET DE RAISONNEMENTS QUI NE NOUS ONT
» PAS PARU SORTIR DES LIMITES D'UNE DISCUSSION PERMISE.
» M. E. de Girardin pouvait répondre dans son journal :
» IL A MIEUX AIMÉ CONSIDÉRER COMME UNE DIFFAMATION
» CONTRE SA PERSONNE LES DOUTES JETÉS SUR L'EXACTITUDE
» DE SES CALCULS ; il a attaqué *le Bon Sens* et M. de Feuil-
» lide devant la police correctionnelle. Cette affaire sera
» jugée demain, et M. E. de Girardin jouira du bénéfice
» des lois de septembre. La presse ne pourra rendre
» compte des débats de cette affaire ; nous en ferons con-
» naître le résultat qui ne nous paraît pas douteux ; CAR
» RIEN NE RESSEMBLE MOINS A LA DIFFAMATION, telle que
» nos lois la définissent, QUE LA DISCUSSION SOUTENUE
» PAR M. DE FEUILLIDE CONTRE LES ASSERTIONS ET LES
» CHIFFRES DE M. DE GIRARDIN. »

« De deux choses l'une, ou le rédacteur en chef du
National n'avait point lu « la série de feuilletons fort
» piquants » qu'il louait en ces termes, ou il y avait
de sa part manque de bonne foi à prétendre que leur
auteur s'était borné « à jeter des doutes sur l'exactitude
« des calculs ». Je m'étonnai qu'un tel article eût été
publié par le rédacteur en chef du *National*, en raison
de la sévère attitude politique prise par lui, et voici en
quels termes *la Presse* exprima le lendemain 21 juillet,
ce sentiment de surprise :

« *Le procès en diffamation intenté au Bon Sens a été*
» *remis aujourd'hui sur la demande de Me Marie, avocat*
» *de ce journal :*

» *Le National, à l'occasion de ce procès, jette un blâme*
» *sévère sur M. de Girardin, pour ne pas s'être de*

» *préférence servi de la voie de la Presse. Ce reproche*
» *manque de la loyauté* ATTRIBUÉE *au caractère de M. Carrel.*
» *Assurément le reproche serait mérité si le Bon Sens s'en*
» *fut tenu à l'examen critique et sévère de la base écono-*
» *mique sur laquelle* la Presse *est établie, mais il n'en a*
» *pas été ainsi : les accusations les plus odieuses et les plus*
» *personnelles ont été accumulées contre M. de Girar-*
» *din* (1). »

. » Un mot parmi ces lignes blessa la susceptibilité de
M. Carrel, qui se rendit le 21 juillet, à 4 heures du
soir, au bureau de *la Presse*, accompagné de M. Thibaudeau. Je n'avais jamais vu M. Carrel (2). Une
explication me fut demandée par lui; je refusai de la
donner jusqu'à ce qu'un de mes amis que j'envoyai
chercher, M. Lautour-Mézeray, fût arrivé et pût en être
témoin. L'explication eut lieu; elle fut de part et
d'autre polie mais sans résultat. M. Carrel insistait
pour que *la Presse* publiât le lendemain, 22 juillet,
quelques lignes dans lesquelles, à l'occasion de l'article

---

(1) Girardin — et la mutilation volontaire va lui être
reprochée — a soin de ne point citer de sa propre réponse le
passage qui provoqua également la demande d'explication de
Carrel, *la menace de biographies* qui s'adressait à Carrel autant
qu'aux autres journalistes pris à partie par le rédacteur de
la Presse. Or, nous craignons de lasser par notre insistance...
c'est cette *menace de biographie* diffamatoire maintenue par
Girardin comme immédiatement ou ultérieurement exécutoire
avec la mention du nom de Mme X... qui constitua pour
Carrel une offense grave.

Les lignes en petites capitales et en italique ci-dessus sont
imprimées telles dans l'article de *la Presse*.

(2) Cette indication nous donne le sens de la réponse faite par
Carrel à l'invitation mondaine de Mme Emile de Girardin,
mentionnée plus haut. (V. p. 265.)

de la veille, il serait dit qu'on n'avait voulu porter aucune atteinte à la loyauté de son caractère. Je ne pouvais admettre cette forme de rétractation; j'offris à M. Carrel le choix entre les trois conditions qui suivent :

» 1º Que *le National* et *la Presse*, s'en tinssent respectivement au premier article échangé entre eux, sans nouvelle attaque;

» 2º Que *le National* et *la Presse* insérassent le même jour quelques lignes réciproquement honorables dont la rédaction serait de part et d'autre convenue;

» 3º Qu'enfin *le National* et *la Presse* continuassent leurs hostilités selon que de part et d'autre ils l'entendraient.

» M. Carrel rejeta ces conditions, et persista à exiger que *la Presse* commençât par l'insertion des lignes qu'il demandait, sauf au *National* à y répondre convenablement ensuite le lendemain.

» Sur ma résolution nettement exprimée de n'admettre qu'une rédaction qui serait publiée le même jour par les deux journaux, M. Carrel, pour terminer une explication qui n'avait plus de fin possible, me déclara qu'il me demandait alors satisfaction, et que se considérant comme offensé, il faisait choix du pistolet.

» J'acceptai sans discuter, ni sur la qualité d'offensé, ni sur le choix des armes, bien que les droits fussent au moins douteux (1).

» Arrivé sur le lieu du combat, les places furent tirées au sort; le choix favorisa M. Carrel.

(1) C'est, nous le répétons, ce récit tronqué et qui tourne court que relevèrent déjà quelques écrivains contemporains trop rares d'ailleurs (V. les observations du *Charivari*, Appendice, p. 293. Cf. p. 63-69.)

» Nous fûmes mis à quarante pas l'un de l'autre, avec la faculté de nous avancer mutuellement de dix autres pas. M. Carrel marcha rapidement ses dix pas; je n'avançai que de quatre; il tira le premier et sa balle me traversa la cuisse en contournant l'os. Je fléchis alors un peu et le coup partit...

» Je pus néanmoins être ramené; j'avais conservé assez de force pour prévoir tout l'avenir d'animosité qui m'était réservé, toutes les versions erronées qui seraient répandues, si les témoins ne se concertaient pas aussitôt pour la rédaction du procès-verbal d'usage et pour son insertion dans les journaux du soir.

» Mes témoins, par un sentiment de délicatesse que je ne pouvais combattre, n'osèrent point troubler, au chevet du lit de M. Carrel, ses témoins, qui étaient ses amis.

» Aucune note ne fut donc rédigée; toutes les versions alors furent libres, presque toutes furent inexactes et malveillantes en ce qui me concernait (1).

---

(1) A deux reprises *le National* donna un récit suffisamment circonstancié du duel et notamment des paroles échangées entre Carrel et Girardin sur le terrain, pour que ce dernier eût une occasion directe de contradiction ou de rectification. Le 26 juillet 1836, *le National* publie un long article sur l'affaire depuis la rupture des pourparlers jusqu'à la mort de Carrel; le 19 novembre 1836, *le National* publie une importante notice biographique de Littré, la même qui servira d'introduction en 1857 à la publication des cinq volumes des *OEuvres politiques et littéraires* de Carrel édités par Littré et Paulin, ancien gérant du *National*. Dans cette seconde étude (reproduite *in extenso* par *le Journal de Rouen* du 20 novembre), comme dans l'article du 26 juillet, Littré n'omet pas l'échange de paroles fait à Saint-Mandé relativement à la menace de Girardin de faire une biographie de Carrel où la diffamation tiendrait sa place. Mais déjà à cette date et bien

» *La Presse* garda une réserve exagérée en présence des attaques dont j'étais l'objet; mes amis, par cette prudence extrême, pensaient qu'ils apaiseraient enfin les passions et les inimitiés; ils s'abusaient! je le savais; il n'y a que les nobles passions, et que les hautes inimitiés qu'un grand malheur fait taire.

» Le 21 juillet au soir, *lorsque le duel venait d'être déclaré inévitable, le Bon Sens,* qui devait le savoir (son imprimerie et ses bureaux sont situés dans la même maison que ceux du *National*) insérait une lettre outrageante contre moi, laquelle se terminait par ces lignes, signées par l'auteur des cinq premiers articles :

« *Je ne m'en tiendrai pas là, monsieur, je veux vous*
» *faire faire tant de bruit, que la dignité de la Chambre*
» *des députés elle-même finira par s'en inquiéter et par*
» *vous en demander compte.*

» *Cela fait, monsieur, mais seulement alors, nous verrons*
» *s'il nous convient, pour vous élever à nous par un duel*
» *de vous tirer de la place où l'opinion publique vous aura*
» *mis.*

» C. Feuillide. »

» Le 22 juillet, le soir même du duel, d'un côté, lorsque la douleur et l'exaltation des amis de M. Carrel étaient au comble; de l'autre, avant qu'on eût levé encore le premier appareil de ma blessure, avant que M. Roux se fût encore assuré s'il n'y avait point fracture de l'os, et s'il n'y aurait point lieu à l'amputation de la

qu'il n'eût pas le légitime renom qui a couronné depuis sa vie de labeur et de haute probité scientifique, il n'était pas facile d'incriminer nommément Littré d'inexactitude intentionnelle et préméditée.

jambe, le 22 juillet, enfin, le soir même du combat, voici en quels termes *le Bon Sens* en rend compte :

« Un épisode funeste est né de notre querelle *avec*
» *le Cagliostro de la presse au rabais.*
» Le déplorable événement de ce matin n'a rien
» changé à la position respective du *Bon Sens* et de
» M. Émile Girardin. *Les spéculateurs en duel seraient*
» *trop heureux, si dix jours d'exercice au tir et le choix d'un*
» *adversaire illustre les protégeaient contre la vindicte*
» *publique étayée de l'inexorable démonstration des*
» *chiffres.* La position présente de M. Émile Girardin
» nous défend d'en dire davantage ; mais tout nous
» porte à espérer que sa blessure est légère, et que *le*
» *Bon Sens* et lui se retrouveront bientôt en présence. »

» Spéculateur en duel ! moi !... odieuse infamie ; ceux qui m'ont donné ce nom savent bien que je n'ai obéi qu'à une déplorable nécessité, que jamais en aucune circonstance de ma vie je ne fus provocateur, et qu'offensé, ma conduite a toujours été sans taches !

» L'auteur de ces lignes, où il est dit que je m'étais pendant dix jours exercé au tir, n'ignorait pas que c'était une infâme calomnie qu'il jetait au public de son parti pour la répandre ; il n'ignorait pas que c'était un abominable mensonge, pour lequel je ne pouvais alors lui donner un démenti !

» Et la presse tout entière a souffert un si hideux spectacle, donné entre le chevet d'un mourant et celui d'un blessé, ainsi frappé lâchement et de nouveau chaque jour. Honte pour la presse !

» Ce qu'on vient de lire n'est pas tout encore, nous

n'en sommes qu'au 24 juillet, et le 25 *le Bon Sens*
continue :

« *Il a voulu des prospectus pour son industrie sans nom,*
» *un baptème pour son nom compromis ; après les pros-*
» *pectus de papier timbré pour l'une, un prospectus de*
» *sang pour l'autre ! Comme si le sang pouvait tout laver !*

» *Il a mis dix jours à se faire la main ; durant ces dix*
» *jours, il s'est laissé dire tout ce qu'on a voulu ; mais le*
» *onzième, il a lâché sa réplique à un grand nom, espé-*
» *rant bien qu'elle serait ramassée. Aussi lorsque Armand*
» *Carrel lui demanda une explication, cet homme, qui*
» *avait mis plus d'une semaine à ajuster la poitrine qu'il*
» *se promettait, ne voulut pas laisser échapper ce qu'il*
» *appelait une bonne fortune, ce que ses familiers jau-*
» *geaient hautement à une valeur de 10.000 francs d'an-*
» *nonces ! Aussi, avec la fatuité d'un homme qui, le*
» *matin, avait cassé une poupée, répondit-il : « Une*
» *affaire avec vous, monsieur Carrel ! ça me va !!! »*

» *Cela lui allait ! le marché était bon : il avait hâte de*
» *le conclure, car, lui, le spéculateur, l'homme que vous*
» *savez, il était fier d'avoir affaire à tout ce que vous*
» *savez qu'était Carrel !*

» *L'affaire a eu lieu. L'homme de chiffres s'est trouvé*
» *en face de l'homme de conscience ; le nom sans gloire*
» *a été un moment sur la même ligne que le nom illustre ;*
» *le spéculateur a eu son prospectus de sang.*

» *Eh bien ! l'homme de chiffres a mal fait son compte,*
» *le nom sans gloire est écrasé par la célébrité du nom*
» *illustre ; et le prospectus de sang remonte à la gorge du*
» *spéculateur et l'étouffe.*

» *Car il comptait qu'un duel demanderait pardon pour*
» *l'industrie de ses chiffres, et le pardon n'est pas venu.*

» *Il croyait qu'après un duel tout serait fini...* ET TOUT
» VA RECOMMENCER.

» *Cet homme fût-il blessé gravement, comme on veut*
» *bien dire, qui a mis son argent dans l'enjeu où un*
» *autre a mis son honneur; qui a chiffré un duel comme*
» *on chiffre les profits et pertes, c'est Shylock qui a tra-*
» *fiqué d'une livre de chair !* »

» Voilà les articles que, sur mon lit de douleur, il
m'a fallu ronger avec la mort dans le cœur et la fièvre
dans le sang !

» Et malgré ces attaques je garde encore le silence.
En vérité je m'étonne de cette puissance sur moi-même.
Et c'est après de tels outrages que je me suis désisté de
ma plainte en diffamation, voulant étouffer toutes ces
haines autour de moi comme j'étouffais violemment en
moi tous les sentiments de colère qui s'y pressaient !

» Après de tels outrages, il n'y en avait plus qu'un
dernier de possible, c'était de me provoquer en duel
pour me les avoir prodigués; ce dernier outrage, je
l'ai encore patiemment accepté pour un crime involontairement commis.

» Cet outrage devait être le dernier, du moins je le
pensais. Je m'abusais encore. Le lendemain du jour où
le Bon Sens et *la Presse* avaient simultanément inséré la
note rédigée par MM. Maillefer et Sarrut et les généraux
Exelmans et Delort, le lendemain *le Bon Sens* contrairement à tous les usages, contrairement à tous les procédés dus aux témoins en pareille circonstance, revenait
en termes injurieux sur la note de la veille.

» J'ai souffert tout cela.

» Je souffre depuis sept semaines que deux journaux, le *Corsaire* et le *Charivari* m'attaquent avec

acharnement chaque matin et me jettent leur venin au visage.

» C'est assez; la force m'est enfin revenue.

» Ma détermination est prise; elle est inébranlable.

» Les journaux m'ont blâmé d'avoir demandé aux tribunaux un abri contre la diffamation.

» Je suivrai leur avis; je ne répondrai à l'outrage que par l'outrage.

» Je ne prendrai plus conseil que de mon indignation, et je ne rendrai compte qu'aux tribunaux de la manière dont j'entends désormais défendre ma vie et mon honneur contre les attaques dont ils sont menacés.

» Émile de GIRARDIN.

» L'insertion de la lettre de M. Persat, que je n'ai point l'honneur de connaître, dont je conçois les regrets, mais que je n'ai point offensé, est la seule réponse qu'il aura de moi. »

RÉPONSE DU « CHARIVARI »

*au récit du duel du 22 juillet fait par Émile de Girardin
dans la Presse du 9 septembre 1836.*

(10 septembre 1836.)

. . . .

« Il (Girardin) redoute, dit-il, le jugement qui serait porté sur sa conduite, si dans un nouveau duel, la fatalité le poursuivait encore.

» Nous disons que cette raison est curieuse pour qui sait avec quel cynisme on s'est réjoui rue Saint-

Georges (1) d'avoir vu tomber Carrel, jusqu'au moment
où l'on a compris que l'opinion publique demanderait
compte plus d'un jour du noble sang qui avait coulé.
Alors on a renfermé sa joie dans son cœur ; alors
M. de Girardin, qui en rentrant chez lui blessé, avait
monté seul et rapidement son escalier, a fait répandre
le bruit que sa blessure était fort grave, que l'os avait
été lésé et que l'amputation était presque inévitable ;
et puis de la paille a été étendue devant la maison, à

(1) Nous n'avons point trouvé dans les journaux du temps
d'autre allusion que celle-ci à des manifestations qui seraient
peu facilement qualifiables si elles ne devaient s'entendre plus
vraisemblablement pour Girardin de la joie expansive d'avoir
le 22 juillet échappé à un très sérieux danger et pour les siens
de félicitations appropriées ; mais nous pouvons ajouter ce
détail caractéristique. Nous tenons de Charles Blanc, frère de
Louis Blanc, que nous avons eu l'honneur de voir souvent
et librement dans les cinq ou six dernières années de sa vie,
que Girardin, continuant à faire contre la mémoire de Carrel
usage des procédés d'investigation qui venaient d'avoir de si
tristes résultats et qu'il conservera d'ailleurs contre ses ennemis et même ses amis politiques (a), versa à diverses reprises
aux entretiens semi-publics des salons de la rue Saint-Georges,
le complément de son inquisition sur la vie privée de Carrel,
les succès *mondains* soi-disant recherchés par Carrel, etc.,
et autres allégations aussi malveillantes qu'inexactes ayant pour
unique objet de jeter de la défaveur sur la personne morale
de son adversaire mort et de diminuer devant l'opinion le
caractère honorable de la pleine et conjugale affection que
Carrel avait pour Mme X... Ces commérages piètres d'esprit
en tout temps, en l'occurrence misérables dans leur insidieuse
insistance, se renouvelèrent souvent avec le cercle des audi-
teurs et furent ainsi tenus au moins une fois, ajoutait
Charles Blanc, devant Guizot, un habitué à cette date des
salons de la rue Saint-Georges.

(a) V. APRÈS L'ABANDON DE LA REVANCHE (*op. cit. passim*), la surveillance exercée par Girardin sur l'emploi du temps de Gambetta, les personnages qu'il reçoit et visite, les hôtes dont il est le commensal, les
convives avec lesquels il s'est particulièrement entretenu, etc., etc.

laquelle on a cherché à donner un aspect lugubre.
Comédie jouée en pure perte et dont le public ne s'est
point ému. Avant même que Carrel ait succombé, et
quand tout espoir de le sauver ne semblait pas encore
perdu, le public, le public de tous les partis avait déjà
fait la part aux deux adversaires. Pour Carrel, toutes
les sympathies, toutes les anxiétés ; pour M. de Girardin,
le dédain et le silence. Ah ! nous concevons qu'alors il
ait pu souffrir de cette torture morale bien plus que de
sa blessure. C'est qu'on a beau avoir une âme per-
verse, un cœur endurci, on ne se soustrait jamais
entièrement à la puissance de l'opinion publique et au
cri de sa propre conscience. Aussi dès que M. de Girardin a été bien convaincu qu'il n'avait plus aucune
chance de capter, non pas l'intérêt mais même la pitié ;
que le public était bien décidé à ne voir en lui que
le provocateur par spéculation et l'odieux meurtrier de
Carrel, il a jeté son masque de malade et rompu son
long silence pour répandre en style de mauvais lieu
le venin qu'il avait amassé.

» Aujourd'hui, reprenant les choses de haut, M. de
Girardin donne un prétendu récit de la rencontre de
Saint-Mandé et des circonstances qui l'ont précédée ;
récit truqué avec mauvaise foi dans ses parties les plus
essentielles. Puisqu'il était en train de citer le passage
de son article qui avait provoqué Carrel à lui demander
des explications, pourquoi ne l'a-t-il pas reproduit
jusqu'au bout (1)? Pourquoi n'a-t-il pas dit que ce

(1) Le lecteur a pu lire en effet plus haut cette citation
faite très partiellement par Emile de Girardin même, dans
sa réponse à la provocation de Persat, c'est-à-dire dans son
récit personnel. V. p. 285 de l'*Append.*

qui avait surtout empêché un arrangement, c'était son refus de s'expliquer sur les menaces de biographie dont Carrel avait cru pouvoir prendre sa part (1)! Nous tenons, nous, et pour cause, à ce que ce fait soit établi.

» Arrivant à ce qui se passa sur le terrain, M. de Girardin raconte sèchement que les places furent tirées au sort, et que bientôt les deux coups de pistolet partirent. Du reste, il passe complètement sous silence ce qui fut dit auparavant sur le lieu même du combat (2). M. de Girardin a sans doute ses raisons pour cela; mais nous avons aussi les nôtres pour protester dès à présent contre cette omission. »

(*Charivari*, numéro du 10 septembre 1836.)

(1) Le lecteur a pu voir (p. 133) que Girardin s'était au contraire fort clairement expliqué dans sa « menace de biographie », quant au fait et à la personne qu'il entendait y faire figurer soit sur l'heure, soit à son heure; mais, c'était chez les amis de Carrel un mot d'ordre de ne rien préciser.

(2) A savoir les paroles échangées à Vincennes par Arm. Carrel et E. de Girardin sur une question unique, celle de la « menace de biographie » (v. p. 147-149). Il est notable que Girardin ne rapporte, ne répète pas ici le propos que Balzac lui prête sur le terrain : « Monsieur, rien ne pouvait me faire plus de peine et d'honneur. — M. Carrel salua. » (V. *Chronique de Paris*, et p. 201.) propos que personne n'a entendu ni ne cite, et destiné à donner une version élégante du mot absurde et malheureux prononcé la veille : « Un duel avec vous, monsieur Carrel, serait pour moi une bonne fortune. » *Le Bon Sens* prétend même que le mot fut moins académiquement tourné : « Un duel avec vous, monsieur Carrel, mais ça me va! » (V. ci-dessus p. 291 du présent *Appendice*, dans le récit même de Girardin.)

Enfin le lecteur a remarqué dans la lettre de Persat, écrite peu de temps après le duel, cette parole capitale de Carrel, déclarant sur le terrain « *qu'il n'avait pas voulu offenser M. de Girardin par son article du* National ». Girardin n'y fait pas plus allusion qu'à sa propre réponse après l'interrogation de Carrel. Persat se gardera bien d'omettre dans ses *Mémoires* (op. cit., p. 300), écrits en 1839, c'est-à-dire à une date relativement rapprochée des événements, cette parole qui l'avait profondément frappé et avait clos précisément le colloque des deux adversaires avant de gagner les places. Cf. *Appendice*, p. 283.

CHARLES THOMAS
Directeur du *National*

ET ÉMILE DE GIRARDIN
Député sortant.

A propos des élections de novembre 1837.

*Nouveau récit du duel fait par Girardin en réponse
à une provocation de Charles Thomas.*

(Extraits du *National*.)

« Moralité de quelques candidatures.

» Au moment des élections, un journal ne peut se taire
sur le mérite ou l'indignité des candidatures. Nos lecteurs ont pu apprécier le sentiment qui nous a empêché
jusqu'ici d'imprimer dans notre journal *le nom de
l'homme qui a tué Carrel*. Aujourd'hui, toute répugnance,
si profonde qu'elle puisse être, doit céder au sentiment
du devoir.

» M. Émile de Girardin se présente comme candidat
au collège électoral de Bourganeuf dans la Creuse...
notre responsabilité de rédacteur du *National* exige que
nous ne négligions aucun effort pour prévenir l'élection
de M. Émile de Girardin... »

Suit une biographie de Girardin, qui rappelle la fondation du *Voleur* [nom infâme *(sic)* qu'il eut le premier
l'idée de donner à un journal], de *la Mode* sous le patronage de la duchesse de Berry, l'entrée à la Chambre

en 1834, « au moyen d'un acte de notoriété lui attri-
buant un âge qu'il n'avait pas », etc.

L'article continue par l'examen des candidatures de
l'ex-préfet de police Gisquet (1) et du docteur Giraudeau
de Saint-Gervais (un spécialiste du temps connu par
ses affiches-réclames de vespasiennes pour maladies
intimes) et, réunissant les trois adversaires dans un
même anathème, *le National* adjure les électeurs de
1837 d'avoir assez de soin de leur dignité d'hommes et
de citoyens pour ne pas envoyer à la Chambre
MM. Giraudeau de Saint-Gervais, Gisquet et « l'homme
qui se fait appeler Émile de Girardin *(sic)* ».

Le candidat ultra-ministériel que recommandait *le
National* dans le même numéro à la préférence électo-
rale contre Émile de Girardin, était M. Voysin de
Guartempe.

(*National* du 31 octobre 1837.)

(1) GISQUET (Henri) (1782-1866) était sous l'Empire
employé dans la banque des frères Périer; affilié aux sociétés
libérales, il prit part en 1830 aux combats de juillet et fut
placé le 14 octobre 1831 par Casimir-Perier à la tête de la
préfecture de police en remplacement de Vivien; il y fut lui-
même remplacé en septembre 1836 par Delessert. Les attaques
du *National* n'empêchèrent point en novembre l'élection de
Gisquet à Saint-Denis; il avait été nommé en quittant la
préfecture, conseiller d'État en service extraordinaire. La
vie publique et parlementaire de Gisquet prit fin deux ans
après, à la suite d'un procès scandaleux qu'il intenta au
Messager; ce journal l'avait accusé de concussion. *Le Messager*
fut condamné mais au minimum de l'amende, et Gisquet fut
aussitôt destitué de sa place de conseiller d'État; il ne se
représenta pas aux élections suivantes, et rentra dans la vie
privée. Gisquet dirigea longtemps une usine près Saint-Denis
(Seine). En 1840, il avait publié ses *Mémoires* dont une seconde
édition a paru en 1856.

Le National du 2 novembre revient à deux reprises à la charge contre les candidatures de Gisquet et d'Émile de Girardin : un filet est consacré au récit des marchandages auxquels aurait donné lieu la première élection de Bourganeuf en 1834, sous le patronage de Thiers, « qui s'était pris d'un goût très vif pour l'auteur de tant d'entreprises... trop bien connues par les actionnaires de M. Émile Girardin *(sic)* ».

Le National du 6 novembre contient un article sur l'élection de Bourganeuf dont voici le début :

« Nos regrets et ceux de toute la France n'avaient pu nous déterminer à imprimer dans LE NATIONAL *le nom de l'homme qui a tué Carrel.* Il est des sentiments de si profonde répugnance qu'on ne les surmonte qu'en face d'un devoir public. Ce devoir nous l'avons senti et nous avons rompu le silence. Nous avons appris qu'un candidat indigne se présentait aux suffrages des électeurs de Bourganeuf... Les lois de septembre ne nous ont point empêchés de parler ; elles avaient moins d'empire sur nous que le sentiment qui nous a interdit pendant quinze mois d'écrire le nom d'Émile Girardin.

» *Ce ne sont pas de pieux souvenirs qui nous ont fait parler en cette circonstance, nous en avions assez longtemps comprimé l'expression pour savoir la retenir encore. Le respect même que nous devons à la mémoire de notre ami nous en faisait une loi,* mais notre ministère de journaliste est inflexible. A l'approche d'une élection, il fallait nous expliquer sur la moralité des candidats... »

Le numéro du *National* du 9 novembre contient une longue lettre datée de Bourganeuf, le 5 novembre 1837, où MM. A. Dornès et E. Le Breton, avocats, envoyés par *le National* dans la Creuse, rendent compte de leur mission dans la campagne électorale contre Émile de Girardin.

Le numéro du *National* du 11 novembre contient une courte lettre de Ch. Thomas à Girardin où le premier déclare avoir trouvé sujet d'offense dans les articles de *la Presse* et demande satisfaction.

Réponse de Girardin

aux allusions concernant le duel de 1836 et à la provocation de Ch. Thomas.

Extrait de *la Presse*.

. . . .

» En juillet 1836, qu'ai-je fait? J'ai accepté la provocation qui m'était adressée. Je n'ai pas eu le choix des armes, je n'ai pas eu le choix des places, je ne me suis avancé que de trois pas, lorsque je pouvais m'avancer de dix ; je n'ai pas tiré le premier, mais le *second*, et après avoir été blessé.

» Et le lendemain, qu'a-t-on dit? qu'a-t-on imprimé?

» On a dit que j'étais un spéculateur en duel! un habitué des tirs ; moi qui de ma vie ne les ai fréquentés ; moi qui jamais n'avais tiré que le second et toujours en l'air.

» On a dit que j'eusse refusé le combat à l'épée, s'il m'eût été proposé. Il est à Paris un homme qui peut répondre du contraire ; c'est celui de l'épée duquel je porte la marque. Aux amis qui m'ont servi de témoins dans quatre affaires, je le demande, en est-il une seule des quatre que j'aie provoquée (1)? En est-il une seule dont l'arrangement ne m'ait pas trouvé disposé à faire toutes les concessions compatibles avec le respect de ma dignité? Pour empêcher M. Carrel de se porter le soutien d'attaques que ma conscience ne pouvait approuver, n'ai-je pas tout fait, ne me suis je pas avancé jusqu'aux dernières limites que l'honneur me traçait (2)?

» Cette conduite ferme, digne, modérée, généreuse, je puis me rendre publiquement à moi-même ce témoignage, a-t-elle apaisé les haines? M'a-t-elle soustrait à d'autres provocations? Non, il semble au contraire que la modération de mon caractère soit la source à laquelle certaines gens puisent toute leur audace ; c'est qu'ils n'en ont pas encore mesuré toute la fermeté.

» M. Thomas, après s'être arrogé dans le journal qu'il dirige, une mission qu'il ne tient que de sa haine, que la vérité ne lui a pas donnée, après m'avoir poursuivi avec acharnement pendant quinze jours durant, m'adresse une provocation, pour avoir une seule fois usé du droit dont il a tant de fois abusé contre moi ! quel est son droit ! etc... »

(*La Presse*, numéro du 11 novembre 1837.)

(1) V. p. 31-32 une note où mention est faite des duels de Girardin antérieurement à 1836.

(2) On voit que le *siège* de Girardin est fait, qu'il n'y changera et n'y ajoutera rien : il entend s'y tenir pour l'histoire et le présenter *ne varietur*, malgré les lacunes et les invraisemblances que s'attachent déjà très vivement à y relever les contemporains.

Le National du 12 novembre signale cette réponse de Girardin dans *la Presse* de la veille et reproduit la lettre suivante que Girardin annonce avoir adressée à Ch. Thomas :

« Monsieur, je ne vous reconnais pas le droit de me provoquer : car ce serait abandonner celui que j'ai de me défendre contre vos attaques, ce que je ferai toujours dans les termes dont vous aurez fixé le premier la mesure ou par les moyens que vous m'aurez obligé de prendre. — Vendredi, 10 novembre. »

La polémique se clôt sur cette nouvelle fin de non-recevoir exprimée dans des termes que *le National* déclare absolument ambigus.

Le dernier mot du combat électoral est donné par le tribunal correctionnel devant lequel Émile de Girardin a cité les missionnaires du *National* à Bourganeuf, MM. Dornès et Le Breton.

Le numéro du *National* du 22 novembre 1837 annonce que ces deux messieurs sont condamnés pour l'insertion de leur compte rendu de mission dans *le National* (et *le Bon Sens*) chacun à 500 francs d'amende, et solidairement à 8.000 francs de dommages-intérêts à payer à M. Émile de Girardin.

LOUIS BERGERON (ÉMILE PAGÈS)
Rédacteur du *National* et du *Siècle*

ET ÉMILE DE GIRARDIN

Un faux régicide et l'affaire de l'Opéra.
(Novembre 1840.)

Faut-il mentionner à propos de ces divers incidents violents une dernière provocation adressée à Girardin, parce qu'elle émane d'un rédacteur du *National*, devenu rédacteur du *Siècle*. Ce serait, ce nous semble, forcer le rapprochement car la cause ici ne se rattache par aucun lien au duel de Vincennes. Toutefois dans l'ordre de faits soulevés au cours de cet opuscule, on peut encore citer cet incident parce qu'il achève de montrer la résolution définitive de Girardin polémiste de ne plus jamais accepter de rencontre.

En 1840, Louis Bergeron (en littérature *Émile Pagès*) demandait à Girardin excuses ou réparation par les armes d'un article où le rédacteur de *la Presse* accusait *le Siècle* et *le National* de compter des régicides (des régicides de Louis-Philippe) parmi ses rédacteurs. Or, Bergeron, jeune professeur libre d'humanités, compromis comme combattant au cloître Saint-Méry, avait été inculpé, le 19 novembre de cette même année 1832, d'avoir, au milieu d'une bousculade, sur le Pont-Royal, tiré un coup de pistolet à l'adresse du roi, qui allait

en cortège présider l'ouverture des Chambres; mais
dans la confusion on n'avait pu trouver qu'un unique
témoin, une jeune fille plus ou moins hystérique, qui
prétendait avoir fait dévier l'arme et ainsi avoir sauvé
la vie de Louis-Philippe! Le jury avait prononcé l'acquittement du ... régicide, et Bergeron était aussitôt
entré dans la presse démocratique. Girardin refusa à la
fois toute rétractation et toute satisfaction. Bergeron se
rendit alors à l'Opéra, pénétra pendant un entr'acte (on
donnait un *Festival* de Berlioz) dans la loge contiguë à
celle de Girardin assis à côté de Mme de Girardin, et le
frappa au visage. Sur la plainte de Girardin, qui,
retenu par deux amis, avait en vain tenté de rejoindre
Bergeron, et fit grand tapage d'une telle voie de fait
en présence de sa femme, le scandale eut son dénouement en police correctionnelle : Bergeron fut condamné
à trois ans de prison, le maximum.

En 1848, Louis Bergeron fut envoyé dans son département natal, l'Aisne, comme Commissaire extraordinaire; après la chute de la République, il quitta la
politique active et s'occupa d'affaires industrielles, sans
toutefois se désintéresser des événements. En 1868,
Bergeron fréquentait les salles de rédaction du *Réveil*
de Delescluze et évoquait facilement ses souvenirs sur
les hommes et les choses de sa jeunesse et notamment
sur Carrel. Il rappelait entre autres ce fait insuffisamment connu dans ses causes. Au lendemain des journées de Juillet, quelques-uns des amis de Carrel,
instigateurs immédiats de la monarchie cadette, sachant
le goût ancien que leur compagnon de luttes civiles
avait conservé pour les choses militaires, mais redoutant
surtout l'énergie de ses convictions et de ses décisions

politiques, auraient voulu se débarrasser de suite de cet adversaire éventuel en le faisant rentrer dans l'armée; en même temps qu'ils faisaient des démarches dans ce sens, l'un d'eux, Thiers, intriguait activement pour l'éliminer de la direction du *National*, qui, après le départ de Mignet et de Thiers lui-même, appartenait à Carrel exclusivement en vertu de l'acte statutaire; on l'aurait remplacé par Hippolyte Passy, d'ailleurs rédacteur du journal dès sa fondation. Ainsi par le même coup habile Carrel ne trouvait plus qu'une issue et *le National* devenait une feuille ministérielle. Guizot gâta tout : il nomma Carrel alors en mission à Rouen, préfet du Cantal sans le consulter, et Carrel de son côté maintint ses droits indéniables à la direction du *National*.

C'est à ces circonstances que Carrel lui-même faisait en souriant parfois allusion, disant, comme le rapporte Littré (*Notice*, p. LVII) « qu'on l'eût embarrassé en 1830 si on lui eût *offert* au lieu d'une préfecture un régiment ». Nous devons la plupart des détails de cette note, ainsi que plusieurs notes biographiques du corps et de l'*Appendice* de ce petit volume, à la très amicale obligeance de M. Horace Ayraud-Degeorge dont le grand-père, Frédéric Degeorge, un des plus fermes publicistes de la presse républicaine en province sous la Restauration et Louis-Philippe, avait connu Carrel en Catalogne, puis plus tard Bergeron à Paris, et fut lui-même Commissaire extraordinaire de la République dans le Pas-de-Calais. M. H. Ayraud-Degeorge tenait ces renseignements de Bergeron, dont nous avons pu facilement dater la naissance (il était né en 1811, à Chauny dans l'Aisne), mais dont nous ne pouvons précisément dater la mort survenue aux environs de 1880.

SOLENNITÉ DU 2 MARS 1848
EN L'HONNEUR D'ARMAND CARREL

Au cimetière de Saint-Mandé.

Discours d'Armand Marrast et d'Émile de Girardin.

Le numéro du 1ᵉʳ mars 1848 de *la Presse* reproduit
un filet inséré la veille (29 février) dans *le National* où
le public est informé que, *sur l'initiative de l'école de
Saint-Cyr* « où le souvenir de Carrel est resté vivant
et honoré », une cérémonie commémorative sera célé -
brée en l'honneur du grand citoyen qui repose depuis
le 26 juillet 1836 au cimetière de Saint-Mandé. On se
réunira le jeudi 2 mars à 10 heures du matin, place
de l'Hôtel-de-Ville : l'armée, la garde nationale,
l'École Saint-Cyr, l'École Polytechnique, les Écoles de
Médecine et de Droit seront représentées en corps ou
par délégations.

La Presse ajoute : « Est-il nécessaire d'ajouter que
M. de Girardin sera jeudi à 10 heures place de l'Hôtel-
de-Ville? Non, pour ceux qui le connaissent; oui,
pour ceux qui ne le connaissent pas ou qui ne le connaissent que par la calomnie. »

Ces dernières lignes étaient accompagnées du rappel
d'un long passage du discours qu'Émile de Girardin
avait lu quelques années auparavant sur la tombe du
gérant de son journal, Dujarrier, tué en duel :

« Placé entre la tombe qui est sous mes yeux, avait dit le 13 mars 1845 Émile de Girardin, *et celle qui demeure ouverte et cachée dans mon cœur,* je sais que j'ai un devoir impérieux à remplir, devoir trop douloureux pour n'être pas solennel...

» Moins qu'à tout autre, je le sais, il m'appartient en cette douloureuse circonstance de prononcer ici les noms de la Religion et de la Raison ; aussi leur langage élevé n'est-il pas celui que je viens faire entendre mais l'humble langage qui me convient. Ce que je crois devoir dire, c'est que ce duel ni moins d'autres non moins douloureux, n'eussent jamais été à déplorer s'ils eussent toujours été préalablement réglés par un procès-verbal circonstancié, débattu et rédigé par les quatre témoins d'usage, signés d'eux et déposé entre les mains d'un tiers relatant avec précision tous les faits, remontant à l'origine de la provocation et consignant toutes les explications échangées des deux parts.

» Si le duel est une extrémité qui ne saurait entièrement disparaître de nos mœurs, du moins faut-il qu'il ne perde pas le caractère d'inévitable extrémité qui seul peut le faire absoudre ; du moins faut-il qu'il ne puisse avoir lieu qu'après que toutes les garanties dont il doit être entouré ont été minutieusement remplies ; qu'après que les témoins ont eu le temps de descendre dans leur conscience, d'éclairer leur esprit, et de peser toute la responsabilité qu'ils vont assumer sur eux (1).

(1) V. note 1, p. 134, sur l'absence des procès-verbaux dans le duel du 22 juillet. Nous ne voyons dans ce passage du discours de Girardin — et c'est pourquoi nous le donnons ici — qu'un trait caractéristique de plus. Girardin s'était

» Même en agissant ainsi, il ne dépendra pas toujours d'eux d'arrêter tous les duels, tous absolument ; mais plus rares déjà que dans le passé, les duels deviendront infiniment plus rares encore et n'auront lieu désormais que dans quelques circonstances suprêmes... etc., etc.

.   .   .   .

» Adieu, Dujarrier, reposez en paix, etc. »

Les numéros du 3 mars 1848 de *la Presse* et du *National* donnent un récit de la cérémonie de la veille identique quant à l'ordre des faits matériels du défilé et au texte des discours prononcés par Marrast et Émile de Girardin : mais *le National* donne intégralement la réplique de Marrast au discours du rédacteur de *la Presse*, réplique seulement mentionnée par Girardin : il sera facile à la lecture de comprendre pourquoi *la Presse* a fait cette simple mention. Nous combinons le récit des deux journaux pour le rendre plus complet.

Le premier discours de Marrast a été fréquemment interrompu et est à la fin couvert d'applaudissements et de vivats : « *Bravos ! Vive la République ! Vive Marrast ! Honneur à Carrel ! Honneur à Cavaignac !* etc. M. Émile de Girardin prend ensuite la parole en ces termes. » *(National.)*

rapidement rendu compte des résistances de l'opinion à admettre les circonstances originaires du duel tel qu'il en avait fait lui-même le récit, et il était trop bien informé pour ne pas savoir que l'incrédulité subsistait comme au premier jour. Aussi, le voit-on une fois de plus, tenter, par une claire allusion, de donner une explication complémentaire : dans celle-ci, ce sont les témoins de 1836 qui doivent être incriminés.

Nous suivons le texte de *la Presse* d'ailleurs identique ici à celui du *National* quant au discours de Girardin ; l'article de *la Presse* porte le titre suivant :

« HONNEUR A LA MÉMOIRE D'ARMAND CARREL.

» Après avoir parlé le premier, **M. Armand Marrast** annonce à la foule que **M. Émile de Girardin** veut adresser à son tour quelques mots.

» M. de Girardin s'exprime ainsi :

« Citoyens,

» En venant me mêler à cette grave et douloureuse solennité, nul de vous ne se méprendra sur le sentiment qui m'y amène.

» Je réponds à un noble appel qui m'a été adressé.

» Un tel appel n'a pu que m'honorer, car ce n'était pas assurément traiter mon cœur en cœur vulgaire.

» C'était me dire qu'on ne doutait ni de ma sincérité, ni de la durée de mon deuil, que, dans une autre circonstance, je n'avais pas hésité à rendre public.

» Si les regrets que j'éprouve de la perte fatale et prématurée du citoyen éminent qui avait donné à ses croyances républicaines le double éclat d'un rare **talent** et d'un courage éprouvé, si ces regrets avaient pu être accrus, ils l'auraient été par les événements qui viennent de s'accomplir.

» Dire que le citoyen Armand Carrel manque à ces événements, c'est rendre à sa mémoire l'hommage le plus flatteur.

» Je me trompe ; il est un hommage plus digne d'elle que **nous** pouvons lui rendre, c'est de demander

que le gouvernement provisoire qui vient de se glorifier
en abolissant la peine de mort, qu'il complète son œuvre
en proscrivant le duel. »

» Après ce discours, M. de Girardin est embrassé avec
transport par tous ceux qui l'entourent. M. Armand Marrast y répond par quelques mots chaleureux, écho
des sentiments de fraternité qui animent en ce moment
tous les cœurs. MM. Marrast et Émile de Girardin se
donnent affectueusement la main. L'émotion est sur
tous les visages. »

Ici nous reprenons le texte du *National* qui complète
celui de *la Presse* ou plus exactement y supplée pour
la reproduction *in extenso* du second discours de Marrast :

« M. Armand Marrast prend *de nouveau* la parole et
s'exprime ainsi :

» Citoyens,

» La magnanimité que le peuple a déployée le jour
» du combat commandait à tous les organes du gou-
» vernement provisoire la conduite qu'ils ont tenue :
» quand nous sommes venus ici, nous n'avons voulu
» parler que de la vie d'Armand Carrel : nous avons
» oublié sa mort.

» Ce que vous venez d'entendre est un grand hom-
» mage à cet esprit de concorde et de fraternité que
» nous avons tous pratiqué.

» Nous acceptons *cette expiation,* faite sur le seuil de
» la dernière demeure d'Armand Carrel.

» Nous acceptons *cette expiation* qui se manifeste par
» un grand acte, celle de la proscription du duel.

» Que cette pensée ne tombe pas dans l'oubli

» Quant à nous, nous sommes aujourd'hui pénétrés
» du même sentiment : oublions toutes les discordes,
» toutes les discussions, ne nous souvenons pas des
» luttes, des querelles, songeons seulement qu'il y a
» une patrie qui est notre mère à tous.

» Quelque part que se rencontre le talent allié à
» un noble caractère le gouvernement provisoire lui
» tendra la main quand il viendra se vouer au service
» de la cause que nous défendons tous, au service de
» la République. »

Le National mentionne ensuite (comme *la Presse*) le
discours de M. Chevreau, l'excellent maire de Saint-
Mandé qui, en juillet 1836, s'était, avec les citoyens et
la garde nationale de cette commune, prodigué pour
rendre à Carrel un hommage alors plus difficile que le
2 mars 1848, se portant garant de l'ordre et le maintenant sans la présence des troupes de police parisienne
tenues éloignées des funérailles. Le discours de l'honorable M. Chevreau, encore maire de Saint-Mandé
en 1848, est salué d'applaudissements unanimes.

Enfin, *le National* termine son propre récit par les
lignes suivantes apparemment jugées nécessaires à
Marrast même, pour faire admettre ce *scenario* inattendu et du public et des amis de Carrel :

« Il ne faut pas se méprendre sur le sentiment
qui amenait M. Émile de Girardin devant la tombe
d'Armand Carrel ; toute méprise serait trop horrible, et
nous n'en doutons pas, trop injuste.

» Mais d'où vient que pendant ce discours, le
recueillement de l'assemblée n'était plus que du
silence?

» D'où vient que nous nous sommes enfui pour aller pleurer tout seul dans un coin du cimetière ?

» C'est qu'il y a de ces douleurs dont tout le monde ne devrait pas s'approcher, de ces difficultés qu'on ne surmonte pas.

» O Carrel ! si ta blessure a saigné dans cet étrange moment, au premier mot de l'orateur, le sang s'est arrêté par un effort prodigieux de ta grande âme, et tu as oublié. »

Au lieu et place de ce commentaire d'un sentimentalisme déclamatoire, de ce logogriphe amphigourique, semblant reprocher à Girardin une démarche publique, agréée ou concertée, n'était-il pas plus opportun et plus séant de rappeler simplement le mot adressé à Girardin par Carrel mortellement atteint : « Adieu, monsieur, je ne vous en veux pas » et d'ajouter puisque le rédacteur tenait à placer un contexte : « ... surtout maintenant que la République est proclamée et que vous y adhérez, vous !... »

LETTRE DE M. ODYSSE BAROT

Sur une version toute nouvelle...
(Juillet 1900.)

En 1900, les municipalités de Rouen, ville natale de Carrel (1), et de Saint-Mandé, où son nom est resté particulièrement honoré, ayant voulu commémorer le centenaire de la naissance de l'illustre publiciste républicain avaient organisé des cérémonies publiques en vue de rendre hommage à cette mémoire que le temps a laissée vraiment grande.

Quelques journaux parisiens, entre autres *l'Éclair*, avaient cru devoir à ce propos rappeler le duel du 22 juillet 1836 et mentionner l'étude publiée par nous quelques années auparavant sur la véritable cause de la rencontre opposée à la banale version en cours.

Cette mention valut à *l'Éclair*, d'un écrivain connu dans la presse politique de Paris, l'honorable M. Odysse Barot, la lettre suivante que ce journa inséra dans son numéro du lendemain en la faisant précéder d'un titre et de deux lignes d'avertissement. Nous reproduisons avertissement et lettre textuellement.

(1) Armand Carrel était né le 8 mai 1800, à Rouen, rue Coignebert, n° 13.

Le duel Carrel-Girardin.

A propos des origines de ce duel. Une lettre de M. Odysse Barot.

Nous avons publié un article sur les origines attri-
buées par certaines personnes au duel Girardin-
Armand Carrel. Un journaliste bien connu, qui fut le
confident d'Émile de Girardin, nous adresse à ce sujet
la lettre suivante :

« Paris, 28 juillet 1900.

» Monsieur le Directeur de *l'Éclair*,

» A propos des hommages qui viennent d'être rendus à la mémoire d'Armand Carrel, à Rouen et à
Saint-Mandé, et qui évoquaient forcément le souvenir
du duel fameux du 22 juillet 1836, vous avez cru pouvoir, dans votre **numéro d'hier**, sur la foi de renseignements assez vagues, d'*indices* imprécis et problémat-
iques, et en formulant d'ailleurs des réserves sur le
point de fait, présenter une version toute nouvelle des
causes de cette fatale rencontre.

» Permettez-moi de vous le dire : *l'Éclair* a été induit
en erreur.

» J'ai vécu pendant une trentaine d'années dans l'intimité d'Émile de Girardin. Je connais mieux que
personne sa vie, son caractère, ses idées, son œuvre,
dont j'ai fait l'objet d'un volume publié en 1866, par
la librairie Michel Lévy frères (1). En écrivant cet

(1) Nous n'avons pas besoin d'informer le lecteur que nous
avions consulté le livre de M. Odysse Barot, *Histoire des
idées au XIXe siècle : Émile de Girardin, sa vie, ses idées, son*

ouvrage, j'ai dû, sur l'affaire du duel, procéder à de minutieuses informations; j'ai interrogé les ennemis mêmes de Girardin...

» Aussi, puis-je vous affirmer :

» Qu'il n'y a *aucune histoire de femme* dans la querelle entre *le National* et *la Presse*, querelle soulevée par une question professionnelle, par l'innovation hardie, consistant à réduire brusquement à 40 francs le prix d'abonnement des journaux, qui était alors à 80 francs;

» Que le récit de Louis Blanc — d'autant moins suspect que l'auteur de *l'Histoire de dix ans* était l'ami

---

œuvre, son influence (in-18 Michel Lévy, 1866), au même titre que les autres biographies du rédacteur de *la Presse*. M. Odysse Barot s'en réfère *textuellement* au récit de Louis Blanc, sans y ajouter aucune parole, aucun fait, alors que son intimité avec Émile de Girardin lui permettait de faire facilement toutes additions s'il l'avait jugé utile.

Les quelques seuls passages qu'il peut être intéressant de relever tant à propos des préliminaires du duel que du duel même sont les suivants :

« Le 20 juillet M. Carrel publie dans *le National* quelques lignes où il approuve sans réserve l'attitude du *Bon Sens* et de M. Capo de Feuillide. M. de Girardin réplique par un article qui semblait jeter des doutes sur la loyauté de M. Armand Carrel et annonçait en termes généraux des attaques ultérieures. Ému, blessé au vif, le rédacteur en chef du *National*, accompagné de M. Adolphe Thibaudeau se rend..., etc. ». Plus loin, M. Od. Barot relate l'échange de propos tenus sur le terrain par les deux adversaires; le récit de Louis Blanc en faisant mention, il était difficile de n'en pas tenir compte : — « Si le sort m'est contraire, monsieur, dit Carrel, et que vous *fassiez ma biographie*, elle sera honorable, n'est-ce pas, c'est-à-dire vraie? » — « Oui, monsieur, répondit M. de Girardin. » Le sens si précis de ces paroles, la claire allusion qu'elles contiennent ne suggèrent aucune explication ni interprétation à la plume du biographe de Girardin. (V. p. 37-40.)

et le protégé de Carrel, et qu'il connaissait à peine Girardin — est de la plus rigoureuse exactitude :

» Que, pendant les quarante-cinq ans écoulés entre la mort de Carrel et celle de Girardin, *jamais* les ennemis les plus acharnés de ce dernier — et l'on sait s'il en avait — même au cours des polémiques les plus ardentes, les biographes les plus malveillants, les adversaires politiques, ministres ou députés les plus violemment attaqués par lui, n'ont fait en aucune circonstance, dans aucun journal, à aucune tribune, la moindre allusion à une cause *secrète* quelconque de la tragique rencontre et moins encore à la petite infamie prêtée si gratuitement et si tardivement au rénovateur — j'oserai dire, au créateur — de la presse contemporaine.

» Étant données les idées bien connues de Girardin sur la Femme, pour laquelle il professait un véritable culte, pour la Femme dont il voulait faire la base et le chef de la famille, — lire *La liberté dans le mariage par l'égalité des enfants devant la mère* — l'hypothèse des vilenies se détruit par son invraisemblance même.

» Je n'ajouterai qu'un mot.

» Au lendemain de la Révolution de février, le 4 mars 1848, une importante manifestation s'organisait à Paris. Un cortège de 300.000 citoyens se rendait en pèlerinage au cimetière de Saint-Mandé. En tête, à côté des membres du gouvernement provisoire, marchait le meurtrier involontaire de l'homme que l'on honorait : Émile de Girardin lui-même. Il prononça un discours ému, touchant, que personne ne songea à interrompre.

» Franchement : s'il y avait l'ombre même d'un fondement dans le singulier racontar mentionné par *l'Éclair;* s'il y avait eu dans le duel de 1836 autre chose qu'une affaire de presse, les amis et les admirateurs de Carrel auraient-ils supporté sa présence en tête du cortège? Lui aurait-on permis de prendre la parole devant la tombe et devant la statue de celui qu'il avait tué?

» Veuillez agréer, monsieur le Directeur, l'expression de mes sentiments les plus distingués. »

» Odysse Barot (1). »

(*L'Éclair* du 29 juillet 1900.)

- (1) On a dit — et ainsi s'explique cette intervention tout à son honneur — que M. Odysse Barot se trouvait avec Émile de Girardin précisément dans le rapport où Émile de Girardin se trouvait lui-même avec le général Alexandre de Girardin. Cette descendance dont M. Odysse Barot, loin d'y mettre mystère, faisait, avec une expansion connue, la fréquente confidence, mais dont il ne poursuivit par autrement l'affirmation, s'étayait encore d'une ressemblance à la fois naturelle et apprêtée jusque dans le geste, le détail du vêtement et l'arrangement original de la chevelure.

Quoi qu'il en soit de cette information biographique, dont la nature n'est point ici indifférente, M. François-Odysse Barot, né à Mirebeau (Vienne) en 1830, fut pendant trente ans le familier, l'intime d'Émile de Girardin comme il prend soin d'en avertir le directeur de *l'Éclair.* On peut dire qu'il était né journaliste; il ne faillit point à sa destinée. Après un court passage à *la Réforme* (1849), il entra à *la Presse* de Girardin en 1851 et le suivit à *la Liberté* en 1866. En 1870, toutefois, Girardin ayant accentué sa politique bonapartiste à l'occasion du plébiscite et des événements provoqués par le meurtre de Victor Noir, Odysse Barot, très lié d'ailleurs avec Ulric de Fonvielle, un des acteurs du drame d'Auteuil, se sépara de son chef de file pour créer, avec Millaud, une feuille qui dura peu. Resté à Paris pendant la Commune, Odysse Barot se rapprocha de Girardin et fonda, sous son inspiration, deux journaux également éphémères, *l'Union française* et *le Fédéraliste*, dont l'attitude politique, entre l'Hôtel de Ville et Versailles, avait été assez indépendante pour qu'il crut plus sage de quitter Paris et même de s'expatrier. Retiré à Londres, Odysse Barot devint pour la Grande-Bretagne, le correspondant attitré de *la France* dont Girardin avait pris la direction. Sa connaissance parfaite de la langue, des institutions et de la littérature anglaises donnait à ses correspondances un réel intérêt, et d'autres journaux, *le Figaro* entre autres, réclamèrent sa collaboration. De retour à Paris, en 1874, Odysse Barot reprit sa place près Girardin et entra de suite à la rédaction régulière de *la France*.

L'œuvre d'Odysse Barot, en dehors de *la Presse*, de *la Liberté* et de *la France*, témoigne d'aptitudes distinguées et variées. A côté de fantaisies comme *Grandeur et décadence d'un mirliton de Saint-Cloud* (1855) et de romans de psychologie ou d'aventures, surtout publiés dans les quinze dernières années de sa vie, *les Amours de la duchesse Jeanne*, *le Procureur impérial*, *le Fort de la Halle*, *les Trois Bâtards*, etc.; à côté de traductions anglaises estimées, les deux premiers volumes de *l'Histoire de la Révolution française* de Carlyle (en collaboration avec Elias Regnault, 1875), les *OEuvres poétiques* de lord Lytton (1876), des romans de Mme Lynn-Linton et autres auteurs d'outre-Manche (1876), Odysse Barot a publié des ouvrages originaux intéressants, *Jésus-Christ* (1863), *Lettres sur la philosophie de l'histoire* (1864), *Histoire de la littérature contemporaine en Angleterre de 1830 à 1847* (1875). Odysse Barot avait eu en 1866 un duel bruyant avec Jecker (réservé à une fin si tragique) à l'occasion d'attaques greffées sur les révélations d'un livre de Kératry, relatif à la guerre du Mexique, et relevées par le banquier neufchâtelois.

M. Odysse Barot est mort à Paris le 17 janvier 1907.

NOTICES

SUR LES TÉMOINS D'ARMAND CARREL
ET D'ÉMILE DE GIRARDIN

Il nous a paru intéressant de savoir et de dire quel
fut, assez circonstancié, le *curriculum vitæ* des amis
avec lesquels Armand Carrel et Émile de Girardin se
rendirent à Vincennes. Dans ce genre de choix que
commandent le plus souvent les relations journalières
et professionnelles il apparaît aussi toujours quelque
peu du caractère de l'acteur principal.

Nous voyons d'abord que le grand écrivain politique
Carrel aimait les hommes d'action parce qu'il était lui-
même homme d'action.

Ambert (Joachim-Marie-Jean-Jacques-Alexandre-
Jules), était lieutenant au 10e régiment de dragons et
en congé quand il assista Armand Carrel en qualité de
premier témoin ; il était né en 1804 à Lagrezette,
dans le Lot. Son père avait été général dans les armées
de la République et de l'Empire (1). Il devint lui-

(1) Le général Jacques Ambert (né à Saint-Céré en 1765,
mort en 1851 à la Guadeloupe) servit d'abord comme volontaire de la marine de 1781 à 1783. Second lieutenant-colonel
du 2e bataillon du Lot en 1792, il était général de brigade
en septembre 1793 et de division en novembre de la même

même général et fournit une longue carrière dans l'armée et dans la haute administration. Joachim Ambert fut en outre de bonne heure un écrivain militaire fécond, ce qui le mit en relation avec les écrivains quotidiens du temps et notamment avec Carrel dont il avait presque été le camarade à Saint-Cyr. Carrel était de la promotion de 1818-1820; Joachim Ambert de la promotion de 1822-1824; ils se retrouvèrent après 1830 et Ambert devint facilement l'ami de Carrel et son collaborateur au *National*.

A sa sortie de l'École, Ambert était nommé sous lieutenant au 5e régiment d'infanterie légère, et faisait campagne en Espagne, de janvier 1825 à février 1826. En mai 1830, il passait dans la cavalerie par permutation avec un camarade de sa promotion, le lieutenant Le Mancel de Secqueville, était peu de jours après nommé lieutenant, et faisait partie du corps expéditionnaire de Belgique (1831-1832). En 1833, il était détaché à l'École de cavalerie de Saumur comme officier instructeur, après avoir vainement demandé à faire partie du corps d'État-Major. En janvier 1835, il

année. Après s'être marié en 1796 avec Mlle Malartic-Lagrezette, il allait commander les corps garnisonnés à la Guadeloupe (1803); un instant destitué (1808), il rentra dans l'armée comme commandant de la 31e division militaire (1813), et était employé à la préparation de la défense de Paris en 1815. Conservé dans le cadre de l'État-Major général en 1818, il était retraité en 1824, rentrait comme lieutenant général dans la réserve de l'armée en 1831, et était définitivement admis à la retraite en 1832.

A sa mort, survenue en 1851 aux Marais (Basse-Terre), à la Guadeloupe, le général Jacques Ambert était président du Conseil colonial de la Guadeloupe et grand-officier de la Légion d'honneur.

rentrait à son régiment. Dès 1832, il avait commencé ses premières publications; en 1835, il donnait ses *Esquisses historiques des différents corps composant l'armée française* (in-fol., Saumur); un article-variétés du *National* du 30-31 juillet 1837 étudie longuement cet ouvrage qui venait d'avoir une seconde édition.

Dès lors la carrière militaire de Joachim Ambert se poursuit régulièrement jusqu'à la révolution de 1848. Considéré à juste titre comme un officier de valeur par le maréchal Soult dont la protection paraît lui avoir été particulièrement assurée, Ambert, à qui sa présence près de Carrel ne semble pas avoir nui, est nommé en 1837 capitaine instructeur au 3e dragons. Après une courte velléité de démission en 1839 pour se consacrer à la politique militante et électorale dans le Lot, Ambert passe dans la légion étrangère, puis est détaché à l'État-Major du ministre de la Guerre et nommé au 9e régiment de hussards (1840); en 1841, il est définitivement mis à la disposition du gouverneur général de l'Algérie. Le 10 juillet 1841, il est blessé d'un coup de feu au bras gauche dans un engagement violent avec les Arabes, près de Mascara, et nommé chevalier de la Légion d'honneur en août suivant. De 1841 à 1843, il commande les spahis de Guelma et Philippeville. En 1843, il est nommé chef d'escadron, rentre en France et passe au 1er régiment de carabiniers; en avril 1847 il est nommé lieutenant-colonel au 6e dragons.

Entre temps, il n'avait cessé d'écrire et de publier : *Essais en faveur de l'armée* (in-8°, 1839); *le Camp de Boulogne et la Colonne* (in-8°, 1839); *Éloge du maréchal Moncey* (1842); *Essai historique sur Duplessis-Mornay*

(in-8°, 1847), cité avec éloge par le savant A. Sayous
dans ses *Études littéraires sur les écrivains de la Réfor-
mation* (t. II, p. 181). Il collaborait activement aussi à
de nombreux journaux par des articles de critique militaire et même de littérature, en dehors du *National*,
au *Courrier français*, au *Siècle*, au *Messager*, au *Specta-
teur militaire*, etc. En 1847, il était en mission à Paris
pour la rédaction du *Recueil des notices biographiques
des guerriers français*. D'autre part, de fréquents et
longs congés réguliers lui avaient permis de retourner
aux Antilles où il s'était marié en 1838 avec Mlle Julie
Hopkins, fille de l'adjudant général de l'État de la
Louisiane, et de visiter l'Amérique ; chemin faisant,
son goût pour le travail imprimé ne l'abandonnait
pas : à la Nouvelle-Orléans il avait fondé et dirigé
quelque temps le journal *l'Abeille*.

En 1848, il put donner suite à ses projets politiques
de 1839 ; il était élu représentant à la Constituante par
le Lot, et réélu dans le même département à la Législative. Mais il prit peu de goût au parlementarisme de
Lamartine, de Cavaignac (élu sur la même liste que
lui en 1848 dans le Lot), de Thiers, de Falloux, etc.,
et démissionna le 30 mai 1849, pour rentrer dans
l'armée. Colonel du 2e dragons en août 1850, il fut
nommé officier de la Légion d'honneur le même mois.
Général de brigade en août 1857, il demanda vainement à faire la campagne d'Italie (il demandera vainement de même à faire la campagne du Mexique), et
commanda successivement les subdivisions de cavalerie de la Meurthe et des Vosges, puis de Versailles,
fut enfin placé à la tête d'une brigade de la même
arme à Paris (1857-1865). Le 9 février 1866, il passait

dans la section de réserve et deux mois après était nommé conseiller d'État en service ordinaire. Le 15 mai 1867, il demandait sa retraite pour ancienneté de services, et en 1869, était nommé maire du VIII⁰ arrondissement de Paris.

Sa plume n'était pas restée « fixe » dans cette période de sa vie. De 1847 à 1869, Ambert avait publié : *Soldat* (in-8⁰, 1854); *Gendarme* (in-12, 1860); *Gens de guerre* (in-12, 1863); le *baron Larrey* (in-12, 1863); *Réponse aux attaques dirigées contre l'arme de la cavalerie* (in-8⁰, 1863); *Études tactiques* (in-8⁰, 1865); *Progrès de l'artillerie* (in-8⁰, 1866); *Arabesques* (in-12, 1868). Ces divers écrits paraissent avoir été à l'époque assez appréciés dans l'armée pour devenir des titres à l'appui de sa promotion au grade de commandeur de la Légion d'honneur.

La guerre de 1870 ramena Ambert dans l'armée mais pour fort peu de temps. Dès le 14 juillet, il avait écrit au ministre de la Guerre pour se tenir à sa disposition. Le Gouvernement de la Défense nationale lui confiait le 6 septembre le commandement supérieur d'un des secteurs de l'enceinte de Paris. A la suite d'incidents insuffisamment expliqués, il était au cours du même mois relevé de ses fonctions et replacé dans la position de retraite. Pour en terminer avec la vie militaire d'Ambert, notons qu'en octobre 1875, lors de la réorganisation définitive de l'armée, il se mettait encore à la disposition du ministre pour le service de l'armée territoriale; dans sa demande à l'appui adressée au chef de l'armée, il écrivait : « Je monte à cheval, je chasse, j'écris des articles de revue... » Ambert habitait alors Nogent-le-Roy et était âgé de soixante et onze ans.

L'âge n'avait pas davantage ralenti les autres ardeurs d'Ambert : il restait non seulement épée de soldat au côté et fusil de chasse sur l'épaule, mais plume en main. En 1870, il publiait ses *Portraits républicains* où Carrel figure aux côtés de Godefroy Cavaignac, de Marrast et Charras ; bien que, sur le tard, assez fortement incliné à des idées de protestations politico-religieuses, Ambert restait fidèle aux amitiés républicaines de sa jeunesse. Nous avons dit l'intérêt particulier de la biographie de Carrel par Ambert pour le sujet du présent volume.

Depuis l'année funeste, Ambert publiait : *Histoire de la Guerre de 1870-1871* (in-8°, 1873) ; *l'Héroïsme en soutane* (in-18, 1876) ; *le Chemin de Damas* (in-18, 1878) ; *les Frères des Écoles chrétiennes* (in-12, 1878) ; *les Soldats français* (in-12, 1878) ; *le Centenaire de Voltaire* (in-4°, 1878) ; *le Pays de l'Honneur* (in-18, 1879) ; *le Connétable Anne de Montmorency* (in-8°, 1880) ; *le général Drouot* (in-12, 1880) ; *les Sœurs de Saint-Vincent-de-Paul de Chartres* (in-18, 1880) ; *Trois hommes de cœur : Larrey, Daumesnil, Desaix* (in-18°, 1880) ; *une Mission* (in-18, 1880) ; *Autour de l'Église* (in-18, 1881) ; *Louvois d'après sa correspondance* (in-4°, 1881) ; *Cinq Épées : Études sur cinq généraux* (in-8°, 1882) ; *les Soldats français : 2e série* (in-12, 1882) ; *Vengeances* (in-16, 1881) ; *Yvon, peintre militaire* (in-32, 1882) ; *le Lieutenant-colonel Taillant* (in-18, 1884) ; *Gaulois et Germains, Récits militaires* (4 vol. in-8°, 1884-1886), où sont racontées avec un chaud patriotisme les quatre principales phases de la guerre : *l'Invasion ; après Sedan ; la Loire et l'Est ; le Siège de Paris ;* ce dernier ouvrage fut couronné par l'Académie française au concours de 1886.

Ambert collaborait enfin dans les dernières années de sa vie à un répertoire biographique intitulé : *Illustrations et célébrités du XIXe siècle*. Il est mort à Paris le 31 mars 1890, rue Jacob, n° 13 ; veuf depuis longtemps, il ne laissait d'autre enfant qu'une fille, Mlle Jeanne Ambert, qui habitait avec lui et l'entourait de soins dévoués. Une sœur d'Ambert avait épousé le lieutenant général Dufour, mort député en 1833 (1).

PERSAT (Maurice), le second témoin de Carrel, officier comme Ambert, n'avait pas comme lui un père général : il était né le 30 mars 1788 de petits propriétaires ruraux Antoine Persat et Marie-Jeanne Kausat, à Ennezat, dans le Puy-de-Dôme, où il conserva toute sa vie un petit domaine patrimonial. Antoine Persat, ouvrier habile en ferronnerie et en mécanique, dont le caractère aventureux se retrouve en son fils, fit son tour de France, passa en Amérique dans le temps où Lafayette y combattait les Anglais, visita les Antilles, se fixa quelque temps à Haïti et revint avec un notable pécule dans son pays natal : il était en l'an IV agent municipal de sa commune et en l'an VI président de l'assemblée cantonale. Marie-Jeanne Kausat, de Bordeaux, paraît avoir été une mère d'un naturel excellent, mais un peu exalté et légèrement nerveux. Maurice Persat reçut ce que nous appellerions aujourd'hui une instruction primaire supérieure ; il eut de bonne heure le goût du métier des armes.

(1) *(Archives du ministère de la guerre et Dictionnaires biographiques divers).*

En 1805, Napoléon ayant mis à la retraite un grand nombre d'officiers sortis des volontaires de 92 et 93, avait créé dans la garde l'institution des vélites à pied et à cheval, destinés à suppléer à l'insuffisance numérique des officiers sortis de l'École Polytechnique. Les vélites payaient une partie de leur entretien annuel, mais touchaient la même solde que les soldats; ils faisaient aussi le même service. Au bout de quatre années d'instruction militaire exclusivement reçue dans les régiments, ils étaient promus sous-lieutenants dans la ligne. Il fallait subir des examens d'entrée attestant un degré suffisant d'instruction.

Persat fut admis le 7 mars 1806 comme vélite dans les grenadiers à cheval de la garde; il avait dix-sept ans. Deux ans auparavant, en juin 1804, un jeune périgourdin, Bugeaud de la Piconnerie, également engagé volontaire, entrait dans les vélites des grenadiers à pied, mais était destiné à une autre fortune que Persat. Persat assistait à la bataille d'Iéna, était blessé dans la grande charge d'Eylau; nommé sous-lieutenant le 13 juillet 1807, il passait au 9e dragons et, après la paix de Tilsitt, partait pour l'Espagne avec son régiment placé sous le commandement du célèbre général de cavalerie Lasalle. Tandis que Bugeaud, envoyé également à l'armée d'Espagne, y conquérait en très peu d'années tous les grades supérieurs (1) jusqu'à celui de colonel (il était déjà lieutenant-colonel en 1811), Persat malgré la plus brillante conduite dans les combats de Burgos, du Tage, etc., dans la campagne du Portugal, n'était encore que lieutenant au 4e lanciers

(1) Caporal à Austerlitz, Bugeaud avait été nommé sous-lieutenant en 1806.

en 1813 ; il faisait avec ce grade la campagne de Russie (Moscou), celles de 1813 (Lutzen, Leipzig, Hanau) et de 1814.

A cette date Persat était célèbre dans l'armée comme cavalier de combat et comme blessé pour faits de guerre d'une extraordinaire bravoure : il avait été atteint pendant la campagne de France d'un coup de lance cosaque à la poitrine et d'un coup de feu ; l'empereur avait voulu le voir et l'avait décoré de sa main, ce dont Persat resta toute sa vie très fier. Mis en demi-solde en 1814, Persat rentrait aussitôt après le débarquement de l'île d'Elbe en activité, et assistait comme capitaine à la dernière grande bataille de l'épopée. Après Waterloo, gêné par une surveillance particulière qu'expliquaient ses regrets très hautement manifestés, puis placé en non-activité, Persat démissionnait avec la gratification d'une année de solde, une fois donnée.

Maintenant commence cette vie d'exil et d'aventures qui justifie par son intérêt peu commun, la publication de M. Gustave Schlumberger.

Pour l'armée et une partie de la nation l'empereur incarnait la révolution, la révolution conquérante et victorieuse de l'Europe monarchique : Napoléon tombé, Persat, après avoir combattu pour la gloire, « voulut combattre pour la liberté ». En cela, Persat diffère des grognards des armées impériales qui, en dehors du détenu de Sainte-Hélène et des souvenirs de la grande armée, ne voient plus de chefs, et ne s'intéressent à rien. Invaincu, indomptable, Persat échappe à la surveillance de la haute police, quitte la France (1817)... Il n'y aura pas une seule révolution soit d'Amérique, soit d'Europe où il ne figure de 1815 à 1830, en compagnie, hâtons-nous de l'ajouter, de non moins décidés compatriotes, anciens officiers et sous-officiers des armées françaises.

A peine arrivé à New-York, il fait visite au comte de Survilliers (Joseph Bonaparte), mais n'accepte aucune offre de services et passe en Colombie. On s'y battait contre l'absolutisme du roi d'Espagne, Ferdinand VII, qui avait envoyé une armée pour anéantir Bolivar et les troupes de l'indépendance républicaine (1817-1818). Persat y commande la cavalerie comme major général; l'année suivante, il quitte le service pour rentrer en France, après une courte station aux Antilles. Les généraux Foy, Lamarque agitaient les esprits de leur éloquence parlementaire. A peine rentré (1819), Persat prend part aux échauffourées libérales de la place du Palais-Bourbon où le jeune étudiant en droit, Lallemand, tombe sous les balles des soldats de la garde royale; il lui faut en conséquence quitter à nouveau le pays. On se battait à Naples : le royaume était en pleine révolution contre le régime compressif du roi Ferdinand IV; Persat fait la campagne des Abruzzes et combat l'armée autrichienne avec le général Guillaume Pepe.

Pas un geste, pas une parole de Persat à l'étranger n'échappait à la haute police de France.

A son retour, il est immédiatement arrêté et conduit devant le Directeur général qui lui offre une place dans ... son administration. Persat lui ayant répondu ironiquement qu'il n'accepterait pas d'autre place que celle du Directeur même, fut invité non moins ironiquement à se rendre en Grèce où il trouverait peut-

être meilleure chance d'insurgent qu'en Amérique et
en Italie ! L'invitation était inutile. Persat brûlait de
combattre aux côtés des philhellènes qui voulaient déli-
vrer du joug des Turcs « la patrie d'Homère, de
Léonidas, d'Aristide, de Sophocle ! » Il reste en Grèce
d'août 1821 à novembre 1822, assiste à nombre de
combats et se prend d'amour pour une jeune orpheline
turque, Adélé, dont la famille avait presque entièrement péri à Tripolitza, au cours d'un massacre, dans
les représailles des Grecs contre leurs oppresseurs.

Malgré l'accueil plein d'humanité du général de
Damas et de Mme de Damas qui, en attendant un foyer
conjugal, place Adélé dans un couvent, Persat, de retour
en France, ne peut se tenir au bruit de la prise d'armes
des libéraux espagnols contre l'absolutisme de Ferdinand VII : il passe en Catalogne et sert dans la légion
du colonel Pacchiarotti avec Fabvier (1), Mina, etc.,
et autres ardents patriotes français, espagnols, italiens.
C'est là qu'il rencontre Armand Carrel et se lie avec
lui. Les pages que Persat a laissées sur cet épisode de
sa vie liée à cette époque à la vie de Carrel, sont
précieuses : elles montrent l'ascendant qui prenait partout dès la première heure au milieu des hommes les
plus familiers avec tous les dangers de la guerre, coude
à coude avec les plus chevronnés soldats des armées
européennes, ce jeune homme hier encore à Saint-Cyr,
sous-lieutenant au dépôt d'Aix. Un double courage était
ici nécessaire. Tout Français pris par les troupes fran-

(1) Le colonel Charles-Nicolas FABVIER (1782-1855)
célèbre parmi les militaires de l'ancienne armée par sa violente opposition à la Restauration, deviendra lieutenant général et pair sous Louis-Philippe, puis représentant du peuple.

çaises ou espagnoles les armes à la main, était immédiatement, selon la nationalité du vainqueur, envoyé au poteau du garrot ou au feu de peloton. Bien inspiré, Persat quitta l'armée constitutionnelle et la péninsule après les premières défaites ; il évita ainsi soit l'exécution sommaire, soit la capitulation qui suivit la défaite définitive et les prisons françaises où Carrel restera un an sous le coup d'une condamnation à mort.

Persat peut gagner Barcelone, Carthagène, Gibraltar, s'embarquer pour Portsmouth sur un brick anglais. Il arrive à Londres fort dénué et est réconforté par des compatriotes français : Maillefer, Gauja et autres, qui avaient été obligés de quitter la France pour crimes de complot ou délits de presse. De retour à Gibraltar, après station aux îles de Guernesey et Jersey, il s'embarque sur une goélette américaine en partance pour Saint-Domingue : d'octobre 1824 à mai 1827, il visite les îles Saint-Thomas, Saint-Barthélemy, l'intérieur des États-Unis, cherchant quelque part et en vain un petit établissement, puis la Louisiane et le Mexique où il bataille contre les Indiens.

De 1827 à 1830, Persat peut séjourner en France, aussi pauvre, plus pauvre qu'il en était parti. Il conservait d'ailleurs des affections cordiales et agissantes. Ses amis, ses anciens camarades de l'armée lui venaient toujours en aide, ainsi Carrel, malgré l'exiguïté de ses ressources d'alors.

Mais la poudre va parler en juin 1830, à la suite du coup de... chasse-mouche sur la joue du consul de France. Persat obtient de faire campagne comme volontaire à l'état-major du général de brigade Poret de Morvan. Sa vigoureuse conduite sous Alger en même temps que ses opinions libérales lui valurent sa réintégration dans l'armée, avec son grade de capitaine (nov. 1830). Il fait légaliser son union avec Adélé.

Voulant utiliser la connaissance prise au pays dans la première fugue de 1822, le gouvernement mettait le 28 avril 1831 le capitaine de chasseurs à cheval Persat, à la disposition du général Schneider, général en chef de l'expédition de Morée. Versé en Grèce dans le service des places, bientôt rappelé et envoyé en Algérie pour y commander comme adjoint la place de Bougie, Persat se dégoûta vite d'emplois qui lui semblaient une disgrâce inexpliquée. Aussi, en 1834, le voyons-nous demander sa mise en réforme : il avait perdu l'année précédente sa femme et ses deux petits enfants.

Triste, sans avenir, sans argent, seul désormais, Persat songeait de nouveau à quitter Paris, gagner Lisbonne, se rembarquer pour l'Amérique, quand la proposition d'un emploi original, inattendu le retint. Carrel alors en prison, à Sainte-Pélagie, auquel il vint faire ses adieux, lui offrit la gérance du *National* (avril 1835). En l'acceptant, Persat allait prendre sa part du drame de juillet 1836. Le lecteur a vu, dans le corps même de ce petit livre, l'intérêt des pages que Persat a consacrées à son séjour au *National*.

La mort de Carrel fut pour Persat une grande douleur; leurs cœurs et leurs mains s'étaient soudés au feu de la guerre en Catalogne. La catastrophe de plus désemparait à nouveau son existence déjà si tourmentée.

Nous ne revenons pas sur l'épisode de la provocation de Persat à Girardin.

A peine sorti de la prison de Sainte-Pélagie (30 décembre 1836), Persat, après une courte visite à Ennezat,
son village natal, retourne en Grèce : il espérait y vivre
auprès de la famille de sa femme. Mais le gouvernement
du roi Othon se montrait peu favorable envers les
étrangers et notamment les Français. Dès la fin de
l'année 1837, Persat revenait en France. Ses amis de
l'armée le déterminèrent à reprendre du service. En
1839, il rentrait dans l'armée active et était nommé à
un emploi de son grade de capitaine, au 11e dragons.
Dès lors, toute sa carrière se poursuit dans le service
des places. Nous le retrouvons adjudant de place à
Oran : c'est là que le connaîtra le jeune lieutenant Du
Barail (le futur général et ministre de la Guerre), qui
en a laissé dans ses *Souvenirs* (Plon, 1894, p. 61-65) un
agréable crayon.

Successivement adjudant de place à Bayonne, à
Mazagran, commandant au fort Brescou dans l'Hé-
rault, à Bellisle-en-Mer, finalement nommé le 23 avril
1848 adjudant à Strasbourg, Persat est admis en 1849
à faire valoir ses droits à la retraite : il comptait cin-
quante-quatre ans de services, campagnes (1806-1843)
comprises. Sa pension annuelle était fixée à 1.920 francs.

Persat s'était aussitôt retiré à Ennezat; il y mourut
le 16 octobre 1858, à l'âge de soixante-dix ans.

Persat était ainsi resté chevalier de la Légion d'honneur comme en 1814, et capitaine comme en 1815,
malgré sa longue carrière de bon soldat. Ses camarades
étaient d'accord pour penser et dire qu'il méritait
mieux. Ce n'était pas seulement le sabreur, le cavalier
de guerre dont parle Du Barail, c'était un officier qui
savait observer et même, en dépit de son expansion

colérique fréquente, penser : ses mémoires le prouvent vraiment. Carrel, outre l'estime et l'amitié qu'il professait pour l'homme, faisait cas de l'officier, un instant coulé dans le gérant d'occasion. Dans un article du *National* (3 nov. 1835), il donne à entendre qu'il a souvent consulté Persat quand il a voulu étudier à fond l'ancienne armée : « Le capitaine Persat n'a manqué, ajoute Carrel, ni une campagne, ni une bataille depuis Iéna jusqu'à Waterloo : il a le droit de parler de la grande armée (1) aussi bien que qui que ce soit, et il a assez connu l'ancienne armée pour pouvoir garantir qu'on n'y connaissait pas beaucoup le *chef de bataillon* Bugeaud ». Ce dernier trait est probablement une allusion à la facilité avec laquelle Bugeaud de la Piconnerie passé en quatre ans de lieutenant — lieutenant-colonel, avait obtenu ses grades d'officier supérieur pendant la guerre d'Espagne.

Si son loyalisme enthousiaste ne l'avait pas servi sous Napoléon, les intransigeances de Persat devaient en sens opposé le desservir bien plus encore, on l'a vu, sous la Restauration et sous Louis-Philippe. Sa loyauté naturelle, sa probité scrupuleuse, son franc-parler, son mépris de la fausseté, de la servilité, son désintéressement étaient des qualités qui poussent peu leur homme. Une amertume finale accumulée à travers les déceptions, la gêne, les à-coups malheureux de la vie achevèrent d'accentuer un caractère déjà peu commode et facilement violent. Cœur d'or, dévoué à ses amis,

(1) Une polémique, à laquelle Bugeaud avait directement pris part, s'était élevée entre *le National* et le *Moniteur du Commerce*, au sujet de la discipline des armées françaises pendant la campagne de Russie.

sincèrement aimé d'eux, Persat avait souvent la tête fort chaude et le bonnet de police très près de l'oreille, ce qui achevait de camper ce type de l'officier qui se rencontre parfois encore. « Au fond un homme très brave et un très brave homme » comme dit Du Barail. Persat n'en pâtit pas moins dans sa carrière militaire autant à cause de ce caractère que de ses boutades politiques ; mais dans la première moitié du xixe siècle les empêchements de ce dernier genre n'ont guère fait obstacle définitif aux avancements (1) et le capitaine Persat aurait mérité de pouvoir se dire au moins commandant, non pas commandant de place...

M. G. Schlumberger a donc fait une excellente œuvre documentaire et même littéraire en publiant les souvenirs de Persat où nous avons puisé, avec des informations inédites sur Carrel, les éléments de cette

(1) L'armée, sous Louis-Philippe, malgré son attitude dans les insurrections ouvrières, n'en renfermait pas moins de nombreux éléments républicains, mais les plus prononcés durent, à différentes époques, la quitter. C'est ainsi que le capitaine de hussards Kersausie (Joachim-René-Théophile Guillard de), neveu de La Tour-d'Auvergne, attaché à l'état-major du général Brayer, à Strasbourg, démissionna à trente-deux ans et se donna tout entier à la politique ; il fonda le *Réformateur* avec Raspail et prit part à toutes les luttes contre la monarchie de juillet, puis contre la réaction sous la seconde république. C'est ainsi que huit sous-officiers de cavalerie à Lunéville formèrent un complot républicain et furent condamnés en décembre 1835 à des peines variant de vingt à cinq ans de détention. L'un d'eux Clément Thomas, maréchal des logis au 3e cuirassiers, né à Libourne en 1809 (destiné à une fin lamentable le 18 mars 1871) était même condamné à la déportation. La fermeté de ces jeunes hommes, dans le moment où ils étaient sous le coup de condamnations capitales pour complot sous les armes, avait rappelé l'héroïsme des sous-officiers de la Rochelle.

petite biographie. Les souvenirs de Persat sont précieux pour la peinture d'une partie de la société française, d'une partie de la société militaire, de 1815 à 1830. Persat a beaucoup vu et beaucoup retenu : il sait écrire l'histoire vue au ras du sol; il ne s'en laisse pas imposer par les renoms; il sait mettre au point, s'il sait louer avec enthousiasme : ses portraits de Bolivar, de Capo d'Istria, d'Ypsilanti, de Pepe, de vingt autres sont curieux. Sa langue est alerte, non incorrecte, naturelle, vivante. Persat était loin d'être illettré; il connaissait les poètes du xviiie siècle comme ceux de son temps : il cite aussi facilement Gresset, Voltaire que Béranger et Désaugiers.

Il est regrettable que Persat ait limité ses souvenirs à ceux que lui ont laissés ses aventureux et belliqueux voyages à dater de 1817. Parti de Paris en 1806, rentré à Paris en 1815, après avoir fait en Pologne, en Espagne, en Russie, en Allemagne et en France les grandes guerres impériales, il aurait pu, s'il l'eût voulu, laisser quelques volumes d'une lecture aussi utile et entraînante que *les Cahiers* du capitaine Coignet, *les Souvenirs* du sergent Bourgogne, *le Journal de route* du capitaine Robinaux et autres braves modestes annalistes restés dans le rang ou les grades intermédiaires. Les mémoires des capitaines et des sergents valent aussi à côté de ceux des généraux, quoi qu'en aient dit certains généraux, Marmont entre autres (1).

(1) Ne fût-ce qu'au point de vue de la connaissance de la psychologie, du moral des armées, qui ne refusera de souscrire à ce jugement malveillant de l'auteur de l'ouvrage d'ailleurs si remarquable *De l'esprit des institutions militaires?* Voulant guider ses lecteurs dans l'étude des nombreux ouvrages déjà parus sur les campagnes de son temps, Mar-

En face de ces deux soldats, voici les témoins de Girardin, qui appartiennent l'un au journalisme, l'autre au barreau : la présence du journaliste n'a rien que de naturel, mais celle de l'avocat s'explique moins facilement ou mieux, a besoin d'être expliquée. Voyons d'abord la biographie du premier témoin du rédacteur de *la Presse*.

LAUTOUR-MÉZERAY [Saint-Charles *(sic)* (1)] était né à Argentan dans l'Orne, le 29 avril 1801 ; il était fils de Louis-César Lautour-Mézeray, qui descendait au quatrième degré de Marie-Eudes, sœur de François-Eudes de Mézeray, le célèbre historiographe du roi

mont conclut : « Mais il y a un choix à faire... On s'en tiendra aux ouvrages de ceux mêmes qui ont commandé ; car il y a bien peu de fruit à espérer de ces campagnes racontées par des officiers subalternes, qui, étrangers à toutes les difficultés du commandement et souvent aux premières notions du métier, s'érigent en maîtres, en censeurs ; nouveaux Thersites *(sic)*, ils sont mordants par le langage, mais faibles de cœur et de bras, plus faits pour parler que pour combattre. Leurs ouvrages sont un tissu d'erreurs et de mensonges. » *(Avant-propos*, p. 5, in-8°, Dumaine 1846). On sent que le duc de Raguse se savait sévèrement jugé (à tort ou à raison) dans les rangs que nous appellerons populaires de l'armée et il ne négligeait pas l'occasion offerte de répliquer sur le même ton aux patriotes critiques de la Convention d'Essonne.

(1) Ce prénom inusité avait pour objet d'assurer d'une façon particulière la bienveillance du saint choisi comme patron au moment du baptême. M. de Laurisière, parrain de l'enfant, obtint sans difficultés à l'église l'inscription qui fut également admise à la mairie. Il y a là un trait qui n'échappa probablement point à Balzac, très ironique et froid ami de Saint-Charles Lautour-Mézeray.

Louis XIII (1). Les Lautour des Verrières, alliés à la descendance de Marie-Eudes étaient de père en fils gens de robe, procureurs, conseillers du roi en titre ou substituts à la juridiction royale d'Argentan. Louis-César Lautour-Mézeray, père de Saint-Charles, était notaire et fut maire d'Argentan : il avait épousé Jeanne-Agathe Collin, qui lui donna cinq enfants.

Saint-Charles fut mis au collège municipal d'Argentan aujourd'hui collège Mézeray : c'est là qu'il connut le petit Émile... Delamothe dont la santé délicate avait réclamé l'air de la campagne et qui, amené de Paris, avait été confié à une dame habitant Fongy, près Argentan, Mme de Varaigues, pour qu'elle veillât à son éducation pendant la durée de ses études (1814).

Beaucoup de liens eussent dû retenir Saint-Charles à Argentan, son père l'avait déjà fait clerc dans son étude : mais Saint-Charles était né Parisien ! Joli garçon, déjà d'allures coquettes, l'adolescent vint à Paris, avec l'intention de n'en plus sortir, pour y suivre traditionnellement les cours de droit. Il y retrouva aussitôt son camarade de classes qui se préparait à devenir Émile de Girardin. Ils fréquentaient ensemble le cabinet de lecture de la dame Désauge, au Palais-Royal, sous la Galerie de bois : beaucoup de gens de lettres venaient y lire les quotidiens, Henri De la Touche, Gozlan, Alexis Dumesnil, Alphonse Rabbe, Maurice Alhoy, etc. (1824). C'est à ces aînés qu'Émile de Girardin montra ses premiers essais littéraires, le manuscrit de son autobiographie, ÉMILE, et un autre livre également destiné à paraître en 1828, AU HASARD ! *Fragments sans*

(1) Mézeray, mort en 1863, auteur de l'*Histoire de France* parue de 1643 à 1651, était né en 1610, à Ry, près Argentan.

suite d'une histoire sans fin... Mais les deux amis, le
jeune Lautour-Mézeray comme le jeune Émile de
Girardin, n'étaient point hommes de lettres à prendre
longtemps conseil, et dès 1828, décidés à voler de leurs
propres ailes, ils résolurent de se lancer dans la carrière
du journalisme et de s'y associer. Après sérieux débats,
brouilles et raccommodements (à Normand de passage,
Normand de sang!) ils arrêtèrent de fonder un journal
et, pour diminuer les frais, de n'avoir point de collaborateurs. Le 5 avril 1828 paraissait *le Voleur!* On n'a
jamais su exactement lequel des deux rédacteurs en
chef avait fourni le titre du journal; l'idée commune,
appropriée au titre, était qu'une paire de ciseaux suffisait pour la rédaction : on couperait simplement les
articles de journaux ou de revues, des extraits de nouvelles, de feuilletons parus de-ci de-là au cours de la
semaine, et non moins simplement l'on an ferait la
reproduction...

C'est à l'occasion d'une de ces trop fidèles reproduc-
tions qu'Émile de Girardin eut son second duel, l'année
même. Un publiciste, M. Perpignan, ayant insuffisamment compris l'idée-mère et le mécanisme du *Voleur*,
réclama avec vivacité. Une rencontre à l'épée eut lieu;
Émile de Girardin fut légèrement blessé à l'épaule.
Lautour-Mézeray, avec M. Deltour, assistait son ami.
C'est encore Lautour-Mézeray qui, en 1834, sera témoin
de Girardin, dans sa troisième rencontre, dans son duel
au pistolet avec Degouve-Denunques (V. p. 31-32).

Lautour-Mézeray d'ailleurs ne ménageait pas son
assistance sur le terrain à d'autres confrères. En 1833,
il fut encore le témoin du personnage qui devait si
malencontreusement, si étourdiment fournir le motif

indirect de la rencontre de Girardin et de Carrel, Capo de Feuillide. Nous avons dit (p. 29) que Capo avait mérité par deux articles violents de *l'Europe lit-téraire* (9 et 22 août) contre l'auteur de *Lélia*, de rece-voir la provocation de Gustave Planche, le critique de la *Revue des Deux Mondes*, qui s'était constitué le che-valier de George Sand. Le duel avait eu lieu au divertissement de la galerie. Musset qui s'intéressait à l'auteur de *Lélia* autant que Planche, rima sur l'affaire deux poésies : d'abord un sonnet de belle venue à George où, de son côté, il jetait tout son mépris aux détracteurs,

> A ceux qui s'épuisaient en tourments inconnus
> Pour mettre un peu de fange autour de *ses* pieds nus ;

puis une autre, une complainte où il faisait le récit burlesque du duel. Planche, avec Buloz et Émile Regnault, était arrivé très en avance au plateau de Meudon, par la voiture publique... L'ennemi s'était fait attendre...

> Enfin dans un beau carrosse,
> Par deux beaux chevaux tiré,
> *Feuillide* parut, paré
> Comme pour un jour de noce,
> De plus *Lautour-Mézeray*
> Et deux petits pistolets... (1)

Le duel n'avait eu heureusement aucun résultat regrettable, sauf cependant, dirent de malins échotiers (Jules Levallois), pour une vache qui paissait imprudem-ment sur le plateau dans la zone dangereuse et fut atteinte par la balle de Planche.

---

(1) « *Complainte historique et véritable sur le fameux duel,* qui a eu lieu entre plusieurs hommes de plume, très inconnus dans Paris, à l'occasion d'un livre dont il a été beaucoup parlé

Ce dernier duel où Lautour-Mézeray a l'honneur littéraire de voir son nom élevé à la hauteur d'une rime par Musset, nous montre que le fils du notaire d'Argentan avait fait son chemin dans le monde des sportsmen de salles et de terrain.

Ces divers épisodes expliquent la présence de Lautour-Mézeray, à Vincennes.

Mais Lautour-Mézeray ne s'en était pas tenu à ce genre de succès, et, tantôt avec Girardin, tantôt seul, il avait, lui aussi, conquis rapidement ses grades dans le monde des plumes faciles et commerciales.

Continuant d'abord leur association, Girardin et Lautour, après *le Voleur*, avaient fondé, sous le patronage de la duchesse de Berry, *la Mode*, qui eut beaucoup de vogue : Alphonse Karr, Alexandre Dumas, Eug. Sue, Véron, George Sand y collaboraient. Entre temps, Lautour écrivait au *Figaro* acheté par Bohain, un autre maître du temps en matière de lancement de papiers. C'est encore avec Émile de Girardin, et cette fois avec la codirection de Balzac, que Lautour-Mézeray fonda, dans les premiers mois de 1830, le *Feuilleton*

de différentes manières, ainsi qu'il est relaté dans la présente complainte. »

Cette complainte qui comprend vingt-quatre strophes, ayant été attribuée quand elle parut, à la collaboration de Vigny et de Brizeux, Musset se fit connaître à George Sand comme en étant l'auteur ; c'est ainsi que fut authentiquée la pièce. Le célèbre collectionneur Spoelberch de Lowenjoul la publia dans la revue *Cosmopolis* (1er mai 1894), et dans son volume LA VÉRITABLE HISTOIRE DE ELLE ET LUI (in-18, Calmann-Lévy, 1897).

Dernièrement, un excellent homme de lettres, M. Paul Mariéton, l'a reproduite à son tour dans son livre sur Musset et G. Sand, UNE HISTOIRE D'AMOUR *(les Amants de Venise)*, p. 54-55 et 295-302.

littéraire des Journaux politiques qui eut seulement une vingtaine de numéros et disparut dans la tourmente des événements de Juillet.

Mais la situation était changée, Girardin entendait désormais marcher seul :

L'aigle va toujours seul et le dindon en troupe.

comme disait en 1790 un journaliste fameux à un journaliste non moins célèbre, Marat à Camille Desmoulins, qui lui proposait de faire un journal à deux.

Lautour-Mézeray ne trouvera pas place dans les combinaisons du *Journal des Connaissances utiles*, 4 francs par an, 120.000 abonnés; non plus qu'au *Journal des Instituteurs primaires* à 30 sous l'abonnement annuel; non plus qu'au *Musée des familles*, ni à l'*Almanach de France*, ce dernier tiré à un million d'exemplaires; non plus qu'à la *Société d'affichage* de laquelle datent ces affiches murales gigantesques et multicolores, qui ont porté l'annonce au dernier et plus saisissant degré d'une publicité quasi-instantanée et inévitable pour le passant.

Mais peu lui importe! Lautour-Mézeray n'est pas de ceux que les inventions d'autrui déroutent et qui en oublient les leurs...

Girardin avait créé un journal pour les ménagères, un journal pour les instituteurs et autres feuilles pour les grandes personnes, lui, Lautour-Mézeray inventera ce à quoi de Girardin n'a point songé, *la presse, et la presse à bon marché* POUR ENFANTS. Idée géniale! Pour 6 francs par an, Mimi et Toto recevront chaque mois, sous bande à leur nom, une grosse livraison bleue, tout comme Monsieur leur papa reçoit *la Revue de Paris*, *le Journal des Débats, la Revue des Deux Mondes!*

Le Journal des Enfants parut le 25 juillet 1832 ; il inaugurait habilement un genre qui ne réussit pas moins d'ailleurs en s'adressant aux personnes majeures : il instruisait en amusant ! De bons, de grands écrivains des deux sexes avaient été heureusement groupés par le spirituel spéculateur : des écrivains, tels que Charles Nodier, Hégésippe Moreau, Gozlan, Eugène Sue, Émile Souvestre, Paul Lacroix *alias* le bibliophile Jacob, Mmes Ancelot, Desbordes-Valmore, Tastu, la duchesse d'Abrantès, etc., étaient les rédacteurs ordinaires de cette littérature enfantine.

Le succès fut bruyant, général, fructueux. Des quatre coins de la France, de l'étranger même, les abonnements pleuvaient à la caisse de Lautour-Mézeray. On parlait de soixante mille petits souscripteurs, garçons et fillettes... L'abonnement au *Journal des Enfants* remplaçait le sac de bonbons ou le jouet du 1er janvier ! Lautour-Mézeray « se faisait » 100.000 francs par an !

Ce fut l'époque triomphale de la vie parisienne de Lautour-Mézeray.

Le joli adolescent du collège d'Argentan est devenu le beau Normand des grands boulevards. Bel homme, grand, de taille élégante, distingué de ton et de gestes, extrêmement soigné dans le vêtement, bon vivant, causeur spirituel, dîneur et soupeur recherché, Lautour est l'habitué des salons littéraires les plus haut cotés et au premier rang celui de Mme de Girardin. En 1834, nous le voyons hôte et commensal habituel de l'hôtel de la rue Saint-Georges. Quand un provincial de marque était de passage à Paris, on invitait Lautour. Quand on arrêtait d'égayer la table on invitait Lautour.

Voulant, à la suite d'une pique de Balzac avec son mari, ramener Balzac, Delphine adresse une aimable invitation à dîner au romancier pour le jour de Pâques et, afin d'éviter un refus, elle le prévient qu'elle aura ce jour-là Lautour-Mézeray et qu'il contera « des aventures à mourir de rire ». (Léon Séché, DELPHINE GAY.)

Lautour-Mézeray est également l'habitué des cabarets mondains : on le voit à tous les cafés à la mode, au grill-room du café *Hardi*, au café *Riche*, au café *Anglais*, chez *Tortoni* (Jules Lecomte, LE PERRON DE TORTONI) : il a chevaux et carrosses ; il est en évidente place à toutes les courses, au milieu des lions du jour (Léon Séché, LA JEUNESSE DORÉE SOUS LOUIS-PHILIPPE), avec Romieu fils, le major Frazer, lord Seymour, Belgiojoso, Félix Arvers, Tattet, Guttenguer, le groupe mussetiste, Feray d'Essonnes, beau-frère de Salvandy, Roger de Beauvoir (LES SOUPEURS DE MON TEMPS, LES NUITS DE LA MAISON D'OR), Alfred Arago, le fils cadet du savant, d'Alton-Shée, Ternaux, Jadin, et *tutti quanti* hommes de talent, d'esprit ou simplement de grande noce.

Les théâtres ne chôment pas. Les foyers, les balcons, les coulisses sont l'aboutissant de la route joyeuse suivie le jour. Lautour-Mézeray est un habitué de l'Opéra qu'administre si habilement son ami Véron (Charles de Boignes, LES PETITS MÉMOIRES DE L'OPÉRA)... Leur brouille n'a été que passagère ! C'est ici le lieu de sa gloire. Tantôt, « il se manifeste », selon le mot pictural de son ami Jules Lecomte, dans *la loge infernale*, aux côtés de Malitourne, de Balzac, de Véron lui-même, la loge destinée à faire vis-à-vis à la loge rivale d'un autre groupe de fashionables ; tantôt il apparaît au balcon, point de mire de tous les regards et de toutes les lorgnettes. Son succès est sans rival auprès des femmes. Lautour-Mézeray porte à sa boutonnière, ornement dispendieux renouvelé chaque soir et en toute saison, une fleur rare, unique alors, un *camélia* blanc (5 francs la pièce)! Cette fleur, Lautour, quels que soient la fine main, le beau décolleté, la soyeuse chevelure qui la sollicitent, cette fleur, il l'a toujours impitoyablement gardée! Il l'eût refusée à Marguerite Gautier... C'est que sans elle, Lautour-Mézeray ne serait plus *l'Homme au Camélia!* C'est son nom de ville, de théâtre, de lettres et de guerre! Les contemporains ne le connaissent plus sous un autre nom et peut-être que l'absence de la fleur à la boutonnière habituelle dérouterait la postérité... Balzac s'amusera à portraicturer cet ami qu'il ridiculise et déteste dans *le Prince de la Bohème,* dans *la Palférine.*

Cependant les plus brillantes marches ne peuvent toujours soutenir la grande allure, ni les camélias même renouvelés conserver une fraîcheur éternelle. Après douze années plénières de cette forte vie, journalisme et fête parisienne mêlés, la fortune montra vers 1840, qu'elle aimait moins les quarantenaires que les jeunes gens. *Le Journal des enfants* ne donnait plus qu'un faible rendement. Lautour-Mézeray à qui le culte de la fleur avait inspiré vraisemblablement le goût de la science agronomique, fonda *le Journal d'agriculture* qui obtint d'abord un succès de curiosité, mais malheureusement peu durable. Alors le beau Normand comprit en homme d'esprit qu'il ne fallait pas s'obstiner sous peine d'accidents et qu'il pouvait encore vivre de longues années moins dorées sans doute mais toujours agréables

Un mot à Véron et de Véron, alors directeur du *Constitutionnel*, suffit.

En 1841, Lautour-Mézeray, financièrement ruiné, entrait dans l'administration : il était nommé sous-préfet à Bellac dans la Haute-Vienne, et peu après, rapproché de Paris, à Joigny, dans l'Yonne : il y retrouvera Félix Arvers, le poète au sonnet (1843).

Désormais Lautour appartient aux corps constitués; il est fonctionnaire : il s'en impose et les devoirs et les opinions.

Devenu bonapartiste dès que le prince Louis Bonaparte avait été élu Président, Lautour était nommé préfet d'Alger et chevalier de la Légion d'honneur en 1849.

Il restera en Algérie dix ans, mettant en application, dit-on, le plus administrativement du monde ses connaissances agricoles et les appliquant en particulier au développement de la culture du tabac et du coton. La paperasse l'intéressait peu, mais ses tournées dans la province d'Alger étaient fréquentes; il suscitait des expositions, créait des prix et présidait ponctuellement les concours des comices agricoles. On l'appelait maintenant, dit-on encore, non plus *l'Homme au Camélia* mais le *Préfet-laboureur*! La croix d'officier vint récompenser ce beau zèle, au moins témoignage de bonnes intentions.

La chronique cependant, alimentée comme de raison par les meilleurs amis du haut fonctionnaire, prétendait que l'agronomie africaine seule n'intéressait pas l'ex-dandy, le vieux célibataire parisien. La kasbah et les harems ouverts les plus finement garnis recevaient la fréquente visite du premier magistrat de la province ou adressaient, après le coucher du soleil, à l'Hôtel de la Préfecture leurs sujets indigènes les plus choisis. Dès 1852, le docteur Ch. Philipps, le célèbre spécialiste, avait dû intervenir pour permettre à Lautour, un instant immobilisé par la néphrétique, de reprendre ses multiples occupations.

Lautour sentit enfin lui-même que cette faune, ce climat africains et la préoccupation préfectorale étaient de moins en moins favorables à sa santé : à de nombreuses reprises il demanda un siège au Conseil d'État qui lui eût permis, il l'espérait du moins, de goûter sous un ciel moins fatigant un repos plus citadin ou une distraction moins énervante, mais ce fut en vain.

De longs congés aux eaux d'Allemagne les plus régénératrices ne purent conjurer un dénouement que l'existence parisienne couronnée par l'administration algérienne de Lautour avait fait prévoir.

Des bizarreries de caractère, des étrangetés mentales, des excitations déraisonnables suivies de lourdes prostrations devenaient de plus en plus incompatibles avec la direction d'une préfecture, même exercée haut la main depuis deux lustres par un homme du monde. Le système nerveux était organiquement atteint. Bientôt la maladie du cerveau et de la moelle, le ramollissement, était évident. Un congé indéfini de convalescence fut accordé.

En 1858, lors de la création du ministère de l'Algérie et des colonies, le prince Napoléon mit de suite Lautour à la retraite.

Rentré en France, Lautour retournait à Argentan et le 21 novembre 1861, *l'Homme au Camélia* y terminait ses jours dans l'apaisement final d'un calme clinique croissant chaque jour qui contrastait avec l'agitation trépidante des années de journalisme fructueux et de dandysme hypergalant. Un frère dévoué, une famille attentive l'avaient entouré de soins affectueux justifiés par un caractère que Louis Blanc qualifiait de bienveillant.

L'œuvre littéraire de Lautour-Mézeray, par la nature même de l'homme et le train de sa vie, s'est, en dehors du *Journal des Enfants*, trouvée fort réduite. On cite de lui un petit recueil de nouvelles *en collaboration* avec Émile Bouchery : MARITALEMENT PARLANT, publiées sous le pseudonyme de MM. de Cobentzell (1834); et un conte historique, CE QUI ADVINT LE 3o JUIN 1559! Odyssée du comte de Montgommery (*Journal des Enfants*, t. IV) (1).

Maître PAILLARD DE VILLENEUVE, au moment du duel de Carrel et de Girardin, était déjà une personnalité un peu à part dans l'ordre des avocats parisiens.

Né à Paris le 3o décembre 1804, fils d'un père chef de bureau à l'Hôtel de Ville, qui goûtait les lettres,

(1) *Nouvelle biographie normande*, Supplém., p. 114. Paris, 1888, in-8°, Picard, édit. — *Le Perron de Tortoni* (Indiscrétions biographiques), par Jules Lecomte, p. 287-294; Paris, 1863, Dentu, édit. — *L'Homme au Camélia*, Lautour-Mézeray, par le comte Gérard de Contades, président de la Société historique et scientifique d'Argentan (Bulletin mensuel de la Société, 3e année, n° 9, 15 septembre 1885 et brochure in-4°, imprimée à Argentan (au *Journal de l'Orne*), chez Flammarion, édit., Paris, 1885. — Léon Séché, *op. cit.*, 2 vol. in-18. Paris, édit. du *Mercure*, 1910. — *Communications* de M. Isisidore-Esther Porchet, conservateur de la Bibliothèque municipale d'Argentan, et de MM. Noël Charavay et R. Bonnet, secrétaire de la rédaction de *l'Amateur d'autographes*, que nous prions ici d'agréer nos remerciements.

Paillard de Villeneuve (Aldophe-Victor) fit de bonnes humanités aux collèges de Bourges et de Versailles, et revint à Paris pour y suivre les cours de droit. Il s'était trouvé de suite au milieu d'une société de grands hommes de lettres et d'artistes : Villemin, Cousin, Casimir Delavigne, Ingres, etc., qui, sans le détacher des études de jurisprudence, lui avaient montré qu'il existait de multiples voies de haute culture, et lui avaient appris l'agrément de l'étude et de la production littéraires. Aussi dès sa jeunesse, vit-on Paillard de Villeneuve tenir facilement la plume et écrire dans les petits journaux et revues du temps ; il aimait aussi le théâtre, s'exaltait à la déclamation de Talma, et, naturellement faisait des vers. Quatre tragédies inédites qu'il avait conservées précieusement et lisait encore à des intimes dans son âge mûr, attestent sinon sa maîtrise et son originalité poétiques, au moins son culte persistant de la poésie. En 1850, au milieu d'occupations professionnelles abondantes, il rimait encore avec une agréable facilité, dans le ton de Viennet, d'Andrieux. Un vieil ami lui avait écrit en vers, il répliquait :

> Pour ta charmante épître à mon tour grand merci !
> Hélas, il fut un temps où je savais aussi,
> Faisant danser la rime au bout d'un vers sonore,
> M'essayer à des chants dont je voudrais encore
> Retrouver un écho. Mais aujourd'hui pour moi
> La poésie est morte. Où m'inspirer ! La loi
> Voilà ma muse, hélas ! muse vieille et ridée,
> De parchemins vêtue et dans l'encre fardée,
> Qui, pour Pégase attèle à son char un huissier
> Et fait grincer son luth sous les doigts d'un greffier !
> Adieu donc les refrains de la chanson joyeuse !
> Adieu le gai babil de l'épître causeuse !..

Paillard de Villeneuve ne reculait point d'ailleurs devant l'érudition et les recherches sérieuses qu'elle exige : le droit y dresse du reste et il poursuivait régulièrement ses études place du Panthéon. Un instant secrétaire de Villemain, il avait aidé l'éminent académicien philhellène dans les fouilles livresques, manuscrites et artistiques nécessaires à l'écriture de son étude dramatique *Lascaris* et de son *Essai sur l'état des Grecs depuis la conquête musulmane.*

Ces deux ouvrages paraissaient en 1825, l'année même où Paillard de Villeneuve se faisait inscrire au tableau de l'Ordre. En homme précocement avisé par son propre instinct ou habilement guidé par un père intelligent, le jeune avocat avait heureusement évité l'écueil d'une déviation exclusive vers la littérature ; il n'avait retenu d'une double fréquentation que ce qui ajoute à l'ornement de la profession à laquelle il allait se tenir et de notoires relations mondaines toujours si utiles.

La *Gazette des Tribunaux* se fondait en 1825, il y collabore aussitôt. Ses articles sont d'un travailleur qui sait bien la matière et la présente nettement : ils sont remarqués. Il plaide assidûment et ne dédaigne pas les petites causes de la correctionnelle : il fait même le compte rendu spécial de cette chambre d'une plume spirituelle tout en restant juridique.

Il est naturellement tout au service des gens de lettres en procès avec leurs éditeurs, avec leurs directeurs de théâtre, etc. ; il est l'avocat attitré de la Société des auteurs dramatiques.

Mais il a vite compris que cette clientèle, si elle met du brillant autour d'un nom, est trop restreinte et

risque de cantonner un talent de parole dans une spé-
cialité peut-être insuffisamment productive.

La Révolution de 1830 vient à propos faire de
nombreux vides à combler et offrir de fructueuses places
à prendre dans le barreau. Paillard de Villeneuve est au
premier rang des meilleurs remplaçants : il abordera
à la barre le grand contentieux. Seules, les causes de
finance, d'industrie donnent au Palais les premières
et lucratives places. Son talent très souple et très réel
dans sa variété s'inspirait de maîtres de la barre qu'il
avait particulièrement suivis : Dupin aîné et Tripier
notamment : il se disait aussi le disciple de Delangle
et de Paillet. Il plaidait d'une parole simple, claire,
sans effet visé ni solennité fatigante, en apparence
modeste, et cependant élégamment correcte : il savait
condenser, grand avantage pour le magistrat qui doit
écouter tant de répétitions, de hors-d'œuvre sans fin.
Sa devise était : *Brevitas mihi amicissima est.* Paillard
de Villeneuve, après avoir étudié consciencieusement
le dossier, plaidait, en un mot, utilement pour son client.

Son renom s'étendait vite.

Il ne négligeait pas d'ailleurs les affaires de propriété...
littéraire où il avait une compétence reconnue : on le
voit plaider pour Victor Hugo à propos d'*Hernani*,
pour Alexandre Dumas, Alphonse Karr, pour Roqueplan, Scribe, Frédérick Lemaître, etc.

Parallèlement les compagnies industrielles et financières lui demandent conseil et appui : il deviendra
successivement avocat en titre de plusieurs compagnies
de chemins de fer, de la Compagnie des agents de
change, de l'Association des médecins de la Seine, enfin
de la Ville de Paris.

Au commencement de 1836, il est nommé rédacteur
en chef de *la Gazette des tribunaux* : il n'avait cessé d'y
donner et il continuera d'y donner infatigablement des
articles de juriconsulte et de véritable écrivain en tous
genres, juridique, législatif et même parlementaire.
En 1832, il avait publié, en collaboration avec Pyrot,
un commentaire de la loi sur le recrutement.

Il était difficile qu'une personnalité parisienne aussi
active ne se rencontrât point avec le personnage non
moins affairé qu'était Émile de Girardin. Girardin avait
eu d'ailleurs des démêlés assez graves avec les tribunaux pour plusieurs opérations lancées sinon avec des
intentions condamnables puisqu'il avait été seulement
semoncé, mais au moins fâcheusement imprudentes.
Probablement l'homme d'affaires qui doublait le publiciste consulta l'avocat. En tout cas, Paillard de Villeneuve avait été choisi par Girardin comme défenseur
dans le procès qu'il intentait au *Bon Sens* à propos des
articles de Capo de Feuillide.

Comment de cette situation éminemment pacifique
d'avocat plaidant, Paillard de Villeneuve passa-t-il à
l'emploi de témoin dans un duel qui devait être mortel, c'est ce qui au premier abord ne laisse pas de causer
quelque surprise.

Le devoir d'un homme de droit, alors surtout qu'il est
personnellement désintéressé dans une querelle et n'a
reçu aucune offense grave antérieure, n'est-il pas précisément d'éviter aux heurts de passion ou d'intérêts
entre les individus toutes autres solutions que la seule
donnée en paix par la loi ?

Pour expliquer cette dérogation aux règles de sa profession — car la présence de l'avocat de Girardin au

bois de Vincennes, ne laissa pas de surprendre le barreau d'alors et de lui déplaire — les amis de Paillard de Villeneuve expliquèrent qu'il n'avait accepté de figurer dans l'affaire que « par espoir de conciliation ». C'est précisément cet esprit de conciliation que nous avons recherché sans jamais le trouver à aucun moment ni chez Girardin, ni chez ses témoins, et, si l'on rappelle que Paillard de Villeneuve était lui-même marié à une charmante femme, âme d'un foyer familial heureux, on conclura comme nous que son assistance continuée jusqu'au bout, sa venue sur le terrain, méritent, malgré l'humanité de son secours à Carrel mortellement atteint, une inévitable désapprobation. Nous voulons croire d'ailleurs à une imprudence, à un entraînement, à une ignorance (d'ailleurs peu vraisemblable) du vrai motif de la rencontre, à l'attente sinon d'une pacification du moins d'un résultat négatif toujours entrevu dans ce genre de combat, car il répugnerait de penser qu'un maître de la barre déjà suffisamment connu et à qui son mérite seul assurait un bel avenir professionnel, eût en la matière les mêmes doctrines que son client et professât que les témoins d'un duel retentissant y trouvent aussi une bonne fortune, celle de la réclame.

Cet incident n'eut d'ailleurs aucun effet regrettable sur la carrière de Paillard de Villeneuve : il devait bénéficier du sentiment officiel acquis à son double client. Du reste l'honorabilité incontestée de son caractère, une sincère affabilité, une conversation aisée, spirituelle, un esprit ouvert à l'étude et à l'entretien sur tous sujets, un tact parfait avec les confrères les plus divergents d'opinions politiques, joints à sa puissance et à sa facilité de travail lui assuraient au Palais la même considération que dans le monde. En 1840 Paillard de Villeneuve entrait au Conseil de l'Ordre ; il y sera constamment réélu jusqu'en 1860. Nous avons vu les différentes compagnies qui lui avaient confié la défense de leurs intérêts. Le 11 octobre 1847, il était élevé au premier grade de la Légion d'honneur.

Sous l'Empire, Paillard de Villeneuve fut nommé par le gouvernement conseiller municipal de la Ville de Paris : il remplit de 1860 à 1870 ces fonctions en édile instruit et travailleur ; il s'associa aux conceptions de M. Haussmann dont il devint l'ami. Il était promu officier le 15 août 1863.

Paillard de Villeneuve mourut à Paris le 25 janvier 1874 : il avait conservé la rédaction en chef de *la Gazette des Tribunaux* qu'il exerça ainsi près de quarante ans. Son gendre, l'honorable M. Duverdy, avocat à la Cour d'appel, lui succéda dans l'emploi. Un petit-fils de Paillard de Villeneuve, également avocat distingué à la Cour d'appel, est présentement maire de la ville de Saint-Germain.

Aux obsèques de Paillard de Villeneuve, à Saint-Roch et au Père-Lachaise, on remarquait MM. Devienne, premier président de la Cour de cassation, de Royer, premier président de la Cour des comptes, le baron Haussmann et Lacan, bâtonnier de l'Ordre, qui avaient tenu les cordons du drap mortuaire. Dans l'assistance on relevait la présence de MM. Ferdinand Barrot, Gressier, Victor Lefranc, anciens ministres ; de M Piétri, ancien préfet de police ; de MM. Émile de Girardin, Léonce Détroyat, Bertin, etc. Victor Hugo, accompagné de M. Paul Foucher, était venu rendre le dernier devoir à l'avocat d'*Hernani*.

(*Gazette des Tribunaux* des 26, 27, 28, 29 avril; 27, 28, 29 juillet; 1er août 1874 (Farjon). — *Discours de rentrée* prononcé par M. le bâtonnier Sénard, le 12 décembre 1874; p. 34-36; broch., Paris, Renou. édit., 1875. — *Communications* de Mes X... et Z..., du barreau de Paris).

FIN DE L'APPENDICE

TABLE DES MATIÈRES

TABLE DES MATIÈRES

Pages.

PREMIÈRE PARTIE

DEUXIÈME PARTIE

FIN DE LA TABLE

IMPRIMERIE CHAIX, RUE BERGÈRE, 20, PARIS. — 1140-3-11.